大明风云 300年 上

南宫烈 著

序 言

大致是在大学毕业前夕，突然有一天，笔者意识到虽然自己花了很多精力在学业上，却没有一份拿得出手的专业作品。虽然无志于学术事业，但不得不说是个遗憾。恰好那时正在翻看《资治通鉴》，所思所想良多，不过一来《资治通鉴》是三百卷文言文，阅读和批注起来终究不便，二来《资治通鉴》非常纯粹的编年体体例普通读者读起来很吃力，所以萌生了自己写一本较为简单但是更易于阅读的书。

提笔之前，大致就确定了本书的写作原则和体例，即以传统史学的研究范式为主，兼顾笔者的个人习惯，采取以史料史论相结合的方式行文。之所以这样做，原因有三。一是了解和分析中国古代史，必然要使用很多传统史学工具，加之当代史学也脱离不了对传统史学的继承和发展，即便是新引入的研究范式，也需要就中国古代这一大的背景条件进行修改和调整，所以本书自然要以传统史学的研究范式为主。二是笔者没有接受过完整的传统史学训练，所以整理与分析史料的时候，在不违反学术规范的前提之下，还是按个人习惯行文，毕竟本书的定位并非学术大部头。三是历史学研究最主要的是文献研究，而文献资料的整理是信息管理专业的基本功，更何况史料、史论是不同的文献类型，将两者分开可以让笔者更好地扬长避短，所以笔者采取了一种与传统史学非常相似的史料与史论相结合的体例。

于是乎，本书就变成了一份"对照材料"，即以宋体字为标识的史料与以楷体字为标识的史论。史料部分以编年体为主、纪事本末体为辅，确保在没有遗漏重要内容的基础上开展对特定重要历史事件的详细描述；具体而言，主要是将《明实录》《明史》《国榷》《明史纪事本末》等常用资料中的历史记载整理至对应年月，并佐以文白翻译，只求信达而不求雅。这一部分基本实现了可以单独作为一部编年体或者纪事本末体明史的目标，每一句都言之有据，都可以找到对应史料出处。史论部分则包括两部分。一是对史料的考据和补充。以"注"的形式来对史料进行补充是史学常见做法，特别是笔者在史料部分有些过于苛求编年的形式，很多不便直接放入正文的内容只能放在此处。二是笔者对对应史料的分析。相较于史料部分惜字精简，笔者的分析较为"啰嗦"，只求将完整的分析过程记录下来；而且，笔者用专业能力和公共研究工具去开展分析；秉承着探索专业能力极限的想法，本书所分析的对象也不以笔者的特长或者偏好为限，但凡重要的问题都会竭力做出有价值的分析。

没有想到的是，原本以为顺手就能完成的"小事"居然如此规模浩大。完本之时，笔者已毕业工作多年。不过，能以本书来纪念笔者求学时的青葱岁月，也是一件幸事。

受限于能力和精力，本书内容难免有不足之处，望读者不吝赐教。

是为序。

南宫烈
2021 年 10 月 21 日

目录

第一章　元末起义

红巾军起义　003

明定东南　009

第二章　洪武之治

徐达北伐　021

六征北元　024

平定川滇　031

整吏肃贪　033

取消宰相　043

屠戮功臣　054

藩王出镇　066

南北榜案　072

皇明祖训　076

第三章　靖难之役

建文削藩　083

真定之战　085

白沟河之战　087

直取南京　091

第四章 永乐仁宣

三征安南 099

五征蒙古 101

贵州设省 107

设置内阁 108

迁都北京 111

建文下落 115

汉王夺嫡 118

仁宣之治 123

第五章 英宗北狩

王振弄权 135

麓川之役 141

闽浙矿乱 145

土木堡之变 147

北京保卫战 153

夺门之变 161

石曹之乱 170

第六章 弘治中兴

成化用兵 181

宪宗反正 186

万氏专宠 190

开办西厂 195

弘治中兴　203
刘瑾专权　211
正德起义　220
达延统蒙　224
应州大捷　228
武宗南巡　233

第一章 元末起义

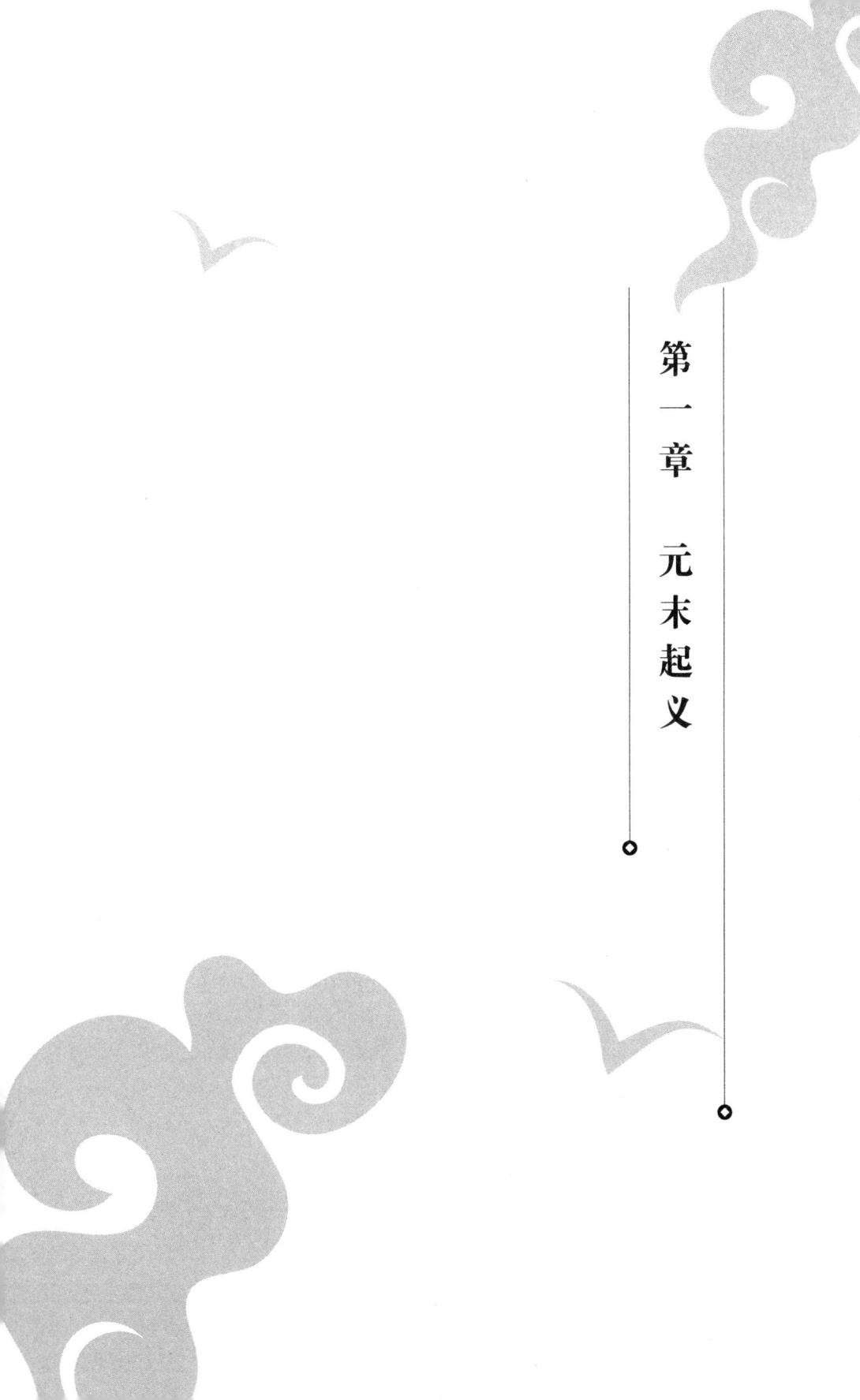

元末农民起义以红巾军为主力，还包括了盐商起义（方国珍、张士诚）。红巾军又分为北方的韩宋政权和南方的陈汉政权。为了行文方便，本章分为两节，"红巾军起义"一节主要讲韩宋政权的建立与覆灭以及元末农民起义爆发的直接原因；"明定东南"一节主要讲南方地区朱元璋、陈友谅、张士诚等几支义军相互兼并的过程。

红巾军起义

一三四四年正月，黄河决口曹州、汴梁；五月，又因接连大雨，河水溢出河道，积水两丈，曹、濮、济、兖等地被淹。十月，元朝商议修筑黄河、淮河河堤。一三四八年正月，黄河再次决口，阻断漕运，威胁河北、山东盐场；二月，元朝在郓城设立行都水监，由贾鲁负责。次年正月，元朝又在山东、河南等地设立行都水监，专门负责治理河患。

自一一二八年南宋东京派杜充留守，滑州河堤决口，致使黄河夺淮入海以来，黄河每隔几年就会决口泛滥。但是受限于元朝国力，河患问题始终没有得到较为彻底的解决。一三四三年前后，中国北方地区接连遭受天灾，河患问题更加尖锐，严重威胁元朝中央财政（漕运、盐政），治理河患因此被提上日程。

一三四八年，浙东盐贩方国珍起兵，劫掠沿海。方国珍兄弟以海上贩盐为生，结果被仇家诬告通寇，被迫逃亡海上，聚集数千人，劫掠船只和沿海民众。

盐商反叛、宗教起义、淮海流民逃亡等都是古代中国王朝更替时的必备剧目。元朝立国以后，至少在一三二五年就已经开始频繁出现中小规模的农民起义（河南息州赵丑厮、郭菩萨起义），但因为规模不大或旋即被平的缘故，元末农民起义一般都以坚持到明朝建立前夕的方国珍起义为起点。

一三四九年闰七月，脱脱起复为中书左丞相；一三五〇年四月，又为中书右丞相，商议钞法，试图解决财政问题；十月，元朝中央议定钞法，次月执行。此前，左司都事武祺认为，元世祖以来，钞法败坏的原因是流通量不足，导致民间伪钞流行，所以应当加印纸钞。此时，吏部尚书（一说工部尚书）偰哲笃提出钱钞兼用，即发行"至正交钞"和"至正通宝"，与旧钞、旧币并行，规定交钞一贯相当于铜钱一千文，或者"至元宝钞"二贯；获准。结果，新旧钞钱兼行，引发货法混乱和通货膨胀，民间被迫进行物物交易。

以元朝此时的情况来看，发行宝钞虽然是在国库枯竭的情况下的无奈之举，但是其结果必然是扩发滥发，加剧财富集中，激化官民矛盾。实际上，在元世祖忽必烈开印中统元宝交钞（一二六〇年左右）以来，元朝中央只在最开始的时候根据财政收入和国库情况发行宝钞，至元世祖晚年改印至元通行宝钞（一二八七年）的时候，就已经因为滥发而引发抵制、通胀等问题。

一三五一年四月，脱脱命贾鲁治河，恢复黄河故道，解决河患。此前，贾鲁提出两套治河方案，其一是修筑黄河北堤，防止河水泛滥，好处是可以节省费用，坏处是难以根治河患；其二是疏塞并举，恢复黄河故道，虽然开支巨大，但是可以根治河患。脱脱起复后，采纳了贾鲁的意见，决定恢复黄河故道。但是工部尚书成遵等人巡河后提出反对意见，认为现在地势高低已变，根本无法恢复黄河故道，且治河必然征调大量民夫，极易引起民变。脱脱不听，命贾鲁为河防使，征调十五万民夫和两万士兵治河，自四月开始，历时五月有余，八月引水，九月通舟，十一月筑成诸堤，至此全线完工。

虽然贾鲁治河有成，但是两年之后黄河又开始泛滥，一直到元末也没有解决，所以其知名度有限，评价也很一般。之所以贾鲁治河的效果不如王景、潘季驯，原因大致有两点：一是贾鲁治河虽然规模宏大，但是考虑到元朝上下贪污昏昧、红巾军起义旋即爆发的情况，实际上投入治河的人力、财力、物力实在不敢高估，这跟初建的东汉、中兴的大明投入巨款治河有巨大差距；二是贾鲁治河的基本思路就是疏通距离最短、走势最直的金代黄河故道（汴道、惠民河、贾鲁河），同时堵住其他岔口，引黄河经过淮河入海，完全回避了黄河泥沙含量大的关键性问题，所以即便救得了一时，也不可能救一世。按照历史经验，即便投入了足量的人工物料，也只能维持三五年。

脱脱是元代末期最有作为的政治家，历史评价极高，但是其复出后积极推动的变钞、开河却被认为是元朝灭亡的导火索。变钞看上去是增加政府收入，实际上根本赶不上通货膨胀的速度，只能使占据物资的富人大肆掠夺百姓仅有的财产，加剧百姓对政府的不满；开河不但让百姓的生活雪上加霜，同时还变相将分散无序的百姓组织起来，一旦有异动，便是山崩地裂。虽然脱脱的出发点很好，而且采取的措施也算是有所针对，但是不合时宜。这种情况在之前的历史中出现过很多次，在之后的历史中也出现过很多次，所谓天不变，道亦不变。

五月，白莲教众韩山童、刘福通在颍州起义。此时，白莲宗在全国流行，主张"天下乱，弥勒佛下生，明王出世"。同时，河南、河北也有民谣"莫道石人一只眼，挑动黄河天下反"。借此机会，韩刘等人在河道埋下一个独眼石人，背刻"石人一只眼，挑动黄河天下反"，结果人心更加动荡。于是，五月初一，韩山童在颍州颍上县（今安徽阜阳）会合教众三千人，自称宋徽宗八世孙，发动起义，结果县官率军袭击，韩山童被捕杀。但是，刘福通突出重围，集结教众，攻克颍州，站稳脚跟。因为起义军以红巾为号，所以被称为"红巾军"；又因其烧香拜佛，亦称"香军"。

八月，白莲教众徐寿辉与邹普胜、彭莹玉等在蕲州（湖北蕲春）起兵，十月攻克蕲水（今湖北浠水），建立政权，国号天完，徐寿辉被拥立为帝，倪文俊为领军元帅，邹普胜为太师。随后，一众沿长江向东西发展，先后占据汉阳、武昌、安陆、江州、饶州、徽州以及信州等地。

轰轰烈烈的红巾军起义就此爆发，形成南北两部。南宋以来，各种宗教在河南、江淮地区流行，其中比较出名的是白莲宗、弥勒教和摩尼教。白莲宗是净土宗的一支，一般认为是两宋之交僧人茅子元（法名慈照）所创，崇奉弥勒或者弥陀（阿弥陀佛）。弥勒教的历史更加久远，早在北魏时期就有以弥勒降世为旗号的起义，基本教义是弥勒佛取代释迦牟尼佛下凡救世（脱胎自佛教弥勒下生成佛之说）。摩尼教又称明教（因崇尚光明而得名），唐代自波斯传入中国，教义中有明王降世等内容，组织似乎更加严密，因此被官府取缔，打压更加严厉，但是反抗也最为激烈，方腊起义就以其为旗号。因为这些教派主要传播对象是下层百姓，教义大多精简相似，都主张弥勒降世、明王降世等，以新神拯救万民，最终逐渐融合，成为白莲教。韩刘等人就以此为旗号，发动百姓，其中韩山童本人就自称明王、大明王，其子韩林儿尊称小明王。朱元璋定国号为明，也有可能有这方面的考虑（吴晗持此观点，但被杨讷驳斥）。

一三五二年年中至一三五三年年底，元朝为平定叛乱，重点打击南北两路红巾军。一路元军征讨韩宋。九月，元军攻克徐州，击杀韩宋红巾军领袖李二（芝麻李），其余部彭大、赵均用被迫撤入濠州。结果，郭子兴因礼遇彭大而被赵均用嫉恨，险些被杀，幸得朱元璋引来彭大解救。年底，元军将领贾鲁率大军攻打濠州，将其围困，但是贾鲁在一三五三年春天病逝，元军被迫撤退。另一路元军则集中攻打天完政权。天完重臣彭莹玉于同年七月攻破杭州，引来元军围攻，杭州得而复失，彭莹玉只得转战西北，进逼集庆，受阻后又向西南前进，十一月攻克徽州。一三五三年年初，徽州被克，彭莹玉退守端州（江西南昌西部）。十一月，端州城破，彭莹玉战死。十二月，蕲水失陷，徐寿辉败走。

元末起义军主要包括非红巾军序列的苏东张士诚、浙东方国珍等部和红巾军序列的淮西韩宋政权、湖北天完政权。韩宋主要在河南、淮西地区发展，后来进行了规模巨大的北伐。附近起义军，例如，郭子兴、朱元璋等部，大多奉韩宋为君。天完政权主要以湖北为中心向长江上下游发展，后来因彭莹玉战死、倪文俊篡权等原因而陷入分裂。最终陈友谅篡位，巢湖水军转投朱元璋，重庆的明玉珍独立。虽然这两支义军都以白莲教为重要组织纽带，但是彼此之间相互独立，各自发展，没有太多交集。

一三五四年年底，张士诚取得高邮之战的胜利，元军主力溃散。盐丁张士诚等十八人在一三五三年五月发动起义，攻克泰州，又诈降高邮知府，占据高邮。一三五四年正月，张士诚自称诚王，国号大周。六月，攻破扬州，阻断京杭大运河。九月，元朝右丞相脱脱率四十万大军，号称百万，征讨张士诚。十一月，开始围攻高邮；张士诚几次出城战败，脱脱又横扫附近六合等州县，切断张士诚外援。但是十二月，脱脱因久战不胜而被进谗，罢免军权；张士诚趁机出城，大败元军。

此战便是元末农民起义最重要的一场战役——高邮之战。张士诚称王，又阻断运河，必然引来元朝大军围攻，但是张士诚坚守高邮百日，激化了元朝内部矛盾，脱脱因谗言下野而死，元军不攻自破。经此一役，元朝损失大量有生力量，更无名望足够的大臣平衡诸军，结果汝阳王等人相互攻打，放任义军发展。需要注意的是，张士诚并不是以破产流民和民间宗教信众为红巾军的主体，而是以另一类常见武装力量——私盐贩子为主体。终张士诚一生，也没有克服私盐贩子的属性，一直抱有小富即安、一朝得志的心态，所以选择与朱元璋相安无事，任由朱元璋消灭陈友谅，最终身死。

一三五五年二月，刘福通在亳州拥立韩山童之子韩林儿为"小明王"，国号大宋，即韩宋政权，同时大举北伐。但是，元军趁机围攻亳州，刘福通只得保护韩林儿，年底撤至安丰（安徽寿县）。

一三五六年，刘福通分兵北伐河南、河北、山东。其中，李武、崔德攻破潼关，进攻陕西；毛贵率东路军攻打山东。一三五七年二月，李武、崔德等人在关中与元朝察罕帖木儿、李思齐等人交战战败，被迫逃入终南山，进入兴元。元朝以察罕帖木儿为陕西行省左丞，李思齐为四川行省左丞。但是，毛贵等人在山东进展顺利，攻克胶州、莱州、益都、莒州等地。

六月，刘福通亲自率军进攻汴梁，又兵分三道，以关先生、破头潘、王士诚为中路，自山西向北绕道朔方，进攻元朝上都；白不信等人进攻关中；毛贵自山东进攻。七月，元朝万户田丰响应红巾军，进攻济宁，反被击退。

一三五八年二月，毛贵攻克济南，田丰攻克济宁、东昌。三月，毛贵攻克蓟州，但因元朝各部勤王，在漷州柳林（今北京通州）战败退兵。五月，刘福通攻克汴梁，作为韩宋政权首都，将小明王从安丰迁至此处。

六月，关先生、破头潘等人进攻辽州，被元军赶走，改为攻克晋宁路、汾州等地。九月，关先生进攻保定路，未能克城，于是转而攻克完州，劫掠大同以及塞外诸郡。十月，关先生攻克大同。十二月，关先生、破头潘自大同进攻上都，焚毁宫阙，盘桓七个月后转而攻克辽阳。

一三五九年四月，红巾军将领赵均用杀死毛贵，试图占据山东，结果，毛贵部将从辽阳返回益都，将赵均用消灭。五月，察罕帖木儿大军进攻汴梁，刘福通屡战屡败。八月，刘福通奉小明王突城而出，返回安丰。随后，察罕帖木儿平定河南，又镇抚关陕、荆襄、河洛、江淮一带，以便收复山东。

一三五九年冬，红巾军派军四万渡过鸭绿江，征讨支持元朝的高丽。不久，红巾军攻入西京（平壤）。一三六〇年初，高丽集中力量，收复西京；红巾军退回辽东。一三六一年十月，红巾军第二次征讨高丽，由关先生、破头潘为帅。十一月，红巾军再次攻入西京。但是攻入西京后，关先生等人沉溺享乐，被高丽王王都集中力量反击。一三六二年正月，双方在西京附近大战，关先生被突袭而死，破头潘率部万余人返回辽阳。不久，破头潘退往大同，归降元朝（一说被俘）。

一三六一年五月，关中红巾军余部李武、崔德等归降李思齐。七月，察罕帖木儿趁山东红巾军相互攻打，率领大军进攻山东，收复冠州、东昌。八月，田丰、王士诚以东平、济宁归降元朝；红巾军吴国公朱元璋得知此事后，遣使与察罕帖木儿通好。十月，察罕帖木儿收复济南，围攻益都。

一三六二年六月，田丰、王士诚反叛元朝，袭杀察罕帖木儿，然后撤入益都。察罕帖木儿余部拥立其养子扩廓帖木儿（王保保）为总兵官，继续围攻益都。九月，刘福通救援田丰，途中被王保保大败。十一月，王保保攻克益都，诛杀田丰、王士诚等人，祭奠察罕帖木儿，山东由此平定。

韩宋政权因为位于淮北地区，加之在起义之初思想准备最为充分，所以对元朝的攻击性最强，进行了长达三年的北伐，一度将政权中心转移到汴梁，但是在元朝围攻下，最终失败。不过正因为韩宋北伐规模巨大，成功地将元军大部牵制在河南、山东等地，所以陈友谅、朱元璋、张士诚等长江中下游地区势力相互争霸，最终朱元璋胜出，奠定了基业。

一三六三年三月，安丰之战爆发。张士诚连年发动十万大军攻打长兴，但是守将耿炳文以不足万人坚守。于是，张士诚趁韩宋政权汴梁被攻破、刘福通、韩林儿退守安丰之际，转而率十万大军攻打，结果刘福通战死，韩林儿逃至滁州；朱元璋率徐达、常遇春救援安丰无果，只得围攻支持张士诚的庐州左君弼。旋即，因陈友谅来攻，朱元璋撤退，将小明王安置到滁州。

一三六六年，朱元璋派廖永忠前往滁州接小明王至应天，结果渡江时小明王在瓜步溺水身亡。

安丰之战对朱元璋而言实在是一个不能更坏的结果。首先，韩宋政权长期吸引元朝主力，是朱元璋从容发展的北方屏障，结果现在朱元璋没有夺回安丰，又与庐州交恶（左君弼在此前后也接受了元朝招降），北方门户落入敌手。其次，朱元璋一方面名义上要接受小明王的领导，另一方面又需要为其提供安全保护，平白多了一个政治包袱和军事累赘。

主流观点认为小明王韩林儿死于朱元璋暗杀。原因很简单，小明王死因太过蹊跷，朱元璋从中获利极大。但是小明王之死对中国历史发展趋势几乎毫无影响，所以也很少有人深究小明王之死究竟是廖永忠主动弑君示好，还是朱元璋指使的。

明定东南

一三五二年二月，豪帅郭子兴等五人起兵响应红巾军，攻占滁州；闰三月，因附近元军不敢平叛而杀良冒功，在皇觉寺为僧的朱元璋投靠郭子兴，被选为亲兵，娶了郭子兴养女马氏。

一三五三年九月，红巾军领袖彭大、赵均用撤入濠州。朱元璋考虑到彭、赵强横而郭子兴弱，不可共事，于是只留下徐达、汤和等二十四人，交出所部七百兵，又招揽定远人李善长等人，于一三五四年七月攻克滁州；随即，郭子兴因被排挤而进入滁州，朱元璋又将所部三万人交出。一三五五年为缓解义军乏粮，朱元璋攻克和州（安徽马鞍山和县、长江西）。三月，郭子兴去世，朱元璋统帅诸部；小明王恰好此时称帝，招揽郭子兴为元帅，其内弟张天祐为右副元帅，朱元璋为左副元帅，结果这一命令被朱元璋无视。六月，朱元璋在获得原属天完政权的巢湖水军廖永忠等人的情况下，渡江攻克太平、芜湖等地。渡江之后，朱元璋继续申明军纪，处置违禁军士，赢得民心。九月，朱元璋派郭子兴之子郭天叙、内弟张天祐率军进攻集庆，结果二人因部将叛变而死。

渡江之前，朱元璋已经积累了一支素质极高的人才队伍。朱元璋出征定远前留下的二十四人分别是：徐达、汤和、吴良、吴桢（吴祯）、花云、陈德、顾时、费聚、耿再成、耿炳文、唐胜宗、陆仲亨、华云龙、郑遇春、郭子兴、郭英、胡大海、张龙、陈植、谢成、李新材、张赫、张铨、周德兴。攻克定远后，冯国用、冯国胜率部来投，李善长被招揽；攻克滁州后，朱元璋侄子朱文正、外甥李文忠、孤儿沐英来投奔，三人都被朱元璋收为养子。攻克和州后，邓愈、常遇春、廖永忠等人来投奔。天完政权彭莹玉战死后，所部分裂成两大部分，即巢湖地区的赵普胜和庐州地区的左君弼。朱元璋通过策反，获得隶属于赵普胜势力的廖永安兄弟、俞廷玉父子、张德胜等人，进而获得一支比较不错的水军，渡江作战绰绰有余。

谈及朱元璋的早期经历时，主流观点往往强调其惨痛至极以及起点之低。但是，笔者更感兴趣并惊讶的是朱元璋此时就已经表现出足以比肩中国古代第一流人物的军政能力。

第一，朱元璋的大局观，或者说战略能力，已经远远超越了同时代的人物，能够从乱局中寻找到正确方向。朱元璋显然非常清楚元朝崩溃在即但是力量依旧强大，郭子兴等人在乱世之中连自保的能力都没有，即便不亡于元朝，也会在内乱或者饥荒中崩溃。面对这一困局，朱元璋把握时机，另起炉灶，重新拉起一支属于自己的队伍，同时渡江攻占集庆，坐观韩宋、张士诚、陈友谅等人与元朝激战。

第二，朱元璋知人识人的能力出众。元末明初的历史证明，朱元璋在初步建立根据地的过程中积累了一支精英队伍，虽然以没有什么名气的年轻人居多，但是几乎全都经受住了战争考验，而且证明了个人能力；至于素未谋面的陈友谅、张士诚，朱元璋对其评价更是一针见血。

第三，朱元璋的权谋手腕已经非常老练。在对待实力犹在的元朝上，朱元璋的态度比陈友谅更加务实，他没有一味死扛，引来元军征讨；也没有像张士诚直接接受封赏，按时纳贡，引起反元人士的反感；对待宗主韩宋和恩主郭子兴，朱元璋则审时度势，虚与委蛇，并非一味尽忠，甚至在其毫无利用价值时将其剪除，有谋而又果断。

一三五六年年初，朱元璋、张士诚相继渡江攻掠江南。张士诚于当年二月攻克平江（今苏州），又相继占领常州、松江、湖州等地，七月攻克杭州。朱元璋于三月趁张士诚与江南元军作战，攻克集庆（今南京），改名应天府；七月在应天府自立吴国公。

七月，张士诚因收降朱元璋叛将，又不满朱元璋在书信中将自己比作隗器，扣押朱元璋使者杨宪并派军攻打镇江，双方开始交战。结果徐达击败张士诚，顺势围攻常州。

一三五七年二月，朱元璋所部耿炳文攻克长兴（湖州）；三月，徐达攻克常州。六月，赵继祖、吴良等人攻克江阴；七月，徐达攻克常熟，俘虏张士诚之弟张士信；八月，张士诚因接连战败，又攻打元朝所属嘉兴不利，于是接受元朝招降，加封太尉。

一三五八年，陈友谅也开始与朱元璋交战。天完丞相倪文俊先于一三五五年派明玉珍攻打重庆、四川，又于一三五六年年初大败元军，将徐寿辉迎至汉阳，重立天完政权。但是倪文俊私下与元朝求官不成，又在一三五七年九月图谋徐寿辉自立，被陈友谅所杀；陈友谅兼并其部，控制天完。一三五八年正月，陈友谅攻克安庆，同年攻占江西全境；次年三月，又攻占襄阳、衢州。攻打江西期间，陈友谅派赵普胜攻打池州，开始与朱元璋交战；一三五九年四月，徐达击败赵普胜，收复池州；八月，徐达等人攻打安庆不利。九月，朱元璋施反间计，结果陈友谅上当，亲自前往安庆诛杀赵普胜。

与此同时，朱元璋占据浙西皖南部分地区。一三五八年十一月攻打婺源期间，朱元璋招揽隐士朱升，采纳其"高筑墙、广积粮、缓称王"的策略，交好睦邻，接受元朝中央招抚。至一三五九年年底，朱元璋攻克镇江、宁国（安徽宣城）、扬州、徽州、建德路（杭州西）、婺州、衢州、处州（浙江丽水）等地。

《明史·太祖本纪》当中有一段朱元璋对陈张两人非常精辟的论断，即"友谅志骄，士诚器小，志骄则好生事，器小则无远图，故先攻友谅"。这段论断经常被当成朱元璋识人之明的论证。不过需要注意的是，这段话虽然出自《太祖本纪》，但是结合上下文，笔者感觉这更像是朱元璋功成之后的总结，而不是此时和诸将的研讨。韩宋政权和元军在黄河中下游激战，淮河地区太过贫瘠，所以张士诚、朱元璋才会相继渡江发展；天完政权因向北发展受限于南阳盆地，自然也会沿江发展（明玉珍向上游，陈友谅向下游），因此三人争霸不可避免。朱元璋实际上采取的战略是先攻张士诚，使其发展受到遏制，结果陈友谅此时打了过来，使得朱元璋无暇东顾。如果不是陈友谅急于篡位自立而战败，张士诚在朱元璋的压力下很有可能会率先崩溃。

虽然张士诚州县、兵力都要远超朱元璋，但是奈何朱元璋所率名将太多，又有地利之便，张士诚只能徒呼奈何。长兴是太湖口，与苏州共享太湖；江阴扼守长江道，阻断了苏州和苏中的联系。耿炳文守长兴，吴兴守江阴，长达十年（后来耿炳文获封长兴侯，吴兴封为江国公）；张士诚屡次组织十万或者二十万大军攻打，但久攻不下，所以张士诚后来选择在韩宋政权与元朝交战而实力大损之际，蚕食淮北之地。

天完政权与韩宋政权非常相似，存在主弱臣强的问题。相较于彭莹玉、邹普胜、倪文俊、陈友谅等人，徐寿辉的作为实在不多。彭莹玉打下了杭州，死后所部分化出庐州的左君弼和巢湖的俞通海、廖永忠等各方豪杰。倪文俊除了挽救天完政权以外，还带出明玉珍、陈友谅两位元末帝王。陈友谅则是倪文俊的加强版，战绩更加出众，而且手段更加高超，最终成功取代徐寿辉，建立陈汉政权。

除了为人处世风格的原因以外，陈友谅猛攻朱元璋的更重要的原因是元末形势决定了陈友谅只能图谋朱元璋。第一，韩宋已经通过北伐定都汴宋，与元朝在北方激战，成为南方屏障，所以在决出胜负之前，陈友谅不可能以襄阳为跳板北伐河南或者关中。第二，陈友谅的优势在于水军，如果向长江上游发展，水军的优势会大打折扣，而且四川割据政权是原属天完，因陈友谅篡位而独立的明玉珍，对陈友谅既了解又有道德高地。第三，陈朱两个政权都是沿江发展势力，一旦取胜日进千里，而且陈友谅在朱元璋的上游，所属水军无论是在数量还是质量上都有极大的优势，所以陈友谅猛攻朱元璋顺理成章（一如朱元璋实际上先攻张士诚）。

一三五九年年底，徐寿辉以迁都江州为名，率部从汉阳出发，结果陈友谅在江州杀尽徐寿辉部属，把持政务（一说徐寿辉被陈友谅挟持至江州）。

一三六〇年四月，徐达、常遇春等人消灭赵普胜所设安庆水寨，并击败陈友谅援军，常遇春将降卒三千人杀至三百人，被朱元璋下令放还，陈友谅大怒来攻。闰五月，陈友谅挟持徐寿辉攻打太平，守将花云战死；随后，陈友谅派人锤杀徐寿辉，并在采石（今马鞍山）自立为帝，国号为汉，年号大义。

旋即，龙湾之战爆发，陈友谅大败而归。太平被克后，朱元璋召集谋士商议对策。刘基认为应当斩杀主张投降或者逃跑的人以表明决战之心，同时反对收复太平以免分散兵力，提出诱敌深入，一举以伏击击破陈友谅，朱元璋赞同。于是，朱元璋派胡大海取信州（今江西上饶），截断陈友谅归路，又派陈友谅旧友康茂才写信诈降，相约在一座名为江东桥的木桥投降；李善长也赞成这一策略。结果，陈友谅上当，按约定抵达后发现江东桥是石桥，临时决定率大军直接进逼龙江，进入朱元璋伏击圈。结果陈友谅大败，加之搁浅，损失惨重，战舰被缴百余艘，被俘两万余人。

随后，陈友谅在采石与朱元璋所部再战，再次大败，只得放弃太平。六月，朱元璋所部胡大海攻克信州。七月，饶州、安庆归降。九月，袁州（今江西宜春）归降。

一三六一年八月，朱元璋收降傅友德等人，招降洪州（今江西南昌）；之后分兵攻占吉安、临川、端州等地。十月，攻克安庆。

在笔者看来，龙湾之战的关键在于陈友谅忽视了朱元璋有一支非常精锐的陆军。龙湾之战中，如果陈友谅在发现上当的情况下选择更为稳妥的撤退方式的话，几乎可以避免战败的结局，但是在当时的情况下，陈友谅绝对不可能撤退。原因很简单，一方面陈强朱弱，陈友谅无论是在兵力上还是水军装备上优势实在太大，根本不足以靠战术弥补，所以在陈友谅看来即便是被伏击，至多多一些战损而已；另一方面陈友谅为了解决徐寿辉的潜在威胁，刚刚趁攻克太平而弑君篡位，急需一场大胜来进一步稳定人心。但是，陈友谅长期在长江流域发展，缺少陆战经验，所以忽视了朱元璋作为在淮西发家的割据势力有一支非常精锐的陆军这个关键因素，结果朱元璋充分利用每个条件，发挥自身优势，将一场兵力悬殊的水军攻城防守战变为陆军伏击岸上水军战，陈友谅因而一败涂地。但是，历史给过陈友谅机会，毕竟此战的引子就是常遇春两个月前击败陈友谅援军并杀降，奈何陈友谅大怒之余，没有仔细想想因何而败。

一三六三年三月，洪州之围爆发。陈友谅趁朱元璋率主力救援被张士诚进攻的小明王所在的安丰，尽起水陆大军，号称六十万，攻打洪州。洪州守将朱元璋侄子朱文正坚守月余，重挫陈友谅所部，随后向朱元璋求援；朱元璋得到奏报后，撤回围攻庐州的徐达所部，并命朱文正继续坚守，疲敝陈友谅。七月，朱元璋率二十万大军救援洪州。先是封锁湖口，分兵武阳渡，切断陈友谅归路；随后与陈友谅在康郎山对峙。自二十日至二十四日，陈友谅与朱元璋激战，双方损失惨重：朱元璋为打破僵局，在二十二日改用火攻，趁傍晚东北风起，火烧陈友谅铁索连船；陈友谅遭到重创，但是依旧在次日击破朱元璋旗舰。二十四日，陈友谅退守诸矶（今江西九江星子）；朱元璋又设置木栅在江中放火，防止陈友谅突围，并放还俘虏、送药问医，瓦解陈友谅军心；洪州八十五天之围结束。

八月二十六日，陈友谅由南湖嘴突围，在江西湖口遇阻而转向泾江口（今安徽宿松），遭到傅友德伏击，陈友谅中箭而死，长子陈善儿被俘，所部崩溃，五万人投降；但是太尉张定边趁夜挟次子陈理和陈友谅尸体，逃回武昌。

龙湾之战后，陈友谅和朱元璋都停止了主动用兵，原因在于朱元璋的战略纵深太浅，陈友谅只需要集中全力就可一战而定，所以陈友谅只需要等待一个合适的机会，就可以利用水军优势，向东进攻；朱元璋不能轻动，以保证可以随时应对陈友谅的突然袭击。

鄱阳湖水战是古代中国一场以少胜多的经典水战。此战陈友谅的主要问题就是避长扬短，囿于攻打洪都，没有发挥自身的兵力优势，一方面使得大军疲敝，自损战力，另一方面也给了朱元璋从容布置的机会。如果陈友谅充分利用朱元璋主力在外的时机，应当直取应天，同时凭借水军优势，封锁长江水道，使得朱元璋首尾不得相顾，将其一一蚕食。

洪州被围的同时，朱元璋所辖诸全的守将谢再兴叛归张士诚。

九月，张士诚趁朱陈交战而脱元自立，自称吴王；并派谢再兴等人率大军攻打东阳（今浙江金华），被朱元璋外甥李文忠击退。随后，李文忠在距离衢州五十里的地方，建立诸全新城，作为浙东屏障；张士诚屡次派军攻打，但是屡攻不下。

谢再兴叛归张士诚在军事上有李文忠的缘故，虽影响有限，但是对朱元璋的心理打击巨大。谢再兴一三五九年就已经是朱元璋所辖诸全的枢密分院院判，长女女婿是朱文正（朱元璋大哥的独子），次女女婿是徐达。这样的一个人叛变，任何人都难以接受，以至于后来李文忠以承诺不死得以招降的谢再兴弟弟谢五被朱元璋坚持凌迟。可能也是因为这件事情的缘故。洪州保卫战后，朱元璋并未加封朱文正，却厚赏了常遇春等立有战功的将领。结果，朱文正因为不满朱元璋没有封赏而私通张士诚，引得朱元璋大怒，亲自到洪州鞭笞朱文正，幸得马皇后劝说，朱文正得以免死，后于一三六五年郁郁而终。不过笔者要点明一点，朱元璋于一三六一年设大都督府，掌控全部军力，既有统兵权，又有调兵权；朱文正是第一任也是唯一一任大都督（朱元璋称吴王之后，取消了大都督，改为左右都督）。虽然从年龄上看，可以猜测只有二十六岁的朱文正可能只是朱元璋的傀儡，但是凭借洪州之战的出色表现，再考虑到重视亲人的朱元璋对待李文忠、沐英的态度，实在是难以想象朱文正以后的成就。此外值得一提的是，虽然朱文正夫妇在一三六五年双双去世，但是一三七〇年分封诸王时，其子朱守谦是唯一一个非皇子而受封的宗室，被封为靖江王，视同亲王，明成祖时才降为郡王。

一三六四年正月，朱元璋称吴王。

发展到现在的地步，朱元璋终于迈出称王一步，毕竟此时的天下，已经无人能与之争雄。

二月，陈汉灭亡。前一年，朱元璋攻打武昌，不克而还。这年再征武昌，派常遇春俘获岳州援军大将张必先，陈理因而投降，被封为归德侯，移居南京。至一三六五年正月，朱元璋占据陈友谅所属江陵（荆州）、潭州（长沙）、襄阳、赣州、韶州（广东韶关）等地。

灭陈汉后，朱元璋大力进攻张士诚。一三六四年十月，徐达、常遇春等人进攻淮东；至一三六五年四月二人平定淮东；一三六五年八月，徐达、常遇春又率二十万大军直捣苏州；一三六六年二月，大军围攻苏州；七月，苏州城破，张士诚被俘，被送往应天府，结果张士诚抵达应天府当夜自缢而死。

龙湾和洪州两战大败，加之国主陈友谅身死，朱元璋肯定不会给陈汉机会。张士诚的军事短板很明显，既没有办法以陆战击败擅长奔袭救援的常遇春，又没有足够的装备优势克服地处下游的水军劣势，再加上元朝四分五裂无力南下、陈友谅覆灭，朱元璋自然可以从容对付张士诚。

一三六六年，朱元璋派廖永忠前往滁州接小明王至应天，结果渡江时小明王在瓜步溺水身亡。

一三六七年九月，朱元璋征讨浙东的方国珍，先后派出朱亮祖、汤和、廖永忠三员大将；十一月，方国珍投降。

方国珍是元末起义最早的一支，总的来说就是一个弱化版的张士诚；朱元璋崛起后便与之交好，以便牵制张士诚，但是张士诚式微后，方国珍便因为征讨温州豪帅而与朱元璋发生冲突，进而归附元朝，落人口实。不过，朱元璋对方国珍不算苛责,七年以后,方国珍在南京去世。

同年九月,朱元璋论平定张士诚功劳,封李善长为宣国公、徐达为信国公、常遇春为鄂国公。官制改为尚左后,右相国李善长改为左相国。

一三六八年正月,朱元璋称帝,国号大明,年号洪武,是为明太祖。李善长为左丞相,徐达为右丞相。

自一三五二年加入义军,朱元璋经过十余年的奋斗,统一东南,终于迈出了称帝的一步,建立了属于自己的政权,同时组织大军,与元朝进行正面对决。总的来说,朱元璋统一东南的过程比较艰辛,但是主要对手陈友谅和张士诚都犯了非常严重的错误,陈友谅因强攻南昌而一战崩溃,张士诚因作壁上观而坐失良机,所以反而使朱元璋称帝看上去比较顺利和轻松。

第二章 洪武之治

明太祖朱元璋在位三十一年，实现了驱逐胡虏、恢复中华的伟业，加之整饬吏肃贪、海晏河清，因而被称为洪武之治。

徐达北伐

一三六七年十月，吴王朱元璋发布《谕中原檄》，提出"驱逐胡虏，恢复中华，立纲陈纪，救济斯民"，命徐达为征虏大将军，常遇春为副将军，率军二十五万，由淮入河，北取中原。同时，中书平章胡廷美为征南将军，以江西经陆路取福建，湖广行省平章杨璟以湖南经陆路取广西，至次年年中，福建、广东、广西相继被平。

此次北伐，朱元璋事前就制定了非常详细的战略布局，即"先取山东，撤其屏蔽；旋师河南，断其羽翼；拔潼关而守之，据其户槛，天下形势，入我掌握，然后进兵元都，则彼势孤援绝，不战可克。既克其都，鼓行而西，云中、九原以及关陇可席卷而下"。从事后来看，真是令人后背发凉的战略眼光。

元末时期，因被战乱阻隔，闽粤地区事实上成为无人之地，因而也陷入义军四起的状态，但是规模不大，反而陆续被当地官府和豪强武装镇压。为此，在平定方国珍、挥师北伐的同时，朱元璋也挥师南下，进攻闽粤广地区。

十二月，济南投降徐达；朱元璋命徐常二人厚待沿途投降官员。

一三六八年二月，常遇春攻克东昌，徐达攻克乐平，山东平定。同时，朱元璋命邓愈等人从襄阳、安陆向北进军。

三月，徐达沿黄河西进，攻克归德、许州，收降汴梁。四月，徐达在洛阳塔尔湾大败元将脱因帖木儿（王保保之弟）五万大军，元朝梁王阿鲁温投降。稍晚，冯宗异（冯国胜）攻克潼关。随后，朱元璋临幸汴梁。七月，邓愈攻克隋州；潼关以东平定。

随后，朱元璋返回南京，命徐达攻克大都。闰七月初，徐达渡河，攻克磁州等地，随后前往临清与东昌明军会师；之后一路北上，月底攻克通州。元顺帝见大势已去，在徐达进入通州当晚，携带后妃太子，出居庸关北逃。八月初二，徐达率军进入大都，封藏府库，安抚百姓。

一般以元顺帝出逃大都作为元朝灭亡的标志；退回蒙古的元朝势力，被称为北元。此时，王保保正与反对派在关中激烈交战，导致元朝山东、河南地区非常空虚，加之徐达和常遇春的战力实在超群，所以势如破竹。

随后，朱元璋进入大都，改大都为北平，又命徐达、常遇春等人攻打山西。常遇春九月攻克保定、中山、真定等地；冯宗异、汤和十月自河南渡河，攻克泽州；徐达十一月攻克赵州。

十二月，徐达会合诸军，攻克冀宁（太原），元朝守将扩廓帖木儿（王保保）败走。元顺帝命王保保收复元大都，所以王保保集结主力出雁门关，经保安州、居庸关，进攻北平。徐达认为孙兴祖率军三万驻守北平，兵多城坚，足以坚守，王保保大军在外造成太原空虚，应当趁明军在太行东南的时机，直取太原。王保保火速从保安州回撤，结果郭英、常遇春联合内应，以骑兵夜袭，元军惨败，四万人被俘。王保保来不及穿鞋，光着一只脚骑马逃往甘肃，只有十八骑跟随。

一三六九年正月，常遇春攻克大同。山西平定。

自石敬瑭割让幽云十六州，至今已有四百三十一年之久！

随后，明军继续西进。二月，徐达率军前往河中，三月占据奉元路（今西安）、凤翔，四月攻克陇州、秦州、兰州。五月经萧关，攻克平凉；元将张良臣以庆阳假降，得以击败明军前锋。七月，元将王保保派军攻克原州、泾州，声援张良臣；徐达听取冯宗异建议，分兵与之对峙，扼控原州。

在此期间，元朝图谋攻击大都，朱元璋调常遇春、李文忠回援。常遇春接连在锦州、全宁、大兴州取胜，攻克开平，追击元帝数百里，俘虏宗王庆生

（一作庆孙）及平章鼎住等将士万人。还师途中，七月初七，因卸甲风而暴毙于柳河川（今河北张家口龙关县），年仅四十；朱元璋极为悲痛，追封常遇春为开平王，谥忠武，配享太庙，设置肖像于功臣庙，均仅次于徐达。

八月，接替常遇春的李文忠自北平出发，率军经过大同，击败围攻大同的元将脱列伯等人。同时，徐达攻克庆阳，张良臣被斩；袭扰凤翔的元将贺宗哲等人撤走。九月，徐达、汤和自平凉率军返回京师，冯宗异留守。

庆阳之战是徐达北伐过程中为数不多的大战。王保保在得知庆阳被围攻后，果断以三路大军袭扰，如若不是明军在军力上占优，且王保保尚未获取对北元军力的指挥权，也不会被徐达从容击败。

常遇春的死应该是旧伤复发所致。虽然此时古代中国的指挥体系已经成熟到在绝大多数情况下无须主帅亲自冲锋陷阵的阶段，但是常遇春与其他大将不同，动辄充当先锋并亲自拼杀，所以很容易积累太多伤病，因卸甲风等病症而暴毙。

常遇春在今人眼中的形象不佳，大致相当于只会冲锋陷阵的莽将和动辄屠城杀降的屠夫，偶尔还会加上有个善妒无出、虐杀小妾、蒸熟人手给丈夫看的悍妻（在一些版本中的表述是被朱元璋杀死并做成排骨供大臣品尝），与徐达相较甚远。但是这些事情多是一面之词或者是野史小说，听听即可，不应当真。实际上，常遇春是元明之交最为杰出的将领之一，是古今第一流军事家，军事才能不亚于同时期的徐达、王保保等人，特别是在其擅长的长途救援和先锋破敌的能力上古今罕见，更为重要的是，《明史·常遇春传》有一句古今中外所有军事将领都梦寐以求的评价，"摧锋陷阵，未尝败北"。常遇春也对自己的军事才能极为自信，号称十万横行天下。此外，常遇春为人沉鸷果敢，善抚士卒，虽然比徐达年长，却能听从调遣，也未见与同僚冲突，可见其并非桀骜或者暴躁之人。

经过近两年的北伐，大明在北疆上大致恢复了晚唐旧境，基本上实现了战前规划，从根本上推翻了元朝的统治。总体来说，因为元军忙于内斗，缺乏统一指挥，加之大明君臣一心，战略战术使用得当，所以顺利无比。攻克大都、攻占晋陕等地后，北元在东北、塞北、青藏、云南等地还有很强的势力或者稳定的统治。为此,自一三七〇年至一三八八年,明朝进行了六次北伐以及若干次西征,扫清了漠北以外的北元势力。

六征北元

为了彻底击溃北元,解除北方威胁,朱元璋组织了六次规模较大的北伐。一三七〇年第一次北伐,基本扫清了北元在甘陕地区的王保保部。一三七二年第二次北伐,中路军和东路军扫荡和林失败,只有西路扫清了河西走廊。一三八一年第三次北伐,击败元军主力,不但阻止了北元南下,更激化了北元矛盾。一三八七年第四次北伐,攻占东北。一三八八年第五次北伐,攻破北元王廷,不久北元崩溃。一三九〇年第六次北伐,确立藩王率军的模式。

一三七〇年正月,明朝进行第一次北伐。上年六月,元惠宗迁都应昌府(今内蒙古赤峰),窥伺华北;年底,王保保又趁明军主力撤出关陇而进攻兰州,消灭明朝援军。为此,朱元璋决定北伐,命徐达为征虏大将军,李文忠、冯胜为左右副将军,邓愈为李文忠副将,汤和为冯胜副将,兵分两路,进攻北元。徐达、冯胜自西安直捣定西,攻取王保保;李文忠出居庸关,进入大漠追击元惠宗,使北元首尾不相顾。此外,大同出兵进攻山西、河北,作为佯攻。

四月,徐达大败王保保。徐达出关后,在沈儿峪(甘肃定西北)与王保保对峙激战。王保保劫营不成,最终大败,逃往和林(蒙古中部),元朝郯王等近两千宗室、官员和士卒八万五千余人被俘。六月,徐达派邓愈招抚吐蕃,元朝所属河州(甘肃临夏)以西的甘朵、乌思藏等部以及吐蕃诸部归降。

与此同时,元惠宗于四月二十八日因痢疾死于应昌府,终年五十一岁;其子爱猷识理达腊在和林继位,是为元昭宗;元昭宗命王保保继续统领兵马。但是,李文忠出居庸关经野狐岭一路取胜,于五月二十一日攻克应昌府,缴获宋代玉玺等宝器以及大批北元重臣宗室。

十一月，徐达、李文忠等抵达龙江，朱元璋亲自出迎。次日，徐达上《平沙漠表》，朱元璋大封功臣，李善长等六人为国公，汤和等二十八人为侯。

这是朱元璋任内第一次大封功臣。后面会详细提到。

第一次北伐大获全胜，极大缓解了漠南蒙古对明朝北方的威胁，但是北元王廷依旧在和林地区保有相当的实力，所以明朝依旧不敢掉以轻心。

一三七二年正月，明朝第二次北伐。上年，辽阳归降明朝，但是元朝太尉纳哈出占据东北，拥兵二十万，袭扰边境；北元残部经过一年多休养，也再次活跃，不断南侵。对此，朱元璋主张防守，但是经过与徐达的商议和朝议，朱元璋决定北伐。徐达为征虏大将军、李文忠为左副将军、冯胜为右副将军，各率五万大军，分三路出征。徐达为中路，出雁门关趋和林，明急实缓，诱使元军出战，趁机歼灭；李文忠为东路，出居庸关，出其不意，经应昌直取和林；冯胜为西路，出金兰前往甘肃，作为疑兵。

三月，中路军徐达抵达山西，以都督蓝玉为先锋，接连在野马川（胪朐河、克鲁伦河，中蒙边境）、土剌河（土拉河，蒙古乌兰巴托西）等地击败王保保，结果太过深入。五月，徐达因轻敌而在岭北（具体不详）被王保保和贺宗哲联军击败，损军万余；徐达被迫设垒坚守。七月，偏将军汤和又在断头山（宁夏宁朔东北）被北元军击败。

同时，东路军李文忠于六月底抵达口温（今内蒙古赤峰巴林右旗），元军逃走。李文忠亲率大军轻装急进，在土剌河、阿鲁浑河（乌兰巴托西北）与元军激战，结果元军败退。但是，明军也有不少死伤，而且因分兵、缺水、元军袭扰而损失惨重。之后，李文忠又追至骋海（又作称海，蒙古哈腊湖），但是因双方旗鼓相当，最终各自退兵。

此外，西路军冯胜抵达兰州后，傅友德率骁骑五千为前锋，直趋西凉，接连大败元军，射死元朝平章卜花，收降元朝太尉锁纳儿加、平章管著等人。六月，冯胜接连收降集乃路（内蒙古额济纳旗东南）等地，傅友德率兵追至瓜州（甘肃安西）、沙州（甘肃敦煌），七战七胜，重挫元军。十月，冯胜班师。

十一月，朱元璋命徐达、李文忠班师。此后，明军近十年不再出塞。

第二次北伐以中路军大败、东路军损失惨重、西路军大胜而收场。三路北伐，明军损失惨重（按元末明初叶子奇《草木子余录》所记载，明朝前后死者四十万），所以可能是为了照顾徐达和李文忠的威信，冯胜并未因此获得封赏。

因为中路军的结果最为重要、影响最大，所以此次北伐又被称为岭北之战。中路军失利的原因主要是王保保诱敌深入，徐达未能及时发觉而轻敌冒进，结果被以逸待劳的元军击败。此战是徐达辉煌战绩中的唯一败绩，也是朱元璋自起兵以来遭受过的为数不多的重大挫折。朱元璋虽然战前并非首倡北伐，但是绝对无法接受北元卧榻鼾睡的情况长期存在，所以才会支持北伐。由于此战明军损失惨重，特别是战马难以为继，因而停止出塞。

经常被人忽略的是，西路军冯胜、傅友德横扫河西走廊的重要意义。河西走廊自晚唐被吐蕃切断从而不属中原已经超过五百年；打通河西走廊，意味着明朝切断了蒙古右翼与青藏高原的联系，并打通了前往西域的通道。所以，明朝停止了对大漠的征讨后，立即经营青藏、云南，解决忽必烈绕道云南伐宋的后遗症。

一三七五年八月，王保保去世。朱元璋因王保保无法臣服而叹息，册立其妹为次子秦王王妃。

一三七八年五月，元昭宗去世，脱古思帖木儿即位（天元帝）。

《皇明通纪》等材料记载朱元璋曾和大臣表达过自己平生三大憾事，即少传国玺，王保保未擒，元太子（即元昭宗）无音问。笔者个人理解是少传国玺以佐证天命在明，未擒王保保以彻底击溃蒙古，不俘元太子便不能证明元朝灭亡。

一三七六年十一月，因有吐蕃部落劫掠乌斯藏使者，朱元璋命邓愈为征西将军，沐英为副，率军征讨。

一三七七年四月，将其平定。十月，沐英封为西平侯。十一月，邓愈班师经过寿春时因病去世；朱元璋闻讯大哭，追封其为宁河王，谥号武顺，挂像太庙，赐葬于雨花台。

一三七八年八月，西番（吐蕃）、洮州（甘肃甘南）又有叛乱，沐英为征西将军，进行征讨。

一三七九年二月，朱元璋又派李文忠前往河州、岷州（甘肃定西）、临洮诸处督理军务。十一月，仇成、蓝玉等十一人因平定西番有功而封侯。

邓愈是明初一位声名不显的将领，但在朱元璋心中地位很高。一方面，邓愈十六岁时，便率军万余归顺滁州的朱元璋，是朱元璋渡江前最重要的军力之一；另一方面，邓愈为人低调忠诚，又勤劳韧勉，因而被朱元璋青睐。

这是明初第二次大封。沐英是朱元璋养子，由马皇后抚养长大；蓝玉是常遇春妻弟，也是朱元璋重点培养的军事统帅。

第一次北伐后期，徐达派邓愈招抚吐蕃，河州往西等地纷纷归附，特别是一三七三年元朝摄帝师喃加巴藏卜降明受封炽盛佛宝国师，授以玉印。同时，明朝继续维持当地政教合一的政治体制，当年在甘青川藏区和卫藏地区设置朵甘卫和乌思藏卫，次年又升格为朵甘行都指挥使司和乌思藏行都指挥使司（明朝只有三个羁縻司），由当地藏族首领担任长官，不派流官，隶属同年设立的西安行都指挥使司，进行安抚；一三七五年又设置俄力思军民元帅府，负责管理阿里地区。

一三八〇年二月，朱元璋第三次北伐。上年，北元屯兵和林有意南下，朱元璋派沐英率陕西明军迎击，结果沐英过灵州（宁夏灵武），在亦集乃（额尔古纳）渡河，翻越贺兰山进行突袭，大获全胜。一三八〇年，因北元再次南侵，朱元璋命徐达为征虏大将军，汤和为左副将军，傅友德为右副将军，率军北伐。

四月，徐达率领诸将出塞；傅友德为先锋，轻骑夜袭灰山（内蒙古宁城），获得大胜；又在北黄河（西辽河）再次遭遇元军，将其大败。

同时，沐英率别部出古北口（北京密云），沿途攻克高州（河北平泉）、嵩州（内蒙古赤峰）、全宁（内蒙古翁牛特旗），渡过胪朐河（中蒙边境克鲁伦河），大败北元。

此即朱元璋第三次北伐北元。笔者个人认为只有设立大将军为主帅的才算是北伐，故而沐英迎击不算，北方藩王也不算。

一三八四年三月，李文忠去世，时年四十六岁，追封岐阳王，谥武靖，配享太庙，功臣庙位次第三，赐葬钟山。李文忠上年冬天病重，朱元璋亲自探望，并指定淮安侯华中负责医治，结果李文忠死后，华中因此贬死。

年底，徐达在北平背疽复发，朱元璋派其子徐辉祖前往探望，旋即将其召回。一三八五年二月，徐达病重而死，时年五十四岁。朱元璋悲痛不已，追封中山王，谥武宁，赠三世王爵。赐葬钟山之阴（朱元璋孝陵附近），御制神道碑文。配享太庙，肖像功臣庙，位皆第一。

根据《大明会典》，明朝武将谥号以武字依次配宁毅敏惠、襄顺肃靖、信康壮恒、愍烈勇僖。终明代一朝，只有徐达一人谥号武宁，可见地位之高。李文忠是朱元璋大姐之子，虽然因为劝谏的缘故而被谴责，但是也没有太被虐待。两人政治活动放在别章分析。

徐达的历史评价基本上离不开元末明初第一名将和古今中外第一流军事统帅这两点，但是总是让人有一种不知道从何说起的感觉。原因也很简单，徐达为人谦逊少言，又无著作传世，再加上没有什么以少胜多的经典案例，自然让人话到嘴边不知道从何夸起。但是善战者无赫赫之功，只要活着就是大明当然的大将军，就是王保保押上北元威信而佯退诱敌得手也难以击败的中军主帅，这个地位已经足够了。

一三八七年正月，明朝第四次北伐北元。辽东地区的北元太尉纳哈出占据松花江以北，部众数十万，拒不归降，所以朱元璋决定派军征讨，冯胜为大将军，傅友德、蓝玉为左右副将军，率师二十万征讨。朱元璋认为纳哈出为人狡诈，命大军先屯驻通州，如果纳哈出前往庆州（内蒙古巴林左旗），则以轻骑掩其不备进行进攻；攻克庆州后，全力直捣金山（吉林双辽），出其不意。

二月初，冯胜率军抵达通州，发觉纳哈出分兵庆州，于是派遣蓝玉率轻骑趁大雪出击，攻克庆州。三月初，冯胜率军出松亭关，修筑大宁城（内蒙古赤峰宁城）等四座新城；六月，率大军直捣金山，在辽河东小胜元军；纳哈出大惊，因有使者劝降，加之大军压境，决定投降。冯胜派蓝玉受降，蓝玉在营中设宴款待，纳哈出敬酒，蓝玉解衣相赠，结果两人因先穿衣还是先敬酒发生争执。纳哈出取酒浇地，准备离去，常茂起身拦截，纳哈出急忙上马，结果被常茂所伤，被耿忠送至冯胜处，好言安抚。最终，纳哈出所部归降。月底，冯胜还军。

八月，朱元璋因受降冲突一事遣使斥责冯胜不能严肃军纪；常茂虽然是冯胜女婿，但因被冯胜苛责而与之交恶，因而冯胜将此事归咎常茂。结果，常茂说明情况辩解，朱元璋将冯胜召回，命蓝玉统兵。

九月，朱元璋诏左副将军傅友德整编新附军士，驻兵大宁。此外，纳哈出抵京，封为海西侯；张赫、朱寿因功封航海侯、舳舻侯。

第四次北伐也非常重要。老一代军事统帅中的最后一人冯胜，就此退出一线，再没有独立领军作战的记录；青年一代的傅友德、蓝玉以及之前留守云南的沐英，成为大明新一代的军事核心。

在此以前，中原王朝对东北地区的管理以汉四郡为极限，再远就只能以羁縻州的形式进行控制。但是，随着辽、金、元等占据了东北地区的政权参与中原政治，东北地区与中原的联系加强。平定纳哈出之后，明朝开始派遣流官，管理东北，并逐渐将管理的极限推至黑龙江松花江流域。

同时，朱元璋任命蓝玉为征虏大将军，延安侯唐胜宗、武定侯郭英为左右副将军，率部讨伐残元，肃清沙漠。十一月，蓝玉奏请剿灭撤往和林的残元势力，获准。

一三八八年四月，蓝玉率军抵达庆州（内蒙古巴林左旗），得知天元帝在捕鱼儿海（中蒙边境呼伦贝尔的贝尔湖），立即急行军直扑其所在。十二日，蓝玉抵达捕鱼儿海南岸，探知距离目标只有八十余里，于是趁大风沙发动突袭。元军毫无准备，天元帝只得与太子、丞相等数十骑人马逃走，包括次子在内的大批重臣、宗室等近八万人被俘，北元宝玺、印章等也被缴获。随后，蓝玉班师。

十月（一说一三八九年十月），北元天元帝父子被也速迭儿篡杀，也速迭儿不再使用大元国号，只称蒙古大汗（鞑靼即蒙古）。

年底，因捕鱼儿海大胜，永昌侯蓝玉封为凉国公，孙恪为全宁侯，战死者濮英追封为乐浪公，其子降袭西凉侯。

此即朱元璋第五次北伐北元。捕鱼儿海惨败点爆了元昭宗逃出大都以后蒙古各部之间的激烈矛盾，黄金家族忽必烈系威信尽丧，一方面出身阿里不哥系的也速迭儿弑君自立，另一方面蒙古各部纷纷脱离北元独立，于是也速迭儿放弃了大元国号，只称蒙古大汗，是为蒙古帝国第二十二任大汗卓里克图汗。史家以此作为北元结束（蒙古帝国则延续到一四〇二年）。

对明朝而言，透过捕鱼儿海大胜，不难预见蒙古各部必然陷入数十年内讧之中，大明北方边境压力大大减轻，无论是国内政治改革，还是减轻边境军备压力，都是大大的利好。

一三八九年五月，明朝设立泰宁卫、朵颜卫、福余卫指挥使司，统称朵颜三卫；安置东北地区的北元投降部落。

后来，因为宁王朱权就藩大宁，所以朵颜三卫由宁王统领，因而宁王成为九王之中实力最强的一位。

一三九〇年正月，明朝第六次北伐北元。朱元璋命傅友德为大将军，赵庸、曹兴为左右副将军，出征沙漠，听从燕王朱棣调遣；王弼为左参将，率山西明军，听从晋王调遣。三月，燕王率军出长城古北口，乘大雪直捣元军营寨，攻其不备，但是只将其团团围住，逼其投降，结果收降数万人、数十万头牲口而还。同时，晋王率军出塞，不见残元而还。

此后，明朝扫荡蒙古，多以塞上九王（燕、宁、辽、谷、代、晋、庆、秦、肃）为主将，几乎年年用兵，但是规模不大。

平定川滇

一三五七年年底，徐寿辉部将明玉珍攻克重庆。一三六一年，明玉珍称陇蜀王，在重庆祭祀徐寿辉，与陈友谅断绝关系，派军屯守夔门，内外阻绝。一三六二年三月，明玉珍称帝，国号大夏，定都重庆。一三六三年，明玉珍分三路大军进攻云南，结果被元朝梁王孛罗和大理总管段功击退。一三六六年三月，明玉珍去世，时年三十六岁；其子明升即位，时年十岁。

一三六九年十月，朱元璋派平章杨璟出使明夏，要求明升归附。明升君臣廷议不决，只得礼送杨璟。

一三七一年正月，朱元璋派两路大军伐夏。汤和为征西将军，周德兴、廖永忠为左右副将军，由瞿塘进逼重庆；傅友德为征虏前将军，由秦陇进逼成都。此外，邓愈在襄阳训练军马，运送粮饷，保障后勤。二月，南路攻克归州（宜昌秭归），但是三月起受阻于瞿塘，被迫退回归州整顿。

四月，北路攻克阶州、文州（甘肃陇南）。傅友德扬言自金牛峡南下入蜀，调动夏军主力，实际上取道陈仓，乘虚直取阶州、文州，五日连克两城。

五月，汤和再攻瞿塘峡，结果因江水暴涨而受阻。六月，北路攻克汉州，进逼成都；朱元璋不满汤和进军不利，下诏切责，并派朱亮祖增援。随后，廖永忠攻克夔州，突破瞿塘峡；月底，汤和率军抵达重庆，明升投降，大夏国灭亡。七月，北路军抵达成都，守军投降。由此，四川平定。

一三八一年九月，朱元璋派军讨伐云南。平夏之后，朱元璋因为云南险僻而不愿用兵，多次遣使招降，但是元朝梁王拒绝归降并斩杀使者。于是，朱元璋决定派军平滇，傅友德为征南将军，蓝玉、沐英为副。傅友德率军抵达湖广后，分出一路由郭英率领，由四川永宁趋乌撒（贵州威宁或云南昭通），自己率大军由辰沅趋贵州。

十二月，曲靖之战爆发，明军大胜。本月，傅友德攻克普安（贵州黔西南），得知梁王派大军十余万人屯兵曲靖，于是在沐英的建议下，直捣曲靖，率军趁大雾倍道疾趋，在白石江（曲靖屏障）遭遇元军。又在沐英的建议下，傅友德假意渡河，吸引元军注意，同时沐英从下游潜渡，攻击元军后军，结果元军大败，曲靖被克，诸部望风归降。

一三八二年正月，明朝设置贵州都指挥使司，二月设置云南都指挥使司、云南布政司。闰二月，蓝玉、沐英进攻大理，俘虏土目段世。至次年二月，傅友德攻克北胜府、丽江府（云南丽江）等地，云南平定；三月，朱元璋召傅友德、蓝玉班师，副将军沐英率军数万镇守。

一三八四年，颍川侯傅友德晋升颍国公，陈桓、胡海、郭英、张翼等四人因平定云南，被封为侯。

因为沐英并未随征讨军返回南京，所以其后人世代镇守云南，加封黔国公，与明朝同始终。

一三八九年，傅友德、沐英平定西南叛乱。平定元朝的同时，云南以西和以南的百夷纷纷奏请内附，于是明朝设置大量羁縻机构并接纳属国。其中，麓川首领思伦发于一三八二年遣使明朝，一三八四年受封为麓川平缅宣慰司世袭宣慰使，但是所属的景东地区（普洱）和摩沙勒地区（玉溪）也趁此机会独立出去，依附明朝。因此，麓川于一三八五年发动景东之役和一三八八年发动摩沙勒之役，夺回了两地的控制权。但是因为在摩沙勒之役中明军支持摩沙勒，思伦发于一三八八年三月率军三十万攻打定边（楚雄），沐英率三万军迎敌。双方交战时，麓川以大象出击，但是沐英使用连矢、火器、神机箭，呈三班轮射，击溃象阵，斩杀三万有余，取得大胜。麓川被迫遣使入朝谢罪。但是由此引发曲靖、普安等地纷纷叛乱，因而傅友德被任命为征南将军，将其平定。

此即定边之战。沐英使用火器并采用三班轮射的战术，在当时是领先世界至少一个代际的存在，所以思伦法战败不冤。麓川是傣族建立的地方政权勐卯龙的音译，大致相当于今天云南西部和缅甸东部北部。一三一二年，傣族贵族混依翰罕脱离元朝，在瑞丽称王，建立麓川国，自号"思汗法"，后与元朝划澜沧江而治，一三五五年受封为平缅宣慰司世袭宣慰使。明朝入滇后归附，受封为麓川平缅宣慰司世袭宣慰使。但是作为地方上最为强大的政权，麓川经常与当地其他政权发生冲突，甚至与明军交战，最终引发明英宗年间的麓川之战，麓川彻底被肢解。

平定云南只是元末明初诸多战争中不算起眼的一场，但是在笔者看来，这一场战争与冯胜傅友德打通河西走廊一样重要，自天宝年间第一次唐与吐蕃战争以来脱离中原六百余年的云南，就此彻底纳入中国版图，被视为中央政权不可放弃的一环。

整吏肃贪

朱元璋在明初围绕吏治、财政进行了非常严酷的整治，爆发了多起大案，并且亲自设计了大量具有明朝特色的政治制度。但是需要注意的是，虽然朱元璋的出发点非常好，但是受限于自身非常羸弱的政治行政能力，在李善长等内政人才在明初陆续隐退之后，朱元璋也做了很多令人唏嘘扼腕，甚至几近悲哀的事情。

一三六七年十月，朱元璋命左丞相李善长为律令总裁官，参知政事杨宪、傅瓛，御史中丞刘基等人参与，编制律令。十二月，《律令》编成，获准实施。

此即大名鼎鼎的《大明律》，此后洪武七年、二十二年、三十年有过三次大规模修订。

一三六八年二月，朱元璋命中书议定役法。役法规定：每户每顷田在农闲时出丁夫一人到京城服役三十天；田少人多则几户合出一人，田多人少则出米一石派佃户充当丁夫，此即"均工夫"。

一三六九年正月，朱元璋诏免中原、江南田租。

明朝财政来源主要是税赋和徭役，这与历代类似。洪武时期朱元璋多次减免田租，鼓励农桑。不过朱元璋也非常记仇，对当年支持张士诚的苏松嘉湖四府予以重税粮额，直到一三八〇年才减免。

一三七〇年，明朝以靠近京城为由，取消太仓黄渡市舶司，改设福建泉州、浙江明州、广东广州三市舶司。

一三七四年，三司被废，但是海上朝贡贸易未禁。一三八一年，朱元璋又以"倭寇仍不稍敛足迹"为由，禁止濒海民众私通海外诸国。

此即明朝海禁制度的起点（一说一三七一年为防备方国珍余部而严禁沿海百姓私自出海）。此后，一三九〇年、一三九四年、一三九七年，朱元璋重申海禁。由此，明朝不断中止海外贸易，而且还禁止了与日本、东南亚地区的海上交流。

笔者认为，朱元璋之所以执行如此严厉的海禁政策，目的主要有两点：一方面是朱元璋设想中的中国，应该是一个耕者有其田的农业帝国，他对商业或者海外贸易的理解应该还停留在商人不事生产而坐拥巨利的层次，所以取消市舶司、中止海外贸易。另一方面，东南海盗、倭寇长期存在的基础是通过大量走私而从沿海获得补给，所以朱元璋采取了海禁，釜底抽薪，断绝海盗、倭寇的存在基础，使之自生自灭。但是从事后发展来看，此举反而加剧了海盗、倭寇的泛滥。原因很简单，对沿海百姓而言，靠山吃山靠水吃水，种地不如打鱼，而且中止官方贸易反而抬高了走私收益，结果就是海盗倭寇越来越多。因此永乐即位之后，立即恢复了三市舶司。

一三七六年下半年，空印案爆发。根据明朝财政制度，省府州县每年均需派人前往户部核对收支账目，保证相互之间数字一致（钱谷统计数字精确到分、毫、升、合），如有账目出入必须重新造册，一切账册以地方大印为准。实际操作中，受限于路途遥远、往返费时，以及各种损耗难以预估，往往由地方官员携带提前盖印的空白文书前往核对，以备使用。朱元璋得知此事后大怒，将所有相关官员全部处置，自户部尚书至各地县令，主印者处死，佐贰以下杖一百，充军边地。

空印案的爆发时间有两种说法：一种认为是洪武八年，还有一种是洪武十五年。笔者个人比较赞同按照死于此案的方克勤（方孝孺父亲）的被杀时间来算，应该是洪武九年十月之前。对于空印案的性质，有两种观点：大部分传统史家认为此案是冤案，朱元璋只是认为大臣联合串通蒙蔽自己，故而大怒，屠戮官员；少数史家认为，空印案可能的确是一场贪污案件，朱元璋不过是大肆株连而已。

笔者个人认为朱元璋之所以会大肆株连，一方面是帝王心术太重，有心在李善长退隐、胡惟庸立足未稳的情况下彰显君权；另一方面也是对行政系统，特别是财政制度的极度无知，所以才会制定完全脱离实际的财政要求，并总是妄加揣测，认为官员皆贪皆可杀。

一三七六年，明朝颁行《守边策略》，形成军屯制度，主要包括边军军屯（边军）和营屯（内地）两种形式。一三八七年起，军屯才开始征收田赋。一三八八年，明朝命令卫所造军户籍，又置军籍勘合，详列军户来历、调补、人口等信息，从而建立起新的、较为完备的军户制度。

一三八一年，明朝推行里甲制度，进行人口普查，编制黄册。所谓里甲，指的是将一百一十户编为一里，丁粮最多的十户为里长，其余一百户为甲首。在此基础上，将全国人口按职业划分成民、军、匠三类，以户为单位，造册登记，一式四份，因其中送给户部的一册封面用黄纸，故称为黄册。每年由一名里长带十户输送徭役，十年一轮。

元代户籍制度采取的是诸色户计制度，即将居民按照不同种族、宗教等分为不同类型的户籍，承担不同的社会义务，而且户籍一经确定，除僧道可通过考试等途径改变外，其他均为世袭。

明朝军户制度很大程度上参考了元代制度，但是又有所创新。军户是户籍的一种，主要承担出丁为兵的军事义务。朱元璋在元朝的基础上又进行了创新，强制军户屯田，以寓兵于农的方式，解决军费浩大问题。这种做法在明初取得了一定效果,所以朱元璋曾自夸养兵百万而不费民间一粟。但是笔者想说的是,大一统国家最重要的优势在于有更多的人口和经济基础去进行社会分工,如此简单粗暴地设置一个规模不大的既封闭又仅依赖内循环的游离于主流社会之外的系统,必然会导致兵源萎缩、军力下降,纯属历史倒退,与征兵制和募兵制相比,落后的不是一星半点,而且正常财政中没有军费科目,也使得纠错起来异常困难。

明代地方行政区划分为省、府、县,但是朱元璋试图打破皇权不下县的历史规律,将对基层组织的控制纳入政府系统,所依靠的就是里正和黄册。里甲制度的目的很明确,就是要通过建立乡村基层组织,解决征税、徭役等问题,加强对乡村基层的控制,使之纳入大一统帝国的权力体系中去。这一思路自春秋管仲开始已经成系统地提出,历朝历代都有所尝试,例如王安石变法的保甲法。但是这些尝试效果往往不佳,原因很简单,里长很容易从中渔利,加速贫困者的破产,而且这种行政色彩浓厚的制度很难适应社会经济的发展,特别是随着诸如垦荒、出仕等能够在短时间内改变经济状况甚至社会地位的情况发生,而逐渐消亡。

黄册制度是指将百姓按照户别登记造册。户籍造册是历代政府的既定动作,但是明代又有自己的特点。其中最大的特点就是百姓的户别非常多样但是又世袭不变,而且记录内容,例如财产、人丁等内容极为详尽,并以此制作黄册并配合鱼鳞册(财产登记),作为征税服役依据。从人身控制、征收徭役等方面来讲,这种登记制度非常便捷,可以大大提高政府行政效率;但是从社会发展、经济规律等方面来讲,却是愚不可及,因为这种僵化的管控方式极大地降低了小农通过调整生产和从业进而提升抗风险的能力,加剧了小农破产所导致的流民问题。

一三八〇年,吏部奏请取消每年征税不足五百石的税课司三百六十四处。明朝在各地府县设置税课司局负责征收税款,府曰司,县曰局,一共有四百多处。

明代财政制度的巨大缺陷之一,就是对田税、人头税、徭役以外的各种财税收入的故意忽视,其中以商业税尤甚。虽然古代中国以小农经济为主,但是至少在北宋时期商业就已经非常繁荣,并为政府带来了大量的财政收入。元代虽然主推包税制,在一定程度上影响了商业活动的正常发展,但是也向中央输送了大量财富。但是,朱元璋可能是对农耕社会有强烈偏执,不但在户籍上否定了商人的存在,同时在财政上也定下了极低的商税税率。明代商税最重要的是市税和关税,朱元璋规定了关税有极其多的免税情形(军民嫁娶、丧祭之物、舟车丝布,免税),市税(交易税)在"凡物不鬻于市者勿税"的前提下大致按照三十税一收取;直到明仁宗时期,才设立市肆门摊税(营业税)。此外,因为明初禁海的缘故,外贸税收也几乎虚置,直到隆庆开关后,才有明神宗通过宦官征收船税。虽然从某种意义上讲商税的虚置对明朝商业繁荣有促进作用,但是政府始终无法从中获得必要的税收,必然会引发矛盾和冲突。由于明代官商结合异常紧密,所以具体表现就是皇帝要求加税与大臣强调祖制直接的拉锯,特别是隆万改革加速了商品经济和货币流通后万历皇帝、宦官与官商的冲突。

一三八〇年,胡惟庸案发。一三八一年,明朝设置大理寺,负责审谳平反刑狱。一三八二年,明朝又设置都察院,负责各司督查;同时,裁撤仪鸾司(负责仪仗和侍卫),改置锦衣亲军都指挥使司,即锦衣卫,负责直驾侍卫、巡查缉捕。

因为大理寺、都察院作为审判机关和监察系统,既是广义相权的一部分,又是针对行政系统和吏治的存在。锦衣卫的出现与之类似,加之三机构都与胡惟庸案直接相关,所以为了行文方便,这三机关放在取消宰相一节。

一三八五年三月,郭桓案发。朱元璋怀疑北平承宣布政使司李彧与提刑按察使司赵全德偕同户部侍郎郭桓等人舞弊而下令调查。此时,御史余敏、丁廷举告发郭桓利用职权,勾结李彧、赵全德等人贪污,私吞太平府、镇江府等府的赋税以及浙西的秋粮(藏匿两百余万石),还在征收赋税时巧立名目,中饱私囊。朱元璋大怒,下令彻查,牵连全国十二个布政使司,郭桓等人合计贪污两千四百多万石粮食，结果礼部尚书赵瑁、刑部尚书王惠迪、兵部侍郎王志、工部侍郎麦至德等人自六部左右侍郎以下至直隶、各省官员数万人被杀，核赃所寄借遍天下，中等家境的人家大抵皆破；因为赃粮数量惊人，朱元璋表示担心百姓不信，只略写七百万石。

在笔者的印象中，郭桓案应该是中国历史上牵连官员最多的案件，可以说朱元璋在此案中成建制地消灭行政系统，牵连官员数量之大、级别之高古今罕见。

传统史家一般将此案归结为朱元璋反贪，只是有些扩大和滥杀。但是笔者个人认为反贪只是朱元璋大兴此案的由头，更重要的目的在于整顿吏治。所谓吏治，更多的是官吏作风和习气，比较直接的体现是能否做到上通下达、不折不扣，能否遵守法纪规章、认真工作，等等。笔者根本不信区区一个户部侍郎（试尚书）就能串联起成千上万的官员贪污上百万石粮食，姑且不说如何销赃，单就组织保密一项就不具备任何的可行性。结合其罪名，笔者个人猜测，郭桓真正的行为是一方面暗中核销了太平府、镇江府、浙西等地的应缴粮款或者亏空，所以未见抄家所见的钱粮物资入库，另一方面对中国古代长期存在的苛捐杂税、淋尖踢斛等行为采取了默许态度；之所以牵连诸多富户，只是因为他们协助官员将克扣的粮食变现而已（但却是朱元璋眼中的销赃）。所以，苦出身又有强烈的控制欲且对自己执政能力自视甚高的朱元璋，显然不会接受或者容忍这种行为，这些自以为是遵循常例的各部官员才会被一扫而空。

一三八五年十一月，朱元璋颁布《大诰》，将全年审理的贪腐案件汇总，以诰文的形式颁布全国。次年，又颁布《大诰续编》《三编》，一三八九年颁布《大诰武臣》，统称《御制大诰》。此外，朱元璋规定，《大诰》每户一本，如有犯罪，可凭此书降罪一等，否则加罪一等；学校教学和科举策试也从中命题，命各地师生学习。

《大诰》是一本案例和法条相结合的刑法典，充分反映了朱元璋严刑峻法的执政思路，但是因为太过严苛，所以洪武朝之后就被搁置不用，后世史家也多以其为研究洪武朝案件的资料。

一三八八年五月，明朝开始讨论军民对支法。朱元璋不满民间纳税粮食需要经过仓库出纳，再由将士支取的做法，命有关部门提前确认税赋军需数目、编制计划，改由每年秋季编户直接送至军户，并在应天府抽调编户和金吾卫进行试点。

一三九〇年二月，朱元璋经过试点，正式下令实行军民对支法（即对拨），规定户部校理各卫每年岁支俸粮实数，据此安排有关民户直接输送秋粮供给。

明朝财政制度是古代中国最奇葩的财政制度，没有之一。古今中外财政制度的发展路线大致一致，即将大多数财政收入先入国库再通过财政预算进行分配。这种做法之所以能够经得住历史的考验而被大多数国家采用，原因在于各地财政如果自收自支，很容易加剧地方分离主义倾向以及严重削弱中央财政，同时各地财政收支往往不匹配，如果不能提前安排的话，容易出现调度不及时的问题；经过长期实践，证明这种提前预案而消耗了大量人工的做法，反而才是最经济高效的做法。但是在对财政制度无知的人看来，中央财政编制预算，纯属多此一举。所以，明朝财政制度的奇葩之处在于既没有整体预算，也没有中央财政；各地政府每年直接支出各种费用，年底把盈余上缴上级政府直至户部即可；各级之间需要编制极为详细且精确的账册，进而才会出现空印。因为迟迟无法纠正没有中央财政这一重要制度缺陷，导致明朝中央政府的财政捉襟见肘、行政能力大受影响，但是地方政府却凭空多出太多机会假借各种名义横征暴敛，以至于出现明末中央加征三饷折合每亩不过银九厘，却加剧百姓揭竿而起的怪事。

一三九三年，因明朝当年税赋达到三千两百万石，足以支撑国用，朱元璋下诏规定北方各省新垦田地永不起科。由此，明朝变相执行定额税制，保持每年征收赋税维持在两千七百万到三千万石。

田税是古代中央王朝最为重要的财政收入手段，以人口增长推动开垦耕地所带来的田税增长是古代中央王朝除了货币改革、盐铁收归国营、增加苛捐杂税以外最重要的增加财政收入的手段之一。所以笔者实在无法理解为何朱元璋会在立国之初就定下永不起科这样的规矩，使得后人即便是主持财政改革，也只能从清查土地上入手，均摊税赋；也使得明朝田赋征收，出现了基于定额税收而向各省摊派的奇异局面。

一三九五年，明朝正式实行开中制度。所谓开中，指的是商人按照政府的要求，向指定的边镇仓库交纳粮草（即报中），以此换取兑换食盐的盐引并前往指定盐场兑换（即守支），从而进行食盐销售（市易）。明初实行食盐专卖，由盐丁生产，官府统一销售；并设置两淮（扬州）、两浙（杭州）、长芦（沧州）、河东（运城）、山东（济南）、福建六个都转盐运使司和四川等七个盐课提举司负责各地盐政。一三七〇年，山西奏请让商人负责军粮运输，以淮盐盐引作为酬劳，从而节省运输费用；获准。此即开中法的起点，但此时的盐引只是给商人的运输酬劳。一三八七年，明朝在云南毕节卫开始实行开中纳米，商人自购粮食进行运输并纳入指定仓库，从而换取盐引。经过尝试、完善后，朱元璋予以颁布并在全国推行。由此，明朝定期开中，并不定期地根据边镇需要增加频次；除了粮食以外，其他军需物品也纳入开中范围。商人为了缩短运输成本，也积极开发边地，实行"商屯"。

后世讨论明代财政收入时，往往将其归结为田赋、盐税、杂课以及不易量化的徭役。虽然明朝财政制度极其怪异和奇葩，但是由于收入种类少，所以反而便于计算财政收入。总的来说，明朝最重要的收入是田税，大致占全部收入的四分之三到六分之五，约合一千五百万两到两千五百万两；盐税（开中、折色以及其他杂税）收入其次，大致相当于一百万两到二百五十万两（以纳粮石数计算）；其他杂课，比方说矿税、特产、商税、关税等，大致二三百万两。此外还有明朝中期以后出现的皇庄，专供皇室所有的内库，每年大致在几十万两到一二百万两；明末还有三饷之类的苛捐杂税。

盐务是明朝财政的重要内容。自西汉对特定物资实行国营专营制度以来，历朝历代都凭借垄断铁器、食盐、酒水、茶叶等物资的专卖获得了大量的财政收入。但是受重农轻商思想影响严重的朱元璋，简单粗暴地一边压低税率，一边以实物抵税，以至于明朝的茶课以及其他专卖几乎可以忽略不计。同时，朱元璋本身也未对盐税给予重视，而是轻易地就将其收益用于抵消边境军需的部分支出。但是实际上，明初开中法下，每一小引（二百斤）只需要粟两石上下（明制每石约一百五十四斤；明制一斤五百九十五克），但是明代盐价始终数倍于粮价。所以，陕西、山西等地商人趋之若鹜，甚至直接在边境开垦荒地，囤积粮草等军需物资，以便尽快提交，从中渔利；但是明朝却失去了一块极易获取的财政收入。

此外，开中法还产生了一个不经意的但是非常重要的影响，即推动了晋商的崛起。限制古代中国商业发展的因素主要有两点：一是生产力水平低下限制了商品经济规模，二是严格的户籍管理限制了人员和商品流通。明朝已经达到古代中国社会生产力的顶峰，开中法又变相向商人提供了合法的从事商业的身份，为商帮的出现提供了极为便利的条件。同时，由于急需物资的边镇主要在晋陕两省，加之河东盐运司就设在山西运城，晋商自然独占鳌头，陕商紧随其后，成为古代中国最早出现的商帮。

明朝建国过程中君臣之间有比较明确的分工，即朱元璋负责战略规划和最终决策，李善长负责行政、文教、后勤，徐达、常遇春等人参与战略规划并负责前线指挥。明初一三七一年正月，左丞相李善长致仕，虽然后来一度署理御史台，但是主要的朝廷决策都由朱元璋一人负责。总的来说，朱元璋通过宽猛相济的方式：一方面轻徭薄赋，鼓励农业发展；另一方面重刑治吏，在一定程度上扭转了元朝以来吏治腐败、行政效率低下的问题。所以被称为洪武之治，实至名归。

但是，朱元璋在这一过程中也犯下诸多错误，对接下来一系列的历史事件有着不可忽视的影响。

首先，最具讽刺意义的是，明朝官员贪腐问题其实并没有被妥善解决，朱元璋制定的惩罚力度极高的措施后世根本没人用。如抽筋剥皮，贪污六十两银皆斩等，除了洪武朝，其他皇帝都敬谢不敏；各种冰敬、炭敬等法外补贴层出不穷，而且即便是清廉如海瑞，也只是多退了七钱银子（兵部的炭敬）。原因很简单，明初官员贪污的原因有元代以来吏治败坏的因素，也有古往今来监管困难的顽疾，但是更多的是因为朱元璋给作为统治阶级和社会定级职业的官员定的俸禄太低，七品县令一年俸禄不过九十石（大致折合四五十两银子，相当于五万元人民币；但是承担全家用度以及聘用各种劳工属吏）。

其次，在整顿吏治不断深入的同时，朱元璋犯了严重扩大化的错误，白白浪费了大量人力。空印案和郭桓案株连数万人，甚至有郭桓案就株连四万人的说法。笔者不清楚其中有多少夸大，但是即便缩小至十分之一，也是一个惊人的数字，因为明初官员编制很好计算，大致只有两万人左右。不到十年，便爆发了两次导致全系统被清洗的大案，其间还穿插着各种株连数十人到数百人的中小型案件。这种屡杀不止的做法，显然已经背离了正常的肃贪治吏，是十足的滥杀；甚至笔者非常恶意地揣测，这种滥杀已经造成官僚系统的瘫痪，加剧了新上任官员与地方豪强宗族的"合作共赢"，百姓生活反而更苦。

最后，朱元璋设计的诸多制度，其实并不合理。笔者个人认为朱元璋的目标，是构建一个社会政治秩序稳定、以小农经济为基础同时没有过多的不事生产的人员存在的大一统帝国。至于如何通过建立一支少而精干的官员队伍实现对全国行之有效的管理，完全看不到朱元璋除了严刑峻法以外的其他有效措施。而且朱元璋对历代制度的理解谈不上深入，特别是不能接受纷繁复杂的行政系统从长期来看反而更加高效这一事实，这一点在明代奇葩的财政制度上体现得淋漓尽致。所以，明代中后期如何在不违反太祖制度的前提下修补制度，是一个很考验执政官员水平的问题。

之所以出现这种情况，笔者认为有两个原因：一方面是传统主流观点，朱元璋本人出身贫寒，早年生活悲惨，所以执政之后能够体恤百姓，鼓励农桑，但是也产生了过于执着建立一个秩序稳定的小农社会的想法和目标，而且也因此产生对官员、商人等不事生产但却食利者的普遍不信任和敌视，再加上长期参与军事策划，对人命不算看重，所以总是多加猜忌，动辄屠戮；另一方面，笔者认为朱元璋在长期征战中，只负责战略设计和最终决策，绝大多数军政细节都由李善长和徐达完成，所以朱元璋并没有太多的执政经验和实操能力，再加上出身太低，对古代制度的了解不够深入，因而制定了太多匪夷所思的制度。

第二章 洪武之治

取消宰相

一三六四年正月，朱元璋称吴王，以李善长为右相国，徐达为左相国；邓愈、汤和为御史大夫，刘基、章溢为御史中丞。

一三六八年正月，吴王朱元璋称帝；李善长为左丞相，徐达为右丞相，常遇春、胡廷瑞、廖永忠、李伯升为平章政事。

八月，中书省设置六部。此前，明朝中书省只有四部，即掌钱、礼仪、刑名、营造；现在调整为吏、户、礼、兵、刑、工六部。

明初采用元代制度，设有中书省、御史台等机构。中书省统领政府部门，自上而下分别为正一品的左右丞相，从一品的平章政事，正二品的左右丞，从二品的参知政事；但是平章政事和参知政事并不常设，主要负责政务的就是左右丞相和左右丞。

一三六九年九月，明朝立临濠府为中都凤阳府。朱元璋与群臣商议建都之地，有大臣提议关中、洛阳、汴梁、北平；但是朱元璋认为天下初定，财政依赖江南，南京又有长江天堑，足以立国，临濠府有江淮可恃，又通漕运，立为中都。

明朝的都城先后共有五个。洪武元年（一三六八年），定都应天府（今南京），称南京，以开封府为北京。洪武二年（一三六九年），改龙兴之地临濠府为凤阳府，建为"中都"。洪武十一年（一三七八年）改南京为京师，取消开封北京称呼。永乐元年（一四〇三年），改北平府为顺天府，建为北京。永乐十九年（一四二一年），迁都北京，改京师（应天府）为南京，以北京为京师。嘉靖十八年（一五三九年），升嘉靖帝故里承天府（今湖北钟祥市）为"兴都"。此外，洪熙元年（一四二五年），明仁宗曾打算还都南京，下诏北京诸司悉称"行在"；正统六年（一四四一年），明英宗重申定都北京，诸司不再称"行在"。

043

一三七〇年七月，中书右丞杨宪升任左丞，旋即被杀，原左丞汪广洋被召回。汪广洋此前因安抚山东有功而在洪武元年调入中央为参知政事，次年出任陕西参政，后因左丞相李善长生病而被其推荐为左丞。但是右丞杨宪专断事务，两人发生冲突，结果被杨宪唆使御史诬告奉母不孝而被罢官，旋即流放海南。杨宪被杀后，汪广洋被召回，担任左丞。

杨宪本名杨毕，字希武，在明史中无传，其主要事迹包括曾在明朝建立前夕担任浙东行省右丞李文忠的属员，负责具体政务。杨宪因才能出众而被朱元璋提拔为右丞。其与刘基交好，但是刘基认为其有宰相才而无宰相器，故而反对其拜相。其兄长参议杨希圣因为侵犯李善长权力而被罢黜，加之自己担任右丞后颇为独断而与李善长交恶，以及罢黜同僚汪广洋等人，因而被朱元璋所杀。关于杨宪的死因，当下有两种流行的观点，这里简单分析一下。第一种观点认为，此时朱元璋手下分淮西和浙东两大阵营，杨宪是浙东集团的重要成员，故而得罪了李善长，被其所杀。但是朱元璋实录中有明言"太史令刘基尽发宪奸状及诸阴事，令群臣按问伏诛"，可见这两人虽然是旧友，但是绝非一党。第二种观点认为，杨宪是以负责特务组织发迹，引起各路大臣敌视，因而被杀。笔者觉得能够证明杨宪负责特务组织的材料太少，而且特务组织严重依赖政治秩序和君主权威，此时明朝刚刚建立，立国不稳，尚不满足这一条件。

十一月，因徐达北伐大胜返回南京，朱元璋大封诸将，其中李善长等六人为公，汤和等二十八人为侯爵。稍晚，右丞汪广洋以文臣封为忠勤伯，御史中丞刘基为开国翊运守正文臣诚意伯，授予铁券。

一三七一年正月，左丞相李善长致仕，右丞相徐达北上北平练兵北伐，所以左丞汪广洋为右丞相；参政胡惟庸在李善长举荐下担任右丞。八月，御史中丞刘基有丧告归获准。

一三七三年正月，右丞相汪广洋因不发表政见，被贬为广东参政。七月，右丞胡惟庸任右丞相。

同年，明朝设置给事中十二人，正七品，首次分为六科。

第二章 洪武之治

六科给事中是朱元璋在监察方面的重要制度创举，和都察院十三道监察御史合称科道，权力极大，后面会详细提到。但是需要注意的是，刘基致仕前仅仅是御史台的三把手（还有两位御史大夫），而且从未负责过六科。

一三七五年四月，刘基病死。胡惟庸拜相之前，唆使官吏诬陷刘基图谋一块有王气的土地修墓，说刘基唆使官吏驱逐百姓，激起民变。朱元璋不信此事，但是也剥夺了刘基的俸禄。刘基因害怕而返京，不敢返乡，又听闻胡惟庸拜相，因而忧愤生病。一三七五年正月，胡惟庸曾派医生问诊，刘基服药之后身体不适，感觉腹中有积石，但是朱元璋不置可否；朱元璋三月下《赐归老青田诏书》，护送刘基还乡。月余，刘基在家病重去世。

汪广洋早年客居太平，朱元璋渡江后召为元帅府令史，担任李善长副手，后又被指派协助常遇春负责军务。胡惟庸是濠州定远人，李善长同乡，早在攻克和州时就投奔了朱元璋；杨宪被杀后被朱元璋认为有才干，加之谨小慎微，所以获得宠幸。

刘基的民间形象和史学形象相差极大。刘基的民间形象跟诸葛亮的民间形象非常接近，以运筹帷幄、神机妙算以及擅长道法著称，有一统天下之能。但是笔者认为历史中的刘基，更像是一个充当摆设的大儒。一方面，刘基在明史中是和宋濂、叶琛、章溢等人合为一传，后三人的特点都是文士出身，被朱元璋慕名招募而来，文学成就远高于政治功绩，可见在清代史家中也是将刘基划归此类；另一方面，刘基（一三一一年生）实际上比李善长（一三一四年生）和朱元璋（一三二八年生）都要年长，除了文名出众外，就是自元朝出仕至明初一以贯之地在监察系统不徇私情、直言不讳，再考虑到直呼小明王为牧竖、称或降或逃者皆可斩等言论，一种书生气十足的儒生愤青的感觉跃然纸上。

虽然围绕刘基死因的猜测被人津津乐道，但是笔者个人认为朱元璋只想让刘基早日还乡而已。无论是太过悲惨的早年经历，还是眼下即将爆发的空印案，都使得朱元璋对文官集团怨念极大。刘基无论从哪个方面，都很容易被划到文官集团中去，所以朱刘决裂是迟早之事。但是此时的朱元璋为人还比较厚道，所以希望刘基主动离去，保全君臣之谊，这一点不难从《赐归老青田诏书》中看出。不过虽然《故诚意伯刘公行状》等一系列材料都暗示刘基死于胡惟庸下毒，但是笔者个人认为胡惟庸或者朱元璋都没有打算毒死刘基，只是迫切希望刘基尽快离京，因为《赐归老青田诏书》指明对刘基的安置是回老家以便君主尽欢，朱元璋既然如此表态，结合其一贯言行，显然不会再下毒。胡惟庸对刘基的厌恶更是溢于言表，急于除之而后快，但是纵观胡惟庸一生，显然没有直接忤逆朱元璋意愿的时候，加之刘基本身也不是一般大臣，所以笔者不认为胡惟庸敢于下手，万一被刘基明言药中有毒，岂不是鸡飞蛋打？

基于刘基的史学形象以及朱元璋的态度，笔者感觉刘基在明初的地位其实并没有后人想象的那般重要。可能是受西汉影响的缘故，后世在描述一个王朝初建团队时，往往遵循知人善任的主公、兢兢业业的丞相、临阵指挥的统帅、运筹帷幄的谋士这个基本套路。西汉就是刘邦与汉初三杰，放到明朝就是朱元璋、李善长、徐达、常遇春、刘基。实际上，明初最伟大的战略家是朱元璋，徐达、常遇春作为古代中国最为杰出的军事统帅实际上也不需要谋士的辅佐。刘基早期计谋大致只有脱离小明王自立、先陈后张和龙湾之战选择诱敌深入等几条，但是从前后资料来看，朱元璋自己也想出了这些策略，而且李善长也有极高的参与度。此外，虽然后人多以李善长和刘基并称，但是实际上刘基既不是渡江从龙，也不是主动投靠，而是在朱元璋攻克集庆向浙西扩张期间慕名招募而来，甚至不如汪广洋劳苦功高。

至于明初政治矛盾，笔者认为存在一条主线和一条辅线，刘基并不在其中。一方面，明初，特别是洪武朝，最大的政治主线在于明朝勋贵集团对文官系统的整体不信任、全面压制以及可替代性。这一点非常好理解，无论是濠州旧部还是巢湖水军，绝大多数都是被逼得走投无路的破产农民，所以建立新政权后对文官系统必然抱有先天的敌视态度。另一方面，明初的另一条线索是朱元璋对从龙旧部的容忍程度逐渐降低，加之各种特定事件激化，所以才会从朱亮祖开始，出现屠戮功臣的情况。

至于所谓的淮西集团和浙东集团，笔者个人感觉是对主线的异化解读，错将文官集团当成了所谓的以刘基为首的浙东集团。一方面，受历史因素和发家顺序的影响，明初文官主要来源必然是江南两浙地区，但是从事后情况来看，这些人实在没有形成有组织的集团，甚至毫无存在感（王朝第一阶段相权在勋贵而非寒门手中）；刘基虽然是浙东人，但是号召力实在有限，特别是在朱元璋询问其对李善长、杨宪、汪广洋、胡惟庸的评价时，既无领袖风范，也无党魁态度，而是就事论事，直言诸人弱点。另一方面，李善长和徐达等武将虽然都是勋贵，但是关系并不紧密；李善长仅迎娶朱元璋长女为儿媳，但并无与武将联姻的记录（行政首脑不与武将联姻是一代勋贵的基本素养），所以即便有淮西集团，也不是以李善长为首。

一三七五年十月，明朝各地都卫一并改为都指挥使司，主官为都指挥使，正二品。一三七六年六月，明朝改各地行中书省为承宣布政使司，与都指挥使司、提刑按察使司分管民政、军政、监察；主官为布政使，正二品。此即明朝地方三司，以都指挥使司为首；只有按察使为正三品。

都指挥使司是明代地方最高军事领导机构，分别隶属大都督府（后为五军都督府），同时也听命于兵部。明朝先后设置了二十一个都指挥使司（含五个行都指挥使司），即浙江都司、辽东都司、山东都司（隶左军都督府）、陕西都司、陕西行都司、四川都司、四川行都司、广西都司、云南都司、贵州都司（隶右军都督府）、河南都司（隶中军都督府）、湖广都司、湖广行都司、福建都司、福建行都司、江西都司、广东都司（隶前军都督府）、大宁都司、万全都司、山西都司、山西行都司（隶后军都督府），大致和地图相似（陕西、山西、湖广、福建、四川五省因为海疆边境的缘故，除了都司之外，有行都司进行辅助）；两个留守司，即中都留守司（安徽凤阳）和兴都留守司（荆州钟祥）。此外，为了羁縻统治，明代还在藏区设立过乌思藏都司和朵甘都司，在东北女真地区设立过奴儿干都司，由当地酋长担任都使，不计入二十一个都司。都司的下级单位是卫所。一三六八年二月，在刘基建议下，明朝颁行卫所制度，规定自京师及郡县均设立卫所，大致以五千六百人为一卫，每卫分为前后左右中五个所（千户所）；卫所由都指挥使司（都司）管理，都指挥使司由大都督府管理；战时主将凭借佩印统领士兵作战。

明朝地方行政区划分为省、府、县三级（省属州相当于府，府属州相当于县）。承宣布政使司的辖区是一级行政区划。一三七六年，取消行省时，明朝共有浙江、江西、福建、北平、广西、四川、山东、广东、河南、陕西、湖广、山西十二个布政使司和由中书省直辖的直隶（南直隶）；后又设置云南布政使司（一三八二年）、交趾布政使司（一四〇七年设，一四二八年废）、贵州布政使司（一四一三年），北平布政使司升为北直隶（一四〇三年先升为行在，一四二一年定都），故而合称两京十三省。布政使原本为一人，一三八一年又增加一人，分为左右布政使，只有贵州是一位。辖区上，布政使司比都指挥使少，原因在于边境的辽东都司、大宁都司、万全都司军民合一，不设置单独的布政司。

相对而言，提刑按察使司的存在感弱一些。一方面是因为地方检察系统本身的权限有限，不容易引起关注；另一方面是因为都察院还有十三道御史的存在，极大地取代了提刑按察使司的监察作用。为了更好地发挥按察使司的作用，朱元璋曾经尝试过设置按察分司，但是效果一直不太理想，而且非常反复。

此外需要特殊说明的是，明朝中后期出现的巡抚与地方三司存在上下级关系，但是并不是一一对应关系。一般而言，巡抚大致有四十一个，可能一个巡抚负责数省，也有一省之内数个巡抚，但是因为巡抚代天巡狩以及权限全面，所以逐渐成了三司的上级。之所以如此，笔者个人的看法是这样的：虽然三司可以相互制衡，保证中央对地方的控制力，但是也极大限度地削弱了地方行政能力，例如，古代中国经常出现旱涝灾害，需要投入大量的兵丁民夫，但是在三司制度下却非常依赖布政使和都指挥使的配合，而且三司还经常不在一城，协调起来也非常不便。

同年，李善长长子李祺迎娶朱元璋长女临安公主。旋即，御史大夫汪广洋弹劾李善长狎宠自恣、驸马李祺大不敬。结果，李善长被削减岁禄一千八百石。随后，朱元璋又任命李善长与曹国公李文忠总中书省、大都督府、御史台，同议军国大事。

一三七七年九月，胡惟庸改任左丞相，汪广洋复任右丞相。

同年，明朝设置通政使司，负责出纳帝命、通达下情、关防诸司出入公文、奏报四方臣民建言、申诉冤滞或告不法等事，并定期汇报皇帝；主官为通政使，正三品，可以参与大政、大狱及会推文武大臣。

通政使司是明代的一个重要机构创设。宋朝设有银台司（银台门内而得名），负责天下奏状案牍，隶属于枢密院。朱元璋则更进一步，将其独立设置机构，专门负责内外臣民上书上奏的汇总部门，并直接向皇帝本人负责。这对宰相而言是一个巨大的削弱。

一三七九年十二月，汪广洋被贬海南，旋即赐死。一三七九年九月，占城国进贡，胡惟庸等人没有禀告朱元璋，结果被斥责。胡惟庸等人谢罪，同时暗示诿过给礼部，但是礼部认为是中书的过错。恰好，御史中丞涂节揭发胡惟庸毒死刘基；朱元璋问及此事，汪广洋推脱不知，结果被斥责为朋党，贬谪海南，旋即又以在江西包庇朱文正、在中书不揭发杨宪为名赐死。

一三八〇年正月，胡惟庸也被赐死。此前，胡惟庸大权独揽，又与李善长联姻，超擢其弟李存义，汪广洋轻易不言，结果野心膨胀，党羽大肆吹捧，自己家中又屡有祥瑞，因而有心谋反。于是交好违法被罚的吉安侯陆仲亨、平谅侯费聚等人，收集军马，还与御史大夫陈宁、御史中丞涂节等人勾结。徐达予以揭发，因而被胡惟庸嫉恨；刘基也曾多次指出胡惟庸短处，也遭到胡惟庸的嫉恨。此外，胡惟庸暗中派指挥林贤招揽倭寇并遣使北元，约为外应；还接见日本贡使，许以王爵，暗中输送精兵千人入贡，以备万一。但是，汪广洋赐死后，妾室陈氏陪死，被人揭发是官宦之女（按例只得给功臣）；朱元璋因而认定胡惟庸等人有罪。旋即，御史中丞涂节自首，告发胡惟庸、陈宁和自己等人谋反。结果，朱元璋将三人赐死。

十二月，翰林学士承旨致仕宋濂因为孙子宋慎因被胡惟庸案连坐，押送京城，全家抄没；朱元璋大怒欲杀，但是被马皇后劝说，改为流放。旋即，宋濂在流放途中去世。

值得一提的是，吉安侯陆仲亨、平谅侯费聚等人因此时未被告发而免于处理，数年后才因胡惟庸案件进一步审理追查而处置。

汪广洋被杀实在是冤屈。汪广洋为人谨厚自守，擅长政务，所以长期担任李善长副手，在安抚山东、参政陕西任上也有不错的表现。但是，笔者认为汪广洋更像是朱元璋牵制杨宪、胡惟庸的棋子，最明显的例证是汪广洋二度拜相是因为弹劾老上司李善长而不是胡惟庸撑不起行政事务。结果，汪广洋复相后继续沉默不言，被朱元璋用一副要尔何用的态度处置了。

胡惟庸案很显然是个假案。此时的明朝立国稳固，朱元璋的个人能力更是历代顶尖水平，太子朱标储君地位稳固又与父亲和睦，负责军事的大都督府牢牢掌握在朱元璋的外甥兼养子李文忠手中，前左丞相李善长和大将军徐达等一干重臣都坚决拥护朱元璋。如果在这种情况下胡惟庸还有心谋反甚至篡位，真是枉费了他几十年的人生经历。此外，《明朝纪事本末》等材料还记载了胡惟庸案案发的一种更加离奇的说法。说是同年正月，胡惟庸谎称家中出现醴泉，邀请朱元璋观看，结果朱元璋出宫时，守西华门宦官云奇突然冲至跸道，拦住朱元璋，但是因为紧张而说不出话来，结果被下令锤杀，死前云奇一直以手指胡惟庸府邸。于是，朱元璋登高遥望，发觉胡惟庸府中埋伏甲兵，立即派军将其剿灭。随后，胡惟庸、陈宁、涂节等人被杀，受牵连者一万五千人。有大臣奏请诛杀李善长、陆仲亨，但是被朱元璋以李善长劳苦功高、陆仲亨股肱心膂为由赦免。

随后，朱元璋取消中书省，六部尚书从正三品升为正二品；取消大都督府，分为五军都督府；取消御史台；布政使司改属六部。

一三八一年，各布政使司增设布政使一人，分为左右布政使。

大都督府是明初一个比较尴尬的存在。明代军事制度的一大特色就是五军都督府和兵部互相牵制。一三六一年三月，朱元璋改枢密院（行枢密院）为大都督府，总内外诸军事；一三八〇年正月，朱元璋趁胡惟庸案发，将大都督府分为五军都督府，职责不变。总的来说，五军都督府和兵部都听命于皇帝，五军都督府有统兵权而无调兵权，兵部拥有调兵权而无统兵权，两者相互节制互不统属。但是随着时间的推移，特别是重文轻武的加剧，五军都督府也逐渐接受兵部的管理，成为高级武将的加衔。

取消中书省是朱元璋最重要的政治举措。在笔者看来，这才是朱元璋发动胡惟庸案的根本原因。君相关系问题始终是古代中国政治活动中的首要问题。作为一个经历过元末血雨腥风的出身草根的开国皇帝，朱元璋显然不会轻易放弃手中权力，而且其出色的个人能力也使其有能力身兼君相二权。再加上吏治上频繁爆发大案，也大大加深了朱元璋对相权，特别是丞相的不信任，所以杨宪、汪广洋、胡惟庸都不得好死，朱元璋必然做出收权的举措。

一三八一年，明朝设置大理寺。明朝建立前，朱元璋曾设立大理司卿，但是称帝之后取消，一三七〇年设置磨勘司负责稽核诸司冤滥隐匿。而后多有反复，至此正式设置大理寺，负责审谳平反刑狱。一三八九年，大理司卿升为正三品。

大理寺是历史非常悠久的司法机关，设置的主要目的是慎刑。明清时期的大理寺的职责与前朝不同，负责复核，而非审判。按照明史的记载，刑部负责天下刑名及徒隶、勾覆、关禁；都察院负责专纠劾百司，辨明冤枉，提督各道，为天子耳目风纪；大理寺负责审谳平反刑狱。三者合称三法司，但凡遇到重大案件会进行三法司会审，初审以刑部、都察院为主，复审以大理寺为主。早期大理寺设有独立监狱，后来逐渐取消，只负责调阅案卷。

一三八二年，朱元璋裁撤仪鸾司（负责仪仗和侍卫），改置锦衣亲军都指挥使司，即锦衣卫，负责直驾侍卫、巡查缉捕。其中北镇抚司负责皇帝钦案，设有诏狱；都督佥事毛骧为第一任锦衣卫指挥使。朱元璋在一三八七年以非法审讯拘押犯人为由，下令焚毁锦衣卫刑具，所押囚犯转交刑部审理；同时下令内外狱全部归三法司审理，将锦衣狱废除。

明朝京城军队（京卫）分为皇帝直属的上直卫和大都督府（五军都督府）管理的其他卫所。上直卫共有二十六个卫所，包括朱元璋时期设置十二个，明太宗时期设置十个，明宣宗时期设置四个；各卫为亲军指挥使司，首领为指挥使。

锦衣卫作为古代中国最出名的特务机构，其实侦缉巡捕只是其一部分职责，首要任务是负责皇帝仪仗和侍卫。有关明初情报搜集机关的形成共识的结论不多，所以锦衣卫的前身拱卫司和仪鸾司究竟是否涉及情报特务工作，笔者也不确定。不过，在毛骧、蒋瓛这两任指挥使的努力下，锦衣卫迅速成长为一个强势的特务机关，在再兴胡惟庸案和蓝玉案中起到了巨大作用。但是，锦衣卫的存在也必然引起官僚系统的强烈反弹，加之太子朱标逐渐亲政，所以毛骧、蒋瓛二人反而被以胡惟庸余党和蓝玉余党的罪名杀害，旋即锦衣卫被取消了侦缉权。

一三八二年，明朝设置都察院，设置八名监察都御史和十二道监察御史（每道三五人）。一三八三年，增设都察院左右都御史各一人、左右副都御使各一人、左右佥都御史各两人。

一三九一年，明朝明确六科定制。明初设置给事中，为正五品，而后多次调整。朱元璋在一三七〇年设置十二名正七品给事中，开始分为六科，负责侍从、规谏、补阙、拾遗、稽察六部百司；一三七六年改为十人。一三九一年，确认六科编制，即每科正八品都给事中一人，从八品左右给事中各一人，正九品给事中四十人，其中吏科四人，户科八人，礼科六人，兵科十人，刑科八人，工科四人。

一三九六年，明朝确定外察三年一次的制度。明朝规定，每逢辰、戌、丑、未年，外官入京朝觐，由吏部会同都察院进行考察，决定升迁去留，又被称作朝觐考察。

都察院和六科是明朝监察制度的重要组成部分，也是明朝官制制度创新的重要举措；都察院监察御史和六科给事中合称科道言官，位卑权重威力极大，是明朝中后期政治活动中不可忽视的力量，后面会提到。

都察院的职责主要是对明朝内外各部门进行监管。经过几番调整，都察院包括正二品左右都御史二人、正三品左右副都御使二人、正四品左右佥都御史四人，以及正七品十三道监察御史一百一十人（每道人数不等）；在外担任总督、提督、巡抚等官员也经常加都御史衔。总的来说，都御史专门负责纠察弹劾百官，辨明冤情，提督各道，充当天子耳目，但是更像是高级官员之间的攻讦，而且很大一部分精力要放到日常事务上来；十三道监察御史则根据职责，察纠内外百司之官邪，或露章面劾，或封章奏劾，但是在具体事件上，一般没有太清晰的界限，往往群起而攻之。

六科则是针对六部而存在。六科最重要的权力是封驳，在科抄（从内阁接收题本，抄送相关部门）的情况下，皇帝的指示、六部的政务根本无从隐瞒。同时，六科虽然在具体事务上侧重本部，但是遇到重大事情则会相互通奏，以防有人不知情。此外，六科还可以轮流在朝会时进行记录，而且但凡大事廷议，大臣廷推，大狱廷鞫，六科都可以参与。

本着行文方便的原则，笔者将洪武时期的政治事件分成了吏治、勋贵、宰相、藩王、选材、祖训六节，但是在把科道言官放在吏治还是宰相上有些迟疑，最后决定放于此处，主要原因有两点：首先，古代中国广义的相权习惯上被分为行政、军事、监察三大系统，明朝也未能免俗，六部负责行政，兵部和五军都督府负责军事，都察院和六科负责监察，非常清晰；其次，科道享有封驳和风闻言事两大职权，位卑权重，显然是明朝在监察系统的创新，切实保证监察系统能够顺利履职的同时又不至于太过臃肿，影响政府效率。

为了行文方便，简单介绍一下明代官制中的概念。

一是廷议。所谓廷议，指的是廷臣在皇帝或者重臣的主持下讨论解决重要政务，并形成处理意见，奏报皇帝。廷议具体而言包括"大事廷议，大臣廷推，大狱廷鞫"三种类型。廷议常见的议题包括立君立储、建都、郊祀、典礼、宗藩、漕运、边事等。廷推主要是负责自内阁大学士至国子监祭酒的推选（太常卿及以下由吏部自己主持的部推），一般根据具体职务确定廷臣范围，形成候选名单后报皇帝本人决断（均为差额，皇帝可以圈选或不选）。廷鞫则是皇帝指派的重大案件。此外，如果五军都督府出缺，则必须在现任公、侯、伯取一人；所以明代勋贵虽然弱势，但是始终存在。

二是特简、考察。明代廷推和部推是中高级官员的主要任免方式，但是除此以外，还有一种途径，即特简。所谓特简，就是绕开廷推，直接确认人选，最常用于任命内阁大学士，包括阁臣密荐和皇帝中旨。考察则是吏部按例对官员进行审核评定，分为京察（弘治十七年确定为六年一次，巳或亥年）和外察（洪武二十九年确定为三年一次，辰、戌、丑、未年），由吏部出具各地五品及以下官员的鉴定，不称职的分别致仕、降调、闲住，如果考察中被处罚则会被永不录用，非常严重；四品以上官员则写自陈，交由上裁。

三是七卿、大九卿、小九卿。七卿指的是六部和都察院长官，亦即所有正二品的文官官职，有时包括右都御史，但有时也不包括。七卿再加上大理寺卿和通政使，就是大九卿，亦即京官文官中除太常寺卿和詹事以外的正职正三品官员。小九卿则是指太常寺卿、太仆寺卿、光禄寺卿、詹事、翰林学士、鸿胪寺卿、国子监祭酒、苑马寺卿、尚宝司卿。名义上大小九卿各行其是，但是实际上小九卿所属部门往往要听命或者受制于六部，例如鸿胪寺与礼部、苑马寺与兵部。

屠戮功臣

一三六九年正月，朱元璋在南京鸡鸣山修建功臣庙，同年六月竣工。朱元璋亲自圈定徐达等21人供奉，逝者塑像，生者虚位以待。

功臣庙正殿供奉徐达、常遇春、李文忠、邓愈、汤和、沐英（此六人死后都被追封为王，即开国六王）；西殿供奉胡大海、赵德胜、华高、俞通海、吴良、曹良臣、吴复、孙兴祖；东殿供奉冯胜（冯国用）、耿再成、丁德兴、张德胜、吴桢、康茂才、茅成；两侧附殿附祭二百八十八人，合计三〇九人。

一三七〇年十一月，明朝第一次大封。明朝一征北元取得大胜，徐达得胜还朝，朱元璋大封功臣，其中公爵六人，分别是李善长为韩国公、徐达为魏国公、常茂为郑国公、李文忠为曹国公、冯胜为宋国公、邓愈为卫国公；汤和等二十八人为侯。稍晚，中书右丞汪广洋以文臣封为忠勤伯；御史中丞刘基为开国翊运守正文臣诚意伯，授予铁券。年底，薛显封为永城侯，但因其犯罪滥杀，谪居海南，不赐铁券。

第二章 洪武之治

早在论平张士诚之功时，李善长、徐达、常遇春就已经被封为公。李文忠是朱元璋外甥，冯胜、邓愈都是朱元璋旧部，三人作为徐达常遇春的副手，都在北伐中立有大功，封公在情理之中。此外，朱元璋特意说明，汤和嗜酒妄杀、赵庸私其奴婢、廖永忠窥朕意向、郭兴不守纪律，所以只封为侯。

明代官员爵位系统比较简单，而且比较稳定。第一，明代爵位开始为五级，不久去掉了子、男，只保留公、侯、伯，即三级爵位；王爵除了明末，一般只用于追封重臣；公侯的封号往往以与功臣有关的地名相关，例如，常遇春死于开平而追封开平王，耿仲文驻守长兴抵挡张士诚有功而封长兴侯；伯爵的爵号则是根据封爵的原因或者寓意设立。第二，明代公侯伯只有爵号，均无封邑；食禄另封，例如此次大封，李善长四千石、徐达五千石、其他国公三千石，侯爵分为一千五百石和九百石。第三，明代规定只有功臣和外戚可以封爵，但是功臣必须立下社稷军功，而且文臣不得封公爵（后期还有封爵不得入阁的潜规则）；外戚封爵只有诰（命），没有（铁）券。第四，爵位有世与不世两种，而且也有流与不流区分，但是嘉靖八年以后规定外戚封爵若非特恩，不得世袭。第五，功臣封爵可以凭借特指授予封号。封号分为四等，分别是佐太祖定天下者，曰开国辅运推诚（刘基例外，为开国翊运）；从太宗起兵者，曰奉天靖难推诚；剩下两种是奉天翊运推诚和奉天翊卫推诚；武臣曰宣力武臣，文臣曰守正文臣。简单概括就是"凡爵非社稷军功不得封，封号非特旨不得予"。

在笔者看来，此次大封有两点值得注意。一方面，二十八位侯爵的排序，不是按照军功大小或者现任职务，而是按照濠州旧部（汤和、唐胜宗、陆仲亨、周德兴、华云龙、顾时、耿炳文、陈德、郭子兴、王志、郑遇春、费聚、吴良、吴祯，只有王志不是二十四将但是也参与了攻克滁州、和州等），巢湖水军（赵庸、廖永忠、俞通源、华高），其他降将（杨璟：红巾军，康铎：其父康茂才为元将，朱亮祖：元将，傅友德：天完，胡美：胡廷瑞、陈友谅，韩政：元将，黄彬：天完，曹良臣：地方豪强，梅思祖：元将、红巾军、张士诚，陆聚：元将），依次排列。再考虑到六公爵都是渡江前的滁州旧部，不难看出朱元璋心中的亲疏远近。而这个亲疏远近，对于理解明初政治，非常重要。明史就非常明确地记载，"太祖榜列勋臣，谓持兵两雄间，可观望而不观望来归者七人（胡美、韩政、曹良臣、杨璟、陆聚、梅思祖、黄彬）"。

另一方面，此次大封对文臣非常苛责。按一般人理解的文武划分，本次大封文臣只有李善长、汪广洋和刘基三人（或者算上相士出身的周德兴），而且汪刘两人爵位最低，食禄最少；如果再考虑到李善长和刘基分别有开国辅运推诚守正文臣和开国翊运守正文臣的封号，汪广洋是明言以文臣封伯，也可以说此次大封中，只有汪广洋一位文臣。汪广洋之所以得以封爵，笔者认为是因为汪广洋长期担任李善长副手，劳苦功高，职务又高于刘基，故而以文臣封爵，但是被排除在功臣之外（所以后来汪广洋因纳罪臣之女为妾而被追罪）。为了行文方便，对汪广洋和刘基的分析放到另外一节。

此外，李善长和刘基封赏悬殊也是一个经常被人提及的问题。李善长是四千石韩国公，刘基只是二百四十石的诚意伯。对于这种封赏，主要有两种看法。一是认为立国之后，刘基不再受朱元璋重视，又受到以李善长、徐达为首的淮西集团的打压，所以位列最次，俸禄最少。二是强调朱元璋对刘基仍有旧情，特别是授予其比较特殊的封号开国翊运，三十六大臣中绝无仅有，从而拔高刘基。笔者个人的看法比较小众，认为这次封赏非常恰当，因为刘基在明朝立国过程中的贡献远逊于李善长以及其他诸多武将，加之大明律明确规定了文臣不得封公侯，以及朱元璋本身就对刘基有所不满，所以授予刘基特殊封号的伯爵，非常合适（李善长的悲剧同理）。

一三七七年，朱元璋下令，即日开始政务一并奏报太子朱标，经其处理后再奏报自己，以便锻炼太子能力。

朱标生于一三五五年，朱元璋称吴王时就被立为世子，跟随宋濂学习经学，一三七一年四月迎娶常遇春女儿为太子妃，一三七四年诞下长子朱雄英（一三八二年去世），一三七七年诞下次子朱允炆（侧室所出）。

自一三七七年至一三九〇年，朱元璋又因军功封爵。一是因征讨吐蕃有功，沐英于一三七七年十月封为西平侯；仇成、蓝玉、张龙、吴复、金朝兴、曹兴、叶升、曹震、张温、周武、王弼等十一人因平定西番有功而于一三七九年十一月封侯。二是一三八四年年底，因平定云南，颍川侯傅友德晋升颍国公,陈桓、胡海、郭英、张翼等四人被封为侯。三是一三八七年秋,因平定东北,张赫、朱寿因功封航海侯、舳舻侯;降臣纳哈出为海西侯。四是一三八八年年底,因捕鱼儿海大胜,永昌侯蓝玉晋升凉国公,孙恪为全宁侯,战死者濮英追封为乐浪公、其子降袭西凉侯。此外,一三九○年,桑敬经蓝玉请功,封为徽先伯;张铨、俞渊因跟随傅友德平定东川蛮而被封为永定侯和越巂侯。

在此期间,一三七八年春中山侯汤和进封信国公。一三七九年十一月,蓝玉等人封侯时,朱元璋想起旧将仇成,先封其为安庆侯。一三八二年,李新因负责孝陵(朱元璋陵墓),受封崇山侯,加封开国辅运推诚宣力武臣。一三八七年,元朝两广降将何真年老致仕,封为东莞伯。

值得一提的是,朱元璋时期升爵只有三次,即汤和、傅友德、蓝玉。相较于第一次大封,朱元璋在之后的封爵中显得比较拘谨,除了老臣仇成和李新,只有立下军功才会授人爵位,而且数量稀少,大多是不得不封。

与此同时,自第一次大封以来至一三九○年年初,只有郑国公家改封,四侯被杀,四侯除爵,一侯免袭。

一三七一年,广德侯华高去世,因无子除爵。

一三七五年三月,德庆侯廖永忠赐死。洪武三年大封时,朱元璋以窥朕意为由,只将其封为侯爵而非公爵。杨宪拜相后,廖永忠与之交好,结果杨宪被杀,廖永忠以大功得免。后因僭用龙凤等违法事被赐死。一三八○年四月,廖永忠之子廖权袭爵,一三八四年四月去世,其子只为散骑舍人,不再嗣爵。

一三八○年九月,出镇广州的永嘉侯朱亮祖被召回南京,与长子一同被鞭死。一三七九年,朱亮祖出镇广州,与当地豪强勾结,搜刮民财,与执法严格的番禺知县道同发生冲突,于是抢先上奏,诬陷道同对上无礼。结果朱元璋遣使赐死道同,追之不及,道同被杀。此时,朱亮祖被召回京,朱元璋将其父子鞭死,但是依旧按侯礼下葬,并亲自撰写墓志;次子朱昱未能袭爵。

一三八二年七月,蕲春侯康铎去世,其子年幼旋即去世,除爵。

一三八二年八月,营阳侯杨璟去世,一三八四年十一月其子杨通袭爵,一三八七年因率军戍边途中士卒逃之严重,降为普定指挥使。

一三八二年十月，汝南侯梅思祖去世。其子梅义只为辽东指挥使，未能袭爵。

一三八三年，临川侯胡美因长女为贵妃，偕同女婿扰乱宫禁，赐死削爵。胡美死后六年，朱元璋才在条列胡惟庸奸党罪状时，公布其被赐死一事。

一三八四年三月，淮安侯华中贬死。李文忠病重后，朱元璋探望，并指定淮安侯华中负责医治，结果李文忠去世，华中因此贬死。

一三八七年九月，永城侯薛显战死，无子，弟弟年幼，无人袭爵。

一三八八年九月，郑国公常茂因为与冯胜相互推诿纳哈出受辱再叛一事，贬为龙州安置；因常茂无子，其弟常升封为开国公。

在笔者看来，从第一次大封到再兴胡惟庸案之间的二十年，朱元璋对老臣非常厚道。

首先，郑国公家属于爵位更迭，广德侯华高、蕲春侯康铎、永城侯薛显无子袭爵，都是古代中国正常现象。

其次，廖永忠、朱亮祖都是明正典刑，而且并未当即除爵。廖永忠的死，揭开了朱元璋屠戮功臣的序幕。但是笔者觉得，廖永忠就是因为僭越违禁物品而死，而且是个独立事件。一方面，僭越需要罪证，所以实际上是个不太容易进行栽赃陷害的罪名；另一方面，廖永忠并未被削爵，其子廖权五年后嗣侯，可见只是针对廖永忠个人。此外，笔者认为廖永忠不得封国公的原因很多，窥伺帝意只是托辞，毕竟廖永忠有弑君之举，功绩距离冯胜还有不小差距，而且还不是朱元璋和滁嫡系，其中任何一条都能让廖永忠无法封侯。值得一提的是，廖永忠的两个孙子在靖难后为方孝孺收尸，因而被杀，全家流放。朱亮祖也是元末明初的一员名将，曾在朱元璋渡江之初坚守宁国（宣城），城破而降但又复叛，并击伤常遇春。至于其被鞭死一事，笔者觉得纯粹是其咎由自取，也不能看成是朱元璋屠戮功臣。

最后，朱元璋剥夺汝南侯梅思祖、临川侯胡美爵位，有其合理的一面。明史明言胡美、韩政、曹良臣、杨璟、陆聚、梅思祖、黄彬七人是局势不明朗时持兵归降，所以被朱元璋封侯，但是这七人归顺情况各不相同。韩政、杨璟都是在攻克应天之前归降，极大地补充了朱元璋的兵力；曹良臣则是在攻克应天之后归顺，也属于时间较早；黄彬本是天完欧普祥的部将，陈友谅杀徐寿辉后劝说欧普祥于一三六二年归降朱元璋，自然功久；陆聚是元朝枢密院同知，镇守徐州、宿州等地，在一三六六年四月徐达攻克淮安后，主动以徐宿二州归降，又带动周边归降，自然获得青睐。相比之下，胡美在一三六一年自陈友谅处被招降时曾要求不许分散部众，朱元璋在刘基的提醒下才同意，旋即其外甥兼部将康泰等人反叛并俘杀了重要文臣叶琛，朱元璋看在其面上又没有直接处死康泰，实属巨大的政治污点；此时其又有淫乱宫廷的情况，所以被杀已是必然。梅思祖本是元朝任命的义军元帅，后先归顺刘福通，后归顺张士诚，直到一三六六年四月才投靠朱元璋，只能说勉强算是局势不明朗。

所以，真正有意思的其实是华中和杨通。笔者没有想清楚华中的死因，估计可能与其父有关系。一三七四年，淮安侯华云龙因擅居元相脱脱宅第，僭用元朝皇宫中的物品而被召回南京，途中去世（有传言自杀）。杨通则更加有趣，因为近代以来有诸多材料证明，朱元璋以胡党为由命燕王朱棣处死镇守北平的杨璟，结果杨璟在洪武十五年（一三八二年）是在燕王朱棣的包庇下诈死，并以汉中世袭百户杨璟的身份，参与靖难之役，死于灵璧之战，还生下明朝中期名将杨洪。

一三九〇年，朱元璋再兴胡惟庸案。这年四月，韩国公李善长全家70余人被杀（一说李赐自尽）。胡惟庸死后，李善长并未受牵连，还署理主官被杀的御史台。但是胡惟庸案并未结案，其弟李存义自首免死，安置崇明岛；洪武十九年（一三八六年）结案的林贤案，又暴露出胡惟庸结交倭寇。同时，李善长年高无法管教部下，又隐瞒了蓝玉缴获的胡惟庸与北元勾结的证据；还曾向汤和私下借三百卫士营造私宅，被汤和暗中报告给朱元璋。此时，李善长外甥丁斌因为受株连而被发配边疆，李善长为其说情，结果朱元璋大怒，将其治罪。结果，丁斌供出李善长弟弟李存义曾经和胡惟庸相互勾结，胡惟庸许诺谋反之后封李善长为淮西之王，李善长心动但是依旧不同意，最终只表态自己年事已高，死后任由其行为。又有人揭发李善长两年前曾经隐匿蓝玉缴获的胡惟庸勾结北元朝廷的书信。结果，御史竞相弹劾，李善长家奴卢仲谦也控告李善长与胡惟庸暗中联络。最终，李善长全家七十余人被杀，只有长子李祺与临安公主被流放江浦，两个孙子免罪。

此外，朱元璋还作《昭示奸党录》，除李善长外，吉安侯陆仲亨、延安侯唐胜宗、平凉侯费聚、南雄侯赵庸、荥阳侯郑遇春、宜春侯黄彬、河南侯陆聚等人被杀（一说只有唐胜宗、陆仲亨、费聚三人被杀，其他人早死），同时已故营阳侯杨璟、济宁侯顾时等人也被追究削爵，牵连三万余人。

一三九二年八月，靖宁侯叶升也因胡惟庸案被杀；胡惟庸案渐平。

《昭示奸党录》已经散佚，所以究竟哪些大臣勋贵被杀难以详细列出，而且多有出入，一般包括二十人。笔者根据现有材料，大致可以整理出此案牵连而被杀或除爵的勋贵包括韩国公李善长、申国公邓镇（邓愈之子）、延安侯唐胜宗、吉安侯陆仲亨、淮安侯华云龙、济宁侯顾时、临江侯陈德、巩昌侯郭兴、六安侯王志、荥阳侯郑遇春、平凉侯费聚、靖海侯吴祯、南雄侯赵庸、南安侯俞通源、营阳侯杨璟、永嘉侯朱亮祖、宜春侯黄彬、汝南侯梅思祖、河南侯陆聚、永城侯薛显、安庆侯仇成以及靖宁侯叶升。合计二公，二十侯；其中，只有叶升不在第一次大封功臣之列。

在胡惟庸案发期间及稍晚，又有一侯去世封王，四侯去世除爵。一三九一年七月，东川侯胡海去世，其子改授指挥使，除爵。一三九二年六月，西平侯沐英因马皇后去世而忧思过度去世，追封黔宁王，谥号昭靖（明代唯一一个以侯爵追封王爵）；八月，江夏侯周德兴因其子在宫中与宫女淫乱，牵连被杀；同年，雄武侯周武、航海侯张赫也在本年去世，除爵。

经过胡惟庸一案再起波澜，明朝第一次大封的勋贵损失惨重，在世的只剩下宋国公冯胜（徐达、李文忠已去世）、原中山侯现信国公汤和（已经告老）、长兴侯耿炳文和原颍川侯现颍国公傅友德（江阴侯吴良、东平侯韩政、宣宁侯曹良臣三人已故，其子袭爵）。

一三九一年八月，太子朱标受命巡抚陕西，考察迁都事宜；同时皇次子秦王朱樉因有诸多过失而被召回京师。结果，朱标考察途中染病，一三九二年四月去世，八月下葬，追谥懿文。但是朱棣经朱标说情，而被放回封国。此外，朱标次子朱允炆被立为皇太孙。

懿文太子朱标经常被人提到为人厚道，曾为秦王、周王开脱过失，还为晋王打算谋反而陈情免罪。有趣的是，算上后来成功篡位的燕王朱棣，恰好是明史当中朱元璋马皇后的五个嫡子（皇六子楚王朱桢生母明确为胡充妃）。有鉴于本节只分析勋贵，所以有关宗室的分析放在藩王出镇一节。

一三九三年，蓝玉案发。捕鱼儿海大胜后，朱元璋拟封蓝玉为梁国公，但是蓝玉率军返回途中半夜经过喜峰关，因官吏没有及时开关而将其攻破，同时蓝玉又私通元主妃子，结果元妃自杀。此外，蓝玉取胜后，朱元璋先封其为太子太傅，结果蓝玉不满，不甘位居宋国公冯胜和颖国公傅友德之下（两人为太师），认为自己应当为太子太师。结果，朱元璋改封蓝玉为凉国公，并在铁券上镌刻蓝玉过错。

一三九三年二月，锦衣卫指挥蒋瓛奏称蓝玉谋反，朱元璋将其下狱审讯，结果蓝玉供认其与景川侯曹震、鹤寿侯张翼、舳舻侯朱寿、定远侯王弼、东莞伯何荣、吏部尚书詹徽和户部侍郎傅友文等谋反，并打算在籍田时发动叛乱。于是，朱元璋将其族灭，牵连甚广，一万五千余人被杀。

九月，朱元璋诏告天下，条例爰书为《逆臣录》，包括一公、十三侯、二伯以及五军都督府、六部诸多高级官员。同时，宣布不再追捕在逃的胡蓝两党。

笔者数出来的名单是开国公常升、东平侯韩政、宣宁侯曹良臣、宣德侯金朝兴、怀远侯曹兴、景川侯曹震、会宁侯张温、普定侯陈桓、鹤庆侯张翼、舳舻侯朱寿、海西侯纳哈出、东莞伯何真、全宁侯孙恪、西凉侯濮玙、徽先伯桑敬、越巂侯俞渊。此外，东川侯胡海次子也牵连进此案被杀（胡海长子战死，三子尚朱元璋第十一女南康公主，但是无子袭爵）。

不过也有说法，认为开国公常升活到建文年间，忠于建文帝，死于靖难之役或永乐初年。笔者倾向此说，原因后面会提到。

一三九四年十一月，颍国公傅友德赐死。十二月，定远侯王弼被赐死削爵。

一三九五年，宋国公冯胜赐死。朱元璋年高猜忌，冯胜因功劳最大而被猜忌，因小事而屡失帝意。蓝玉被杀后就被召回，两年后赐死，诸子皆不得嗣。

冯胜、傅友德、王弼是朱元璋后期的常用将领组合，死前一年还一起在河南练兵。冯胜是明初非常优秀的军事将领，长期担任徐达、常遇春副手以及分路主将，先是在第二次北伐与傅友德取得了西路军大胜，后又在徐达去世后主持第四次北伐，击败辽东元朝太尉纳哈出。傅友德与之类似，在第二次北伐中七战七胜，由此成为朱元璋重点培养对象，成为仅次于冯胜的重臣（两人都是太子太师，蓝玉只是太子太傅）。此外值得一提的是，冯胜是朱元璋五子周王的岳父，傅友德是朱元璋三子晋王朱棡的亲家，王弼是太祖六子楚王朱桢的岳父（勋贵中与皇子联姻的只有此三人和徐达、常遇春、邓愈、汤和、蓝玉）。

明史认为三人是被赐死，但也有说法认为傅友德和王弼是自杀。根据张岱的《石匮书》记载，蓝玉案发后，傅友德因功高而害怕，王弼认为二人早晚被杀；朱元璋听闻此事后，恰逢冬宴，傅友德"有一蔬不尽"（有一道菜没吃完）。朱元璋趁机指责傅友德大不敬，让他把两个儿子带来，结果傅友德出门带回两个儿子的人头。朱元璋大惊，又指责傅友德如何忍心，结果傅友德指责朱元璋想要自己父子人头，旋即自刎。朱元璋大怒，将其家属流放，王弼听闻此事自尽。

还有说法认为朱元璋发作的借口是傅友德之子傅惟忠担任宫中禁卫却没有配备全套着装。不过笔者不认可这种说法，因为傅惟忠娶了尚寿春公主（朱元璋九女），故而傅惟忠之子傅彦名被录为金吾卫千户，弘治年间晋王还为傅家请求袭封不许，嘉靖年间云南巡抚立报功祠祭祀傅友德获准，可见并非罪臣之后。

同年八月，信国公汤和去世，追封东瓯王，谥襄武。九月，崇山侯李新因罪被杀。

汤和长子汤鼎，汤鼎之子汤晟，汤晟之子汤文瑜均早死，故而未能承袭爵位。明英宗时期，汤文瑜之子汤杰请求继承爵位，被英宗以四十年无人袭爵为由将信国公取消。直至明穆宗时期，汤和五世孙汤绍宗才被降封灵璧侯，同时邓愈五世孙邓继坤降封为定远侯。

借着再兴胡惟庸案和蓝玉案，明朝勋贵几乎一扫而空，只有九家幸免（不算诚意伯刘基子孙）。包括列入皇明祖训的魏国公徐达、曹国公李文忠、信国公汤和、西平侯沐英、武定侯郭英五家，以及长兴侯耿炳文、江阴侯吴良、凤翔侯张龙、安陆侯吴复四家，其中只有耿炳文和郭英两人在世。前五家幸免于难都有特殊原因。徐达作为朱元璋平定天下的三大臣之一，既没有李善长作为行政首脑必不得善终的隐忧，又没有常遇春早死而且与故太子朱标牵涉太甚以至家族圣眷早衰的问题，自己死得又不早不晚，当然可以保全家族。

朱元璋待家人非常厚道，即便朱文正叛死也封其子为王（唯一一个非皇子封王）。李文忠、沐英相当朱元璋养子，自然可以保全。汤和是朱元璋资历最老的老臣，又率先告老还乡，加之久病难言，而且诸子凋零，连袭爵的人都没有，实在是没有动手的借口。郭英的情况有些特殊，哥哥是郭兴（不得封公的四人之一），姐姐是郭宁妃（马皇后、李淑妃后执掌后宫，生有鲁王），自己是在征讨云南中立功封爵（笔者认为郭英封爵的另一个重要原因是其兄郭兴同年去世），被朱元璋比作尉迟恭，认为其忠诚朴实，故而得以幸免。以上五家都被列入《皇明祖训》中的亲戚之家（也只有以上五家勋贵被列入），有司只许举奏，不得擅自拿问。

耿炳文的情况也比较特殊，笔者认为其中原因有三点。第一，耿炳文长子娶故太子朱标长女江都公主，又没有女儿与藩王联姻，所以是太子党集团，当然可以躲过再兴的胡惟庸案。第二，耿炳文和蓝玉并无交集，而且也不是后三次封爵中立功，也不属于太子朱标去世后，朱元璋需要清理的对象。第三，耿炳文军事经验非常丰富，先后随徐达北伐、傅友德征云南、蓝玉攻捕鱼儿海，而且擅长防守而非攻击，实在没有什么威胁。

结合靖难之役的表现，笔者认为江阴侯和安陆侯也跟建文帝有关系，但是关系相对疏远。先是江阴侯吴高（吴良之子）站在建文帝一方屡屡在辽东出兵牵制燕王朱棣，结果被施反间计而被建文帝贬斥、最终在永乐年间削爵；旋即，安陆侯吴杰（吴复之子）在白沟河之战中失律问罪削爵。

此外，永乐三年凤翔侯张杰（张龙之子）因罪削爵，罪名不明；不过值得一提的是，张龙的另一子张麒是燕王世子、明仁宗朱高炽的岳父、大名鼎鼎的诚孝张皇后的父亲，一三九五年朱元璋册立诸王世子时便已确立名分。

史书上习惯将朱元璋屠戮功臣称为胡蓝之狱，时间跨度大致从一三八〇年胡惟庸案发至一三九三年蓝玉案发，动机一般归结到鸟尽弓藏上去。但是笔者不认同这种观点。笔者认为，朱元璋始终是一个头脑清晰的开国君主，发动如此大规模的流血事件，应当有着极为明确的政治意图。而且，一三八〇年爆发的胡惟庸案和一三九〇年再兴，非常明显是两件事情，前者不过是后者的由头。虽然本节主要是分析明初勋贵，但是插入了太子朱标，原因在于笔者认为朱元璋屠戮功臣是为朱标和朱允炆扫清障碍。

作为开国君主，朱元璋肯定很清晰地感受到了勋贵集团的存在对君权的威胁，也必定很清晰地认识到太子朱标没有能力驾驭这些勋贵，而且从前代经验中不难预见如果自己放任此事会发生什么。卷入胡惟庸案再兴的勋贵，其实就是朱元璋第一次大封的功臣，即奠定明朝基业的功臣，而且和诸皇子有着错综复杂的关系，比方说邓愈是秦王亲家，冯胜是周王亲家。这些人往往在朱标出生前后就已经跟随朱元璋征战南北，根本不会把朱标放在眼里，所以朱元璋才会借胡惟庸案将其一网打尽。但是太子朱标的突然去世，又打乱了朱元璋的安排，原本留下的几批资历尚浅但是足以辅佐太子的军功侯爵又对皇太孙朱允炆构成了致命威胁，所以才会借蓝玉案将其通通消灭，为朱允炆扫清障碍。

之所以会选择在此时下手，笔者认为有三个原因：第一，此时明朝最大的外部威胁北元已灭（看上去），而且一三九〇年的第六次北伐已经证明晋王、燕王足以担任大军主帅出征，所以勋贵的重要性大大下降，甚至看上去可有可无，至少没必要全部保留；第二，一波一波地屠戮文官集团，却没有引起政治动荡，说明文官集团并没有控制相权，相权必然掌控在享有政治经济特权的勋贵手中，整顿吏治已久的朱元璋和亲政十余年的朱标必然意识到自己与勋贵的冲突不可避免；第三，朱元璋年逾六旬，在古人中已属高寿，随时有可能驾崩，所以事急从权，一定会在生前发动清洗，以免去世之后遗祸子孙。

同时，在屠戮过程中，朱元璋思路非常清晰，就是最大限度地有益于太子朱标和太孙朱允炆。首先，虽然朱元璋借再兴胡惟庸案将开国勋贵几乎一网打尽，但是人数众多的以傅友德、蓝玉为首的新的军事勋贵仍然得以保留。其次，朱标去世后，朱元璋发动蓝玉案，将骄横跋扈的蓝玉以及绝大多数军事勋贵消灭，以免朱允炆难以控制。最后，涉及联姻皇子的冯胜、傅友德也被赐死，只有无子承嗣的汤和、太子姻亲耿炳文、有后宫援手又是太祖亲信的郭英得以幸免。

空印案、郭桓案、胡惟庸案、蓝玉案因为株连甚广、影响甚大而合称为明初四大案（洪武四大案）。前两案往往被视作朱元璋以此整顿吏治、整肃贪污，后两案则被认为是屠戮功臣。然而，笔者个人的看法若比之主流，则略有不同。笔者认为，两次大兴的胡惟庸案其实是两个独立案件，四大案实际上是五个案件，而且这些案件其实是君相冲突不断加剧的结果。

朱元璋执政之初，不断地整顿吏治，但是受限于执政能力不足，只能是越整越乱，官员苦不堪言，特别是面对各种匪夷所思，甚至毫无可操作性的制度要求时，官员们只能采用糊弄的办法，所以才会有空印等情况大肆泛滥。

但是，朱元璋并不会意识到问题所在，只是简单归结为官员结党蒙蔽自己，并在一次又一次的拉锯战中，意识到了丞相对自己的掣肘，于是就有了杨宪、汪广洋、胡惟庸相继被杀，进而趁机取消宰相。宰相虽然在一定程度上限制了君权，但是也是对官僚集团的一种自我约束，朱元璋也意识到了这点，所以为了填补宰相留下的巨大的权力真空以及防止官僚集团的反噬，设置了大理寺、都察院、锦衣卫等一系列监察特务机关，但是依旧不能阻止（朱元璋眼中的）愈演愈烈的贪污腐败行为，甚至爆发了代户部尚书郭桓参与贪污的大案。

在株连数万人之后，朱元璋必然认真思考其中缘由，在几场大案中几乎毫发无损的勋贵集团必然进入其视线：无论是占据高官要职，还是保持对朝政的巨大影响力，以及个别勋贵的小动作（冯胜与周王等），即便只是为太子顺利继位执政考虑，朱元璋也必然有所举措，结果就是再兴胡惟庸案，李善长等开国元勋几乎被一网打尽。但是，再兴胡惟庸案后不久，太子朱标去世，皇太孙朱允炆显然无法控制新出现的军事勋贵，因而朱元璋只得再兴蓝玉案，又将其几近消灭。

所以，对于朱元璋时期的君相关系以及对待文官集团的态度，可以套用一句今人所说的话：他走了很多弯路。

藩王出镇

一三六八年正月，朱元璋在应天称帝，册封马氏为皇后，世子朱标为太子。一三七〇年四月，朱元璋以"惟帝王之子居嫡长者，必正储位，其余诸子当封以王爵，分茅胙土，以藩屏国家"为由，第一次大封宗室为王，共封九位皇子为王，即秦晋燕吴楚齐潭赵鲁，侄孙朱守谦（朱元璋长兄孙、朱文正子）为靖江王。

明朝宗室只有靖江王系不是朱元璋后裔。朱元璋排序的皇子有二十六个，长子为一三五五年出生的朱标，幼子为一三九四年早殇的朱楠（只有这两位未封王）。为了行文方便以及不致烦琐，本文着重以六位长子（太子以及秦晋燕周楚），来分析朱元璋时期的宗室隐患。

朱元璋对待亲人之厚道，已经到了匪夷所思的地步。一三七八年正月，朱元璋第二次大封十一子至十五子为王，皇五子吴王改封周王；一三九一年四月，朱元璋第三次大封十六子至二十五子为王。通过三次大封，明朝形成分封皇子为亲王的惯例，同时除父死子继外，次子依次降封郡王、镇国将军、辅国将军、奉国将军、镇国中尉、辅国中尉、奉国中尉（奉国中尉不再降等）；这些爵位享有极为丰厚的俸禄，亲王光米钞每年就有五万石和二万五千贯，最低一等奉国中尉也有二百石；女性宗室与之类似，也有自公主至乡君、宗女等级别并享有对应俸禄。除了分封王号、授予俸禄以外，宗室还因封赏等而在各省占据大量土地人口，还享有免税特权，极大地影响了财政收入；加之宗室繁衍太快，以至于宗室俸禄成为明朝中后期财政的沉重负担，占财政支出百分之三十甚至更高。此外，朱元璋还为二十五子和侄孙设计了二十代的排行用字，并规定第三个字必须依次以金木水火土为偏旁；所以明朝宗室很容易推算辈分。

一三七一年四月，朱标迎娶常遇春长女为太子妃。一三七四年十月，嫡长子朱雄英出生。一三七七年十月，庶子朱允炆出生；同年，朱元璋下令，即日开始政务一并奏报太子朱标，经其处理后再奏报自己，以便锻炼太子能力。一三七八年十一月，嫡次子朱允炆出生，但是太子妃常氏去世；朱允炆生母吕氏成为太子继妃。一三八二年五月，嫡长子朱雄英去世。

吕氏扶正，朱雄英去世，这使得朱允炆的身份非常尴尬，毕竟明代继承人制度只有"惟帝王之子居嫡长者，必正储位"寥寥数语，所以很难讲清楚朱允炆和朱允熥在礼法上孰先孰后。

值得一提的是，除了朱标迎娶常遇春长女以外，其他年长的五王也都与勋贵联姻。秦王妃是王保保之妹，次妃是邓愈之女；晋王世子是傅友德女婿；燕王妃是徐达长女；周王妃是冯胜之女；楚王妃是定远侯王弼之女。此外还有十子鲁王妃是汤和之女，十一子蜀王妃是蓝玉之女，十三子代王妃是徐达次女（七子齐王妃吴氏出身不明，八子潭王妃于氏之父为都督于显，九子赵王早殇，十二子湘王妃身世不详；之后王妃多为军人家庭出身，但是位次不过都督、指挥使）。

一三七五年，孙贵妃去世，朱元璋大为哀悼，特赐谥成穆，命吴王朱橚主丧，服母丧三年。庶子为生母服三年，众子为庶母期，自此开始。

一三八二年四月，皇后马氏生病，八月去世，时年五十一岁；九月，葬于孝陵，谥号孝慈皇后。

按照明史的记载，马皇后育有五子二女，但是这个观点存在很大的争议。现在的主流观点认为马皇后只育有太子和秦晋二王，燕周生母另有其人（多认为为高丽人碽妃）。但是笔者个人的看法是，马皇后无子，太子和秦晋二王应为李淑妃或者他人所生，燕周为异族女碽妃所生。

笔者的依据主要有三点。第一，朱元璋嫡子问题的最大干扰在于明太宗靖难之后大肆篡改史料，伪造自己的嫡子身份，最大限度地增强自身合法性。但是结合各种史料，不难得出周王朱橚是燕王朱棣同母弟的结论。加之周王为孙贵妃服丧，并由此确立庶子为生母服丧三年的惯例，说明周王不是嫡子，不然肯定不能为孙贵妃服丧。由此可知，燕王朱棣也不是嫡子，即不是马皇后所生。

第二，根据《南京太常寺志》的记载，朱元璋孝陵后妃神位，分为左边为生育皇子的妃嫔，右边只有一位碽妃，每人名下都有所出皇子，其中表明左一的李淑妃生太子朱标、秦王、晋王，右侧碽妃生太宗朱棣（朱彝尊《南京太常寺志跋》谓"左列生子妃五人，右只碽妃一人"）；虽然该书已经散佚，但是《国榷》《国史异考》《三垣笔记》都提及此事，而且明末大儒钱谦益曾在一六四五年拜谒孝陵，证实此事。之所以如此布置，原因在于明太宗靖难之后妄称自己是嫡子，所以不能追封加尊碽妃，而碽妃的身份也不便列入诸妃当中，所以独立；周王因为身兼太宗同母弟、为孙贵妃服丧、庶出三重身份，因此不列在碽妃名下。

第三，据传作者为解缙的《天潢玉牒》总结了朱元璋诸子的生母状况，指明燕周二王为马皇后所生，太子和秦晋二王是诸母所生，其他诸王为皇妃、皇贵嫔、皇贵人、皇美人所出。诸母应当为年长妇人或者庶母的意思，显然只有孙贵妃、李淑妃、郭宁妃三位在明史中独立立传并有过摄六官职责的后妃比较合适，既然孙贵妃无子，后文又提到了郭宁妃所出的鲁王，所以必是李淑妃（或者另有其人）。至于《天潢玉牒》不同版本出现马氏生二子和生五子两种说法，笔者赞同主流观点，即这是后世不断查缺补漏的结果。

根据这些材料，在其他方面，笔者尝试推断出自己的看法：一是马皇后没有生育任何一子，作为嫡母收养了年长的五子，但是应该没有正式地过继，除了五子以外，马皇后还抚养了李文忠、沐英等朱元璋养子；所以解缙等人才敢只以燕周为马皇后嫡子，排除太子和秦晋。二是燕周二王生母碽妃，应当是朱元璋渡江前后收降的元朝俘虏，可能是高丽人，也可能是蒙古人，但是去世时间较早（至少在孙贵妃之前去世，极有可能在称朱元璋吴王前就已去世），所以才会被隐瞒身份，甚至无法获得追封（另有一说认为燕王生母是蒙古妃翁氏，笔者认为是此说误传）。三是太子等三人可能为李淑妃所出，也可能为无名氏所出，原因很简单，李淑妃之父李杰的墓石刻记载李杰是生于一三三一年，一三五六年才投奔朱元璋，所以其女李淑妃几乎不可能生下太子。

一三七八年开始，藩王就藩。其中，当年三月，皇次子秦王朱樉就藩西安，皇三子晋王朱棡就藩太原，分别获得护卫军士三千余人；燕王、周王（朱元璋认为吴地财税重地不宜建藩而改封五子朱橚为周王)、楚王、齐王驻凤阳。一三七九年三月,四子燕王朱棣就藩,护卫近六千人。一三八一年,五子周王朱橚就藩开封,六子楚王朱桢就藩武昌。一三八二年,七子齐王朱榑就藩青州。

一三九〇年,正月,明朝第六次北伐北元,傅友德为大将军,赵庸、曹兴为左右副将军,出征沙漠,听从燕王朱棣调遣;王弼为左参将,率山西明军,听从晋王调遣。三月,燕王率军出长城古北口,乘大雪直捣元军营寨,攻其不备,将其团团围住,逼其投降,结果收降数万人、数十万头牲口而还。同时,晋王率军出塞,不见残元而还。此后,明朝扫荡蒙古,多以塞王为主将,几乎年年用兵。

一三九五年三月,皇十九子谷王朱橞就藩(朱元璋生前最后一个就藩的皇子),形成塞王九王。

塞王从东到西包括辽王(广宁府,辽宁锦州北镇;后改湖广荆州府)、宁王(大宁卫,赤峰宁城;后改江西南昌府)、燕王(北平府)、谷王(宣府,张家口宣化;后改长沙)、代王(山西大同府)、晋王(山西太原府)、秦王(陕西西安府)、庆王(韦州,宁夏同心;后改宁夏)、肃王(平凉府)九王。

除了塞王以外,其他内地藩王也经常领兵作战,并立下大功。比方说楚王就在一三八一年的时候率江夏侯周德兴平定蛮夷,顺势就藩武昌,次年又平定大庸蛮族(张家界),一三八五年参与汤和平定铜鼓卫(贵州锦屏)等地蛮族叛乱,一三八七年征讨云南、一三九一年征讨西蛮、一三九四年征讨道州叛乱(湖南永州)。

古代中国如此大封诸王并授予军权的朝代,只有西晋和明朝。西晋大封诸王的原因在于有鉴于曹魏因为总是太弱以至于司马氏篡权时无力抵抗,明朝的原因在于加强对地方控制。毕竟南宋已经灭亡近百年,河西、幽燕早在五代时期就彻底脱离中原,云南、辽东更是在唐代就已经被其他政权占领;所以朱元璋在三司之外,将藩王出镇此地,予以一系列特权,除了彰显大明皇权以外,也增加了一支捍卫中央的脱离于政府以外的地方武装力量(一如西周封建,小宗拱卫大宗)。

一三八九年冬天，周王朱橚因为擅离封地至凤阳而获罪，被迁至云南安置，旋即改为留在南京，改由世子处理藩事。一三九一年十二月获准返回开封。

一三九一年八月，太子朱标受命巡抚陕西，考察迁都事宜；同时皇次子秦王朱樉因有诸多过失而被召回京师。结果，朱标考察途中染病，一三九二年四月去世，八月下葬，追谥懿文。同年，朱标次子朱允炆被立为皇太孙；此外，朱樉经朱标说情，而被放回封国。

一三九五年正月，皇次子秦王朱樉率军征讨洮州叛蕃，取得大胜，被朱元璋厚赏。三月，秦王去世，谥号愍。

一三九八年三月，皇三子晋王朱棡去世，谥号恭。晋王就藩之后多有不法，虐待官属，结果被朱元璋严厉斥责；后又被人告发谋反，幸得太子援助才免罪。后来，太子西巡西安，晋王陪同返京，被命归藩。此后，晋王一改先前作为，厚待官属，对中央恭顺。同时，朱元璋重视北方边事，让诸子参与军务，特别是重视晋王和燕王，许其节制大将军冯胜、付友德等将领，并以塞王为主帅，连年北伐，驱赶残元。

懿文太子朱标经常被人提到为人厚道，曾为秦王、周王开脱过失，还因晋王打算谋反而为其陈情免罪。有趣的是，算上后来成功篡位的燕王朱棣，恰好是明史当中朱元璋马皇后的五个嫡子（皇六子楚王朱桢的生母确为胡充妃）。

一般谈论洪武朝的时候，在宗室方面，至多只会提及滥封宗室加剧了明朝中后期财政困难，以及燕王几次出征北伐立下大功但是依旧和立储无缘。之所以学界投入精力比较少，原因也比较简单，即明朝宗室几乎全部出自朱元璋一系，所以洪武朝朱元璋在宗室事务上有着绝对权威，因而在遵循礼法（仿照汉唐）的基础上，太子朱标在世的儿子中最年长的朱允炆被立为储君；同时基于传统对于朱元璋因猜忌专权而滥杀勋贵的评价，以及藩王掌兵持续时间太短（洪武后期和靖难之役），所以被有意无意地忽略掉了。

但是，笔者认为洪武朝后期的宗室问题是一个非常有意思的话题，因为能够同时兼顾两个历史桥段的事件其实并不多见，而洪武藩王问题就涉及了夺嫡和削藩两件事情。如果理清楚这一段时间的一些重大事情，就很容易理解为什么朱允炆和朱棣上台之后第一件事情都是削藩了。一三八八年北元捕鱼儿海大败而崩溃，一三九〇年晋燕二王领兵北伐取胜，同年胡惟庸案再兴，开国元勋被杀殆尽；一三九一年，太子朱标前往西安考察，结果一三九二年回京后病死，其次子朱允炆被立为皇太孙；一三九三年蓝玉案爆发，开国后的军事勋贵几乎被一扫而空。但是，一三九一年不法被召回南京的秦王经过太子说情返回西安，一三九五年秦王因为征战立功劳累而死；原本虐待下属的晋王陪同太子入京，还一改旧习，礼贤下士，获得朱元璋重视，与燕王一同负责北疆事务，结果在朱元璋去世前三个月去世。此外，明朝一直有关于周王就藩之后就打算谋反的传言，而且多认为宋国公冯胜被罢免兵权的原因之一也是因为两人不但联姻、封地重合，而且曾经有过秘密接触。

如果笔者对马皇后无出的判断正确，那明初宗室的线索就非常清晰了，核心矛盾就是在建国未稳的情况下，明朝宗室出现了礼法继位顺序混乱，所以让宗室跃跃欲试。首先，按照子以母贵的原则，在马皇后没有正式过继儿子的情况下，朱元璋诸子应当是生母去世、为孙贵妃服丧的周王身份最高，而且周王最开始的封号可是吴王（朱元璋称帝前的王号），可见身份不一般。所以，周王才会蠢蠢欲动，甚至擅离封地。同时，太子朱标莫名其妙地去世后，身份近似的秦晋二王才会变得异常活跃，意图期望朱元璋回心转意。但是，朱元璋选择立孙不立子，以纯孝为由立朱允炆为皇太子，在一定程度上又违反了礼法。因为太子朱标诸子当中，太子妃常氏所出的长子朱雄英和三子朱允熥的身份要高于扶正的吕氏所出的次子朱允炆和四子、五子，秦晋周三王必然对此不满，但是迫于朱元璋的权威，而且诸子间还存在相互牵制，所以看上去天下太平。

结果，天有不测风云，秦晋二王突然去世，原本不显的皇四子朱棣就此成为藩王之首，而且军力上还是各藩第一。同时，有鉴于太孙时期的悲惨经历，建文帝上台第一件事情就是削藩，但是在处理了五个藩王之后才对付燕王，原因也就在于此，即燕王在朱元璋时期并没有直接参与或者表露出太多对皇位的渴望。不过需要注意的是，看上去兢兢业业维护北方边防的燕王，早在洪武十五年就包庇了朱元璋点名要处死的营阳侯杨璟。

南北榜案

一三六七年十二月,孔子五十六世孙孔希学袭封衍圣公。一三六九年二月,朱元璋诏修《元史》,由左丞相李善长等人为总裁。十月,朱元璋诏天下郡县均设立学校。

尊孔、修前朝史书、兴建学校都是加强国家统治的重要举措,但是孔府此时的表现却令朱元璋极为不满。孔希学之父孔克坚在一三三五年袭封衍圣公,一直受到元朝加恩,但是元末农民战争爆发后于一三六二年还家,拒绝赴任地方。徐达北伐攻克山东后,孔克坚称病拒绝朱元璋召见,只派儿子孔希学觐见,结果朱元璋敕谕"称疾则不可",因而被迫入朝,一三七〇年去世。

一三七〇年五月,明朝设置科举制度。明朝曾在三年前设置文武二科,有司推荐人才,三年一举。现在,朱元璋设置科举制度,规定科举分试三场,分别考察经义四书、论诏诰表笺、策试;中试之后,再考察骑、射、书、策、律。

一三七三年二月,明朝暂停科举。举办两期科举之后,朱元璋认为科举取士是为了选拔贤才,但是进士试用之后发现其都擅长文辞而非实务,因而暂罢科举,命有司察举贤才,以德行为本,文艺次之。

九月,朱元璋下诏禁对偶文辞,又命规定以柳宗元《代柳公绰谢表》及韩愈《贺雨表》为标准。

朱元璋有一个传播甚广的故事就是听刑部侍郎(刑部主事)茹太素的奏章,因前序太长而对其施以廷杖,听了后面的具体操作方法后又予以采纳并赏赐茹太素的故事。但在实际上,按照明史的记载,茹太素因上奏被罚并非因为前序太长,而是因为暗讽近年屠戮鞭笞大臣、擢升迁儒俗吏而忤触朱元璋,结果被朱元璋当面诘问并廷杖。此外,朱元璋流传后世的"金杯同汝饮,白刃不相饶",就是和茹太素饮酒时所作,茹太素当场即对"丹诚图报国,不避圣心焦"，但是最终，茹太素还是因为违法被杀。

一三七五年，《洪武正韵》编成，计十六卷，七十六韵。

编纂韵书，统一语言，特别是统一官话，是维护国家统一的重要举措。该书编成之后，朱元璋并不满意，又命人重新整理，于一三七九年编成八十韵本的《洪武正韵》，并予以颁行。但是朱元璋依旧不满意，又颁行了《洪武音韵》。后世语言学也对该书的评价一般，多认为其在所谓的比较纯正的"中原官话"（实际上流行于江淮地区）的基础上杂糅了古今南北的各种意见，呈现出北音南化的历史特点。

笔者估计此书以及之后韵书难于编成的原因，大致有两点：一是，江淮官话（或者说流行于江淮地区的未受胡音影响的"中原官话"或"中原雅音"）本身就是一个泛指概念，而且此时已经出现了比较明显的读书音和白话音的区别，使得编纂这本韵书非常困难；二是，因为金元南下的缘故，语言胡化程度呈现出自南到北越来越高的情况，而且朱元璋本人作为贫农出身的淮西人，其口音未必是上层社会流行的江淮官话，所以他总是对此不太满意。所以表现出的结果就是，朱元璋对此不满意，但是也没有太过深究。

一三八二年，明朝恢复科举。一三八四年，明朝确定科举制度。规定每三年举行一次科举，其中乡试在当年八月考试，会试在次年二月，均考三场，第一场考四书义三道、经义四道，三天后第二场考试论一道、判五道、诏诰表内科一道，再三天后第三场考经史时务策五道（在经史内命题，考察对经史内容理解以及由经史推问时政的能力），殿试在会试之后的三月，只考察策问；乡试由各地布政使或者京府负责，会试和殿试由礼部主持，皇帝指派正副总裁负责。参加乡试之前，还有提学官负责的县试、府试和院试，通过后才能取得生员身份，可以进入县学学习；县学选拔出来的优秀学生，可以升入国子监读书，称为贡生。本省生员、贡生、监生以及未出仕的儒生、未入流的官员均可以参加乡试，罢闲官吏、倡优子女、居丧者等不能参加；乡试中试称举人，举人和国子监监生可以参加会试；会试中试称贡士，殿试中试称进士，一般殿试只是重新排序，不轻易黜落。

一三八五年三月，朱元璋取丁显为状元，练子宁为榜眼，黄子澄为探花。原本礼部初拟浙江解元花纶为第一，练子宁第二，黄子澄第三；但是朱元璋前一天做梦，梦见殿前一巨钉，缀白丝数缕，悠扬日下，于是以年少为由，将花纶安置到二甲（实际上是三甲第五，第一百一十五名），并按照梦境，以福建建阳人丁显为状元。

同时，朱元璋创立进士观政制度。朱元璋有鉴于进士大多没有从政经验，除了授予丁显等少数人职务，安排进士分别去诸司了解政务，而后进一步安排职务，其中在翰林院和承敕监等近侍衙门的进士称为庶吉士（庶常）。

朱元璋对恢复进士制度是有一番考虑的，毕竟科举取士相较于恩荫、荐举更加公平公开，相对不易结党，而且更加清廉；针对新科进士不习政务，朱元璋又创造出了观政制度，以实习去解决没有经验的问题。庶吉士在明朝中后期极为重要，因为明代形成了非庶吉士不入内阁的惯例。

一三九一年三月，朱元璋取池州人黄观为状元（中国历史上第一个连中六元）。

明清科举因为涉及县府院乡会殿六场考试，因而最高荣誉为连中六元。明清两朝二百多科科举中，只有明朝的黄观和清朝的钱棨得以六中，而且黄观后三元是连考连中，钱棨则是乡试折戟后再考得以连中，而且钱棨在中状元之前就已经传开五中，因而一直有乾隆特点照顾的成分在内。

一三九七年，明朝爆发南北榜案（春夏榜案、刘三吾案）。朱元璋以翰林学士刘三吾、王府纪善白信蹈为主考官。二月，会试取录宋琮等五十二人（一说五十一人），三月廷试后以陈䢿为状元、尹昌隆为榜眼，刘仕谔为探花，是为春榜；又因所录五十二名全系南方人而被称为南榜。结果，北方士子上书鸣冤，指责主考官收受贿赂、偏袒南方人。旋即，朱元璋命侍读张信、侍讲戴彝等十二人连同三甲再阅取试卷，增录北方人。四月末，张信等人呈上北方人试卷，结果文理不通，多有犯禁，并认为先前录取的五十一人都是真才实学。舆情哗然，朱元璋大怒，五月以蓝玉余党为由，将刘三吾免死流放，张信因被告接受刘三吾授意而进呈问题试卷而被凌迟，陈䢫被车裂，其他人被发配流放，只有戴彝、尹昌隆凭借曾提出录取北方考生而免罪。

六月，朱元璋亲自策问，录取任伯安等六十一人，后以韩克忠为状元；因六十一人全部是北方人，又在夏天录取，因而被称为北榜、夏榜。

由此，明朝在会试中试时，开始分区录取；经过明仁宗讨论，明宣宗颁布，明朝开始在礼部的会试中执行南北卷制度。

在笔者看来，南北榜案十有八九也是一场冤案，传统史家也多认为这是朱元璋为了打击江南势力而故意为之。依笔者之见，朱元璋之所以行如此暴力手段，一方面是因为江南当初依附张士诚而抵抗朱元璋，另一方面也与明初官吏多来自江南一带，结果却屡屡爆发让朱元璋极为不满的舞弊案件有关。但是，南北卷只是一种权宜之计，对明朝中后期也产生了极为不良的影响，即加剧了三同问题（同榜而出、座主门生即录出同门、同年而出）。

南北榜案以及南北卷的出现，其实是中国南北科教差距越来越大的表现（更根本的是南北经济差距加大）。从北宋开始，科举北弱南强的问题就一直存在。除了山西，北方在科举上已经完全无力与南方竞争。元代对北方的文教破坏也要比南方大得多。明朝立国以后兴建学校，但是也不足以抹平这一差距。实际上，纵观整个明代，也是以东南的进士最多，特别是九十个状元中，南方六省占七十二人（江西二十人，浙江十八人，应天十七人，福建十人，湖广四人，广东三人；此外，凤阳庐州六人），可见南北差距之大。除了洪武三十年的南榜录取悬殊以外，接下来的两场建文二年庚辰科和永乐二年甲申科也非常悬殊，前十名中可考籍贯的也全部来自南方（庚辰科刘现曾某籍贯不可考；甲申科徐安籍贯不可考），江西吉安府更是分别包揽了前三名和前七名。

皇明祖训

一三六八年四月,朱元璋禁止宦官预政典兵。此后,明朝又专门制定宦官禁令,并在宫门外悬挂铁牌,明言宦官不得干政。

在经历了东汉和晚唐之后,历代王朝都会对宦官干政比较敏感,王朝初期总是加以种种限制,但是随着君相拉锯中皇帝逐渐式微,宦官就会作为外援,很快崛起。

一三七〇年五月,朱元璋吸取元末宫嫔私通外臣而淫渎乱政的教训,严禁后宫参政,皇后只负责后宫事务;为防止外戚参政,规定天子亲王后妃宫嫔等必须挑选良家女子,不接受大臣进献。

相较于宦官,历代对后宫参政的态度缓和一些,皇帝本人甚至不反对皇后掌权,只是对外戚比较忌惮。朱元璋最成功的一点就是,通过限制出身,将明代外戚彻底排除在权力体系之外,遂使明朝始末,只有太后临朝,却无外戚干政。

不过,需要强调的是,明初实行非常残酷的人殉制度,这种制度对限制外戚几乎没有任何正面作用,是彻彻底底的封建糟粕。因为人殉制度主要涉及太祖、建文、太宗、仁宗、宣宗、英宗、代宗七任君主,但是出现了太祖殉葬情况不详、建文阖宫自焚、太宗诸子均为早逝的徐皇后所出、明仁宗张皇后并未殉葬并一直活到英宗初年、明宣宗孙皇后甚至活到夺门之变后、代宗自己被废的情况。所以实际上有可能受到限制的只有曾经执掌后宫、谣传殉葬的太祖郭宁妃和为明英宗哭瞎一目、身体也不好的钱皇后而已。

一三七五年,孙贵妃去世,朱元璋大为哀悼,特赐谥成穆。一三八二年四月,皇后马氏生病,八月去世,谥号孝慈皇后。

朱元璋的后妃很多，比较重要的有马皇后、孙贵妃、李淑妃和郭宁妃。马皇后为朱元璋唯一一任皇后，一直负责后宫事务，去世后才由李淑妃负责，李淑妃去世后由郭宁妃负责（郭兴郭英姐妹）。

明朝后宫制度比较简单，大致分为皇后、皇贵妃、贵妃、妃、嫔及其他（昭仪、美人、才人等），嫔以上大都有自己的封号（贤、淑、庄、敬、惠、顺、康、宁等）。需要说明的是，一般认为皇贵妃是明朝首设，但是明朝直到成化年间才明确将皇贵妃与贵妃分为两级。朱元璋时期，虽然一般认为贵妃高于其他诸妃，孙贵妃也是唯二获得谥号的妃嫔（另一位疑似高丽人的庄靖安荣惠妃崔氏；明朝自太宗开始，绝大多数妃嫔都有谥号，起先多为二字，后期常见四字乃至更多），但是有很多材料反映李淑妃和郭宁妃都加皇字，以示荣宠，可见贵妃尚未完全独立成一级。此后，明宣宗孙皇后在封贵妃时破例获得金宝（按惯例皇后金册金宝，贵妃只有金册；孙贵妃金册低于胡皇后），由此被沈德符认为是皇贵妃第一人，但是实际上宣宗朝材料都没有皇贵妃字眼。明代宗在杭皇后去世后封妃子唐氏为皇贵妃，但是在实录中又经常称呼为贵妃，可见这个"皇"字类似李淑妃和郭宁妃，只是尊称而非定制。在一些文献中，孝肃皇后周氏在夺门之变后被明英宗册立为皇贵妃（周氏曾被明代宗册立为贵妃），但是直到被尊为皇太后（钱皇后为慈懿皇太后）之前，也是经常混称为贵妃。直到成化年间，万氏被明确册立为皇贵妃而且史料中也以皇贵妃而非贵妃进行指代，由此皇贵妃才正式与贵妃区分开了，成为独一档的位分。

一三九五年，朱元璋颁布重订之后的《皇明祖训》。本书原名《祖训录》，洪武二年开始编纂，六年修成，九年修订，同年重订改名。

《皇明祖训》名义上只是家规，但是实际上却是明代非常重要的典章总纲，后世指定新的制度规章时，都会极力避免与之冲突。《皇明祖训》共有十三章，其中首章最为重要，因为其中涉及了皇亲国戚、不设丞相和不征之国三个非常重要的内容。

首先，朱元璋规定了皇亲国戚的范围，并授予其犯罪只得由君主自裁，有司只许举奏，不得拿问。具体的皇亲国戚包括与皇室宗族联姻的皇后家、皇家、东宫妃家、王妃家、郡王妃家、驸马家、仪宾家（明朝郡主及以下夫婿的称谓）以及魏国公家（徐达）、曹国公家（李文忠）、信国公家（汤和）、西平侯家（沐英）、武定侯家（郭英）。考虑到曹国公、信国公不久除爵，西平侯（黔国公）远驻云南，不难想象武定侯家的地位有多高。

其次，朱元璋命令不得设立宰相。朱元璋认为，三代都是三公论道、六卿分职，自秦朝设立宰相以来经常有小人作祟，所以取消宰相，改为五府、六部、都察院、通政司、大理寺等衙门分理庶务；如果有大臣提议重新设立宰相，即刻凌迟，全家处死。

最后，朱元璋设定了朝鲜、日本、大小琉球（实际上琉球分为山南、中山、山北）以及西南方向的安南等十五个国家为不征之国。原因很简单，这些国家限山隔海，僻在一隅，得其地不足以供给，得其民不足以使令，而且无论是征讨还是被袭扰，对双方而言都是得不偿失，因而不许子孙主动进攻，但是需要戒备西北。

一三九八年闰五月初十，朱元璋驾崩于应天，留下遗诏，命皇太孙朱允炆继位，臣民三日即可释服，诸王不得来京。随后，下葬紫金山孝陵。六月，上谥号钦明启运俊德成功统天大孝高皇帝，庙号太祖。

明朝皇帝基本都有庙号，同时谥号虽然很长，但是用作评价的其实只有最后一个字，很多时候为了行文简便，都会简称，例如，简称朱元璋为太祖高皇帝。后面为了行文方便，帝后死后的谥号称谓从简。

遗诏在明代是非常重要的法律文书。遗诏通常都不会太长，主要包括三部分内容。首先是明确皇位继承人，这是遗诏最重要的作用；其次是简单总结自己的执政得失，必要时添加罪己内容，对一些政策进行调整；第三是其他一些要求，例如，朱元璋要求薄葬。值得一提的是，明代大多数遗诏都不是君主本人所作，而是内阁代笔，而且是在君主驾崩之后再代笔而成。有观点认为朱元璋的遗诏是本人口述，齐泰为之润色，但是因为资料较少，此说存疑。

明太祖朱元璋是古代中国杰出的君主之一。中国千余君主中，完成了王朝更替战争和统一战争的只有汉高祖刘邦、汉光武帝刘秀、唐太宗李世民和明太祖朱元璋四人，同时后三人在武功的基础上还各自有文治，即光武中兴、贞观之治、洪武之治，但是刘秀是宗室豪强，李世民有唐高祖庇佑，朱元璋自称淮右布衣已是高抬，更重要的是东汉直接延续西汉制度，唐承隋制更不必说，朱元璋面对的则是元朝的烂摊子。所以，在笔者看来，清圣祖所题的"治隆唐宋"，评价低了。

如果一定要给朱元璋挑刺，笔者觉得在郭桓案发后不久朱元璋因天象有变而下诏求言，山西平遥训导叶居升闻诏上奏所指出的本朝三大过，最为恰当，即"分封太侈"、"用刑太繁"、"求治太速"。但是这三大问题，笔者个人认为恰恰说明了朱元璋并非一个屠戮成性的暴君或者精神病患者，只是一个骤登高位而又独揽大权的普通人。如果理解不了朱元璋的行为，看看汉宣帝即可。

朱元璋虽然文化水平低，但是后天学习成效极为显著，留下了不少非常不错的文章，姑且不说有翰林代笔之嫌的《谕中原檄》和《大明御制皇陵碑文》，这里收录一篇肯定没有大臣润色的文章《与田兴书》：

元璋见弃于兄长，不下十年，地角天涯，未知云游之处，何尝暂时忘也。近闻打虎留江北，为之喜不可抑。两次诏请，而执意不我肯顾，如何见罪至此。兄长独无故人之情，更不得以勉强相屈。文臣好弄笔墨，所拟词意不能尽人心中所欲言，特自作书，略表一二，愿兄长听之。昔者龙凤之僭，兄长劝我自为计。又复辛苦跋涉，参谋行军，一旦金陵下，告遇春曰："大业已定，天下有主，从此浪游四方，安享太平之福，不复再来多事矣！"我故以为戏言，不意真绝迹也。皇天厌乱，使我灭南盗，驱北贼。无德无才，岂敢妄自尊大？天下遽推之。陈友谅有知，徒为所笑耳！三年在此，访求山林贤人，日不暇给。兄长移家南来，离京甚近，非但避我，且又拒我。昨由去使传言，令人闻之汗下。虽然人之相知，莫如兄弟。我二人者，不同父母，甚于手足。昔之忧患，与今之安乐，所处各当其时，而平生交谊，不为时势变也。世未有兄因弟贵，惟是闭门逾垣，以为得计者也。皇帝自是皇帝，元璋自是元璋。元璋不过偶然做皇帝，并非一做皇帝，便改头换面，不是元璋也。本来我有兄弟，并非做皇帝，便视兄长如臣民也。愿念弟兄之情，莫问君臣之礼。至于明朝事业，兄长能助则助之。否则听其自便，只叙弟兄之情，不谈国家之事。美不美，江中水，清者自清，浊者自浊。再不过江，不是脚色。

第三章 靖难之役

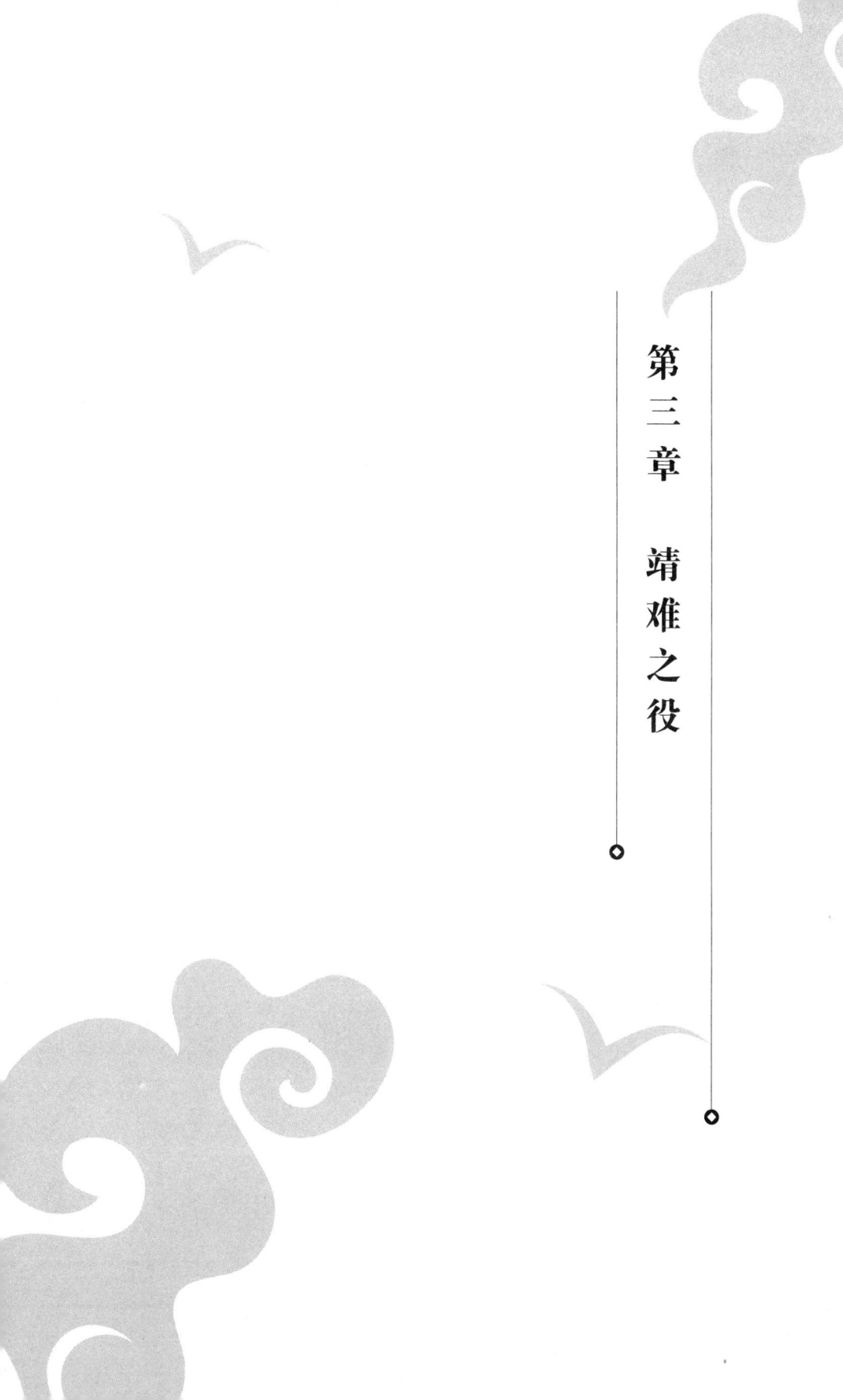

靖难的意思是平定变乱。一三九九年至一四〇二年,时任燕王的明太宗朱棣以靖难为名,援引皇明祖训清君侧,发动叛乱;建文帝先后以耿炳文、李景隆、盛庸为主帅平叛;最终,明太宗绕开济南,直接南下,攻克南京,成功篡位。建文帝下落不明,成为疑案。

建文削藩

一三九八年闰五月，皇太孙朱允炆即位，下诏次年改元建文，是为明惠宗（建文帝）；援引遗诏，禁止诸侯王参与朱元璋下葬。诸侯王极为不满，认为这是兵部尚书齐泰在离间宗室关系。

六月，周王被废为庶人，迁至云南蒙华（大理）。本月，户部侍郎卓敬密奏削藩，但是不报。藩王相互煽动，流言散布。建文帝深以为忧，与齐泰、黄子澄等人商议。建文帝为储君时，曾因藩王不逊而与侍读、太常卿黄子澄商议，黄子澄以西汉七国之乱进行安慰。此时，齐泰提出燕王朱棣手握重兵，素有大志，应当先削；黄子澄则认为燕王预谋已久，难以处置，应当先削周王，剪除羽翼。于是，建文帝命曹国公李景隆突袭河南，押解周王一家进京，削爵远迁。

十一月，因有人告发燕王、齐王谋反，建文帝任命工部侍郎张昺为北平布政使，都指挥使谢贵、张信为北平都指挥使；又命都督宋忠屯兵驻开平，调走北平燕王所属部队。

十二月，前军都督府断事高巍提出反对仿效晁错进行削藩，而应当仿效主父偃推行推恩令。建文帝嘉奖但不用。

到了这个剑拔弩张的地步，推恩令已经不现实了。

一三九九年正月，燕王朱棣装病，派三子替自己入京；结果王府长史葛诚告发朱棣装病。二月，燕王朱棣入京，行皇道入，登陛不拜。三月，还国。

四月，因朱元璋小祥（周年祭），燕王再派三子代替自己前往京城，结果被黄子澄主张麻痹朱棣而被建文帝放回。

建文帝君臣真是谜之操作。燕王朱棣只有三子成年，而且三子都是王妃徐氏所出。

同月，三位藩王被削爵。湘王被人告发伪造钞票以及擅自杀人，建文帝下令严斥，派人押解进京；湘王不甘受辱，阖宫自焚而死。齐王被人告发暗中密谋，被招至京城，废为庶人，与周王禁锢在一起。代王被幽禁在大同，废为庶人。

湘王真是刚烈无比。

七月，燕王朱棣起兵。齐泰等人通过审讯燕王使者，得知燕王有意谋反，于是密令张昺、谢贵、张信逮捕燕王。结果，张信将此事告知燕王，燕王与谋士道衍经过谋划，七月初四将张昺、谢贵杀死，控制北平。至十六日，攻破怀来，击杀宋平。随后，朱棣援引《皇明祖训》，以诛杀齐泰、黄子澄为名，提出"清君侧，靖国难"，宣布起兵。七月底，扫平北平附近官军。

燕王毕竟是过去近十年中的明军北伐主帅之一。

同时，谷王因封地宣府（张家口）距离太近而逃回京师。八月，因齐泰等人顾虑辽王、宁王可能支持燕王，于是建文帝下令召回，结果辽王自海路返回南京，宁王拒绝而被削护卫。此外，甘肃的岷王因被西平侯沐晟告发不法，削去护卫，废为庶人，贬至福建漳州，旋即召回南京被禁锢。同时，代王在大同打算起兵声援燕王，结果被平无果。

朱元璋给建文帝留下的顾命大臣，目前最流行的说法是齐泰、黄子澄、方孝孺；但是结合实际情况来看，齐泰是顾命大臣，但黄子澄应该只是皇太孙宫中的储才而已，方孝孺更只是一个朱元璋留下的道德文学之士。可能是因为长期侍奉建文帝的缘故，黄子澄得以后来居上，比齐泰更受建文帝依赖；方孝孺主要是起草奏章，本身并不重要。此外，笔者个人认为，朱元璋留下的顾命除了齐泰，至少还有驸马梅殷（娶朱元璋次女、马皇后所出的宁国公主）。

笔者个人非常鄙夷建文削藩的手法。一方面，削藩太急。朱元璋去世次月就动手，不到一年就涉及四王，实在是有违传统礼法和人情纲常，而且考虑到朱元璋晚年对藩王的安排，可以判断建文帝削藩一事自提上议程到实施，也就月余。另一方面，手段下流。周王是突袭被执，湘王被训斥、遣使押解而阖宫自焚，齐王代王也没有经过正规手续昭告罪行，尤其是跟朱元璋每每昭告天下相比，实在显得很没有水平，连基本的师出有名、明正典刑都做不到。

因此，笔者甚至认为建文削藩更多的是建文帝登基以后出于某些原因而对叔叔们的猛烈报复，特别是对有可能参与夺嫡的叔叔的报复。燕周齐湘代恰好是朱元璋在世最年长的五位皇子，不受波及的两位则是楚王和蜀王；值得一提的是，楚王之女清湘郡主下嫁耿炳文侄子耿璿，极有可能是太子党，蜀王代王谷王都为郭子兴之女郭惠妃所出，显然没有夺嫡的能力，所以代王被幽禁封地而非京城，谷王丢失封地也没被深究（结果埋下隐患）。

至于在削藩过程中，建文帝君臣的表现，笔者也是无力吐槽。黄子澄几乎每一个与齐泰不同的政见，都是显而易见的错误，但是每一次都会被建文帝采纳；齐泰的主张谈不上高超，但是在建文帝稳坐君位的情况下，可以稳稳地将燕王拿下。特别是发动削藩以来，理应先把燕王拿下，以免坐失良机，给燕王积蓄力量的机会，结果一系列削藩下来，笔者觉得建文帝不但更加被动，而且在大臣心中失分不少。

真定之战

一三九九年七月，燕王反书送抵京城，建文帝废其为庶人，并以长兴侯耿炳文佩大将军印，率军北伐；在黄子澄建议下，又命安陆侯吴杰，江阴侯吴高，都督都指挥盛庸、潘忠、杨松、顾成、徐凯、李文、陈晖、平安等，率部并进。大军出征之际，建文帝告诫诸军将士"毋使朕有杀叔父名"。

"毋使朕有杀叔父名"，使得军前将士不敢围攻燕王，以免秋后算账，所以朱棣虽然屡屡以骑兵陷阵，但都完璧而还。

八月，真定之战爆发，耿炳文大败。本月十二日，耿炳文率三十万大军抵达真定，徐凯率军十万屯兵河间，潘忠率数万军驻莫州，杨松率军九千为先锋驻扎雄县。朱棣大将张玉经过侦查，提出先攻破潘忠、杨松，获得朱棣采纳。十五日，北军攻克雄县，旋即伏击潘忠。随后，耿炳文部将张保投降燕王，指出耿炳文三十万大军中，先行出发的十三万人，分营滹沱河南北。于是，燕王遣回张保，散布潘忠、杨松战败消息，打击南军士气，并吸引耿炳文将河南所部移到河北。二十五日，朱棣抵达真定，得知耿炳文集中兵力在河北，于是率军出击，双方激战。北军朱能、张玉等人率军在前，朱棣以奇兵绕后，循城夹攻，击破南军战阵，斩首三万有余。耿炳文撤回真定防守，朱棣攻城三日不克而还。随后，在黄子澄的建议下，建文帝征调天下五十万大军，改由曹国公李景隆为主将，召回耿炳文。齐泰反对无果。

真定之战，南军败而北军胜的原因大致有两点。一方面，从编制、战力、指挥、作战经验等方面来看，北军都远胜南军，所以南军的军力优势难以发挥，特别是耿炳文在诸军不齐的情况下还分兵两营，给了朱棣各个击破的机会。另一方面，作为长期参与北伐的塞王，朱棣极其精通骑兵战术，广阔的华北平原为其提供了便利的地理条件，再加上又是指挥旧部、占据人和，所以可以完成绕后夹击等战术动作；相反，耿炳文擅长守城，特别是守水城，陆战、野战是其短板。

真定之战最大的影响不是朱棣暂时站稳脚跟，也不是南军士气受挫，而是耿炳文不再掌军。自洪武二十二年傅友德最后一次带兵开始，燕王等塞王就已经成为事实上的明初第三代军事将领，到建文年间正是当打之年，所以想在正面击败朱棣是一件非常困难的事情（能在野战中和朱棣争雄的平安等人也是燕王旧部）。在建文君臣不愿意持久战且此时尚看不出持久战必要性（济南保卫战后才默许铁铉和盛庸采取此策略）的情况下，身兼明朝开国元勋又是朱标亲家的耿炳文是极为合适的南军主帅，能力、资历、战绩、经验都足以服众，而且还不会被南京中央猜忌或者怀疑。所以笔者非常质疑明史中有关耿炳文此时被免、后在永乐初年自杀的记载。恰好在整理本节时，笔者发现顾诚（明史专家）曾经考证出来耿炳文是死在真定之战中，所以才会临时换帅。

白沟河之战

九月，镇守辽东的江阴侯吴高与耿瓛（耿炳文之子）、杨文帅围攻永平；同时，李景隆抵达德州，沿途收敛耿炳文残部，并征调各路军马五十万，在河间设营。燕王朱棣听说后，发布演说，指出李景隆不过竖子，寡谋而骄，色厉而馁，犯了上下异心、军备不足、孤军深入、赏罚不行、好谀喜佞等错误，决定亲自率军去救援永平，吸引其攻打北平，以便回师时将其一举击败。随后，燕王朱棣率军疾行至永平，吴高只得退保山海关；朱棣又施离间计，结果建文帝上当，吴高被削爵流放广西，杨文戍守辽东；耿瓛又多次要求进攻永平，撼动北平，不听。

十月，燕王朱棣兼并宁王所属朵颜三卫。朱元璋诸子，燕王善战，宁王善谋，两人曾在巡边时有过接触，燕王朱棣对朵颜三卫的骁勇印象深刻。扫平永平后，燕王率军攻克大宁，与宁王叙旧，趁机将其挟持，拥入关内，并暗中交好朵颜三卫首领，获得其拥护。

李景隆被任命为主帅居然会让朱棣极为高兴并公开发布演说，旋即朱棣施反间计解除辽东牵制，北上大宁兼并朵颜三卫，可见两人知之甚详，交情匪浅。

同时，李景隆趁燕王率军攻打大宁，设下九座垒寨，围攻北平；燕王世子朱高炽坚守，屡屡击退南军。期间，南军都督瞿能本已率精骑，杀入张掖门，但是李景隆不愿其夺得大功，而将其召回；结果北军立即往城上浇水，形成冰盖，使得南军无法进攻。

十一月，燕王朱棣返回，趁李景隆兵力调动的时机，以奇兵左右夹击，连破七营，进逼李景隆大营；北平也开门出兵，内外交攻。李景隆不能坚持而逃走，结果诸军溃散，退至德州。黄子澄听闻李景隆战败，隐匿不报，并推脱李景隆以天寒为由退兵德州。

随后，燕王上书自辩，要求诛杀齐泰、黄子澄。十二月，建文帝针对燕王奏疏，暂罢兵部尚书齐泰、太常寺卿黄子澄二人职务，但是依旧允许他们负责指挥作战。同时，为了防止李景隆明天春天大举反攻，燕王率军出紫荆关，收降广昌。

一四〇〇年正月，燕王收降蔚州，进攻大同；李景隆被迫率军从紫荆关援救大同，结果北军从居庸关撤回北平。南军沿途冻死者甚众，冻掉手指的士兵十有二三，丢弃的军装不可胜数。

四月，李景隆在德州集结大军，率军北伐，命保定附近的武定侯郭英、安陆侯吴杰等人在北沟河与大军合势同进。北军大将张玉先行前往白沟河屯兵，以逸待劳。此外，建文帝担心李景隆轻敌，又命魏国公徐辉祖率京军三万殿后，星夜前往支援。

二十四日，李景隆及郭英、吴杰等人合军六十万，号称百万，在白沟河严阵以待，又以大将平安率精兵万骑游击；结果，燕王朱棣失利，被杀甚众，被迫退却。由于李景隆等人在背后埋藏地雷，燕王朱棣被迫从三骑殿后，并迷失方向，最后通过辨别河流流向才撤回大营。

次日，双方再次大战。北军趁早渡河完毕后，瞿能、平安就击破北军房宽部，燕王被迫率军突击，次子朱高煦率张玉等人齐头并进。燕王先以骑兵突击，且进且退，往返百余次，但是损失惨重；朱高煦见事态紧急，率军数千前往救援。此时，南军士气大胜，瞿能大呼灭燕，却突然卷起一阵旋风，吹断南军将旗；燕王趁机反击，南军大败。最终，南军被杀死者十余万，李景隆单骑逃回德州，只有殿后的魏国公徐辉祖全军而还。

五月，北军围攻济南。本月，李景隆放弃德州，前往济南；北军占据德州，获得大量补给。同时，燕军再次追击李景隆，在济南城下再次大败其十余万人，随后攻城；但是山东参政铁铉坚守。

随后，铁铉先后采取诈降、设伏、摆放牌位等方式；同时，建文帝遣使求和，又命平安袭扰河间北军粮道。八月，燕王朱棣在道衍的劝说下撤军北平。随后，铁铉与盛庸北上追击，大胜，收复德州。九月，铁铉升山东布政使、兵部尚书、赞理大将军军事，左都督盛庸为大将军、历城侯、总平燕诸军北伐。

十月，李景隆因白沟河战败被召回南京，予以赦免。

由此，南军主将换为盛庸、铁铉。

同时，燕王朱棣担心盛庸北伐而打算攻取沧州，为麻痹南军，以征辽东为名，取道天津，在直沽沿河南下，一昼夜疾行三百里，攻克沧州。十一月，北军在长芦渡河；盛庸袭击后军不胜；随后，燕王又率军抵达汶上，掠夺济宁，盛庸、铁铉率军尾随，屯兵东昌。

十二月，北军抵达东昌，盛庸、铁铉等人背城而战，准备大量火器毒弩，结果北军骄敌而被火器重创。南军平安又率军抵达。燕王率骑兵进攻南军中军被围，幸好被朱能救出，但张玉因入阵救援而被围杀。结果，北军大败，被杀万余人。

一四〇一年正月，东昌捷报抵达南军，齐泰、黄子澄官复原职。

东昌之战打破了北军不可战胜的神话，而且击杀了北军第一大将张玉，战略意义可想而知。

二月，在道衍的建议下，燕王朱棣再次南征，并决定趁南军盛庸以二十万人驻扎德州、吴杰平安分别驻扎真定，先行击破盛庸。

三月，夹河之战爆发。本月，因探知盛庸动向，北军在夹河设营。二十二日，双方遭遇，燕王朱棣以三骑观阵，盛庸只得以骑兵驱赶。随后，朱棣以大军进攻盛庸左翼无果，但是北军大将谭渊主动出击，吸引南军火力而被围杀，朱棣、朱能趁机猛攻盛庸后军。最终，双方天黑罢兵。次日，双方再次交战，北军在东北，南军在西南，双方互有胜负，突然大风起，有利北军，南军顶风作战，因而大败，盛庸撤回德州。

闰三月，建文帝再次下诏贬职外放齐泰、黄子澄，以此答复北军，但是实际上是命其外出募兵。

随后，藁城之战爆发。驻守真定的吴杰等人本意从与盛庸会合，但是听闻盛庸战败而撤回真定。燕王为诱使吴杰出城，下令大军四处取粮，并派间谍告知吴杰。结果吴杰上当出兵，燕王趁机迎击。初九，双方在藁城相遇，结果北军再次被南军重创，燕王军旗都被射满弓箭。次日，双方再战，结果又起大风，吹倒房屋，拔起树木，南军因此大败，吴杰、平安逃回真定，坚守不出。

四月，北军继续南下，掠夺大名一带。同时，燕王以齐泰黄子澄已经被贬为由，上书谈判。但是盛庸吴杰平安等人分兵骚扰北军粮道。五月，燕王遣使南京，指责南军不遵守议和；结果在方孝孺的建议下，建文帝斩杀使者。燕王大怒，分兵袭扰南军，打算困死德州。六月中旬，北军小部抵达沛县，焚烧大量粮食，南军损失数百万石。随后，双方继续相互袭扰，平安在真定偷袭北平无果，方孝孺离间朱高炽、朱高煦失败，盛庸调大同协助威胁保定、真定迫使朱棣回援。十月，北军返回北平，十一月，击退攻打永平的辽东杨文等部。

虽然遭受了东昌之战的失败，但是朱棣在白沟河、夹城、藁城大败南军，整体局势仍然占优。不过，之所以能够三战三捷而且全身而退，除了朱棣出色的个人能力以及北军相对占优的军力以外，还跟建文帝"毋使朕有杀叔父名"以及莫名其妙的三场大风有关。虽然春季北方风沙大，但是偏偏三场战役都有大风相助，实在是有些太过巧合。

直取南京

一四〇一年十二月，燕王朱棣在道衍的建议下，决定不再与盛庸、平安等人在山东缠斗，直扑南京。

一四〇二年正月，北军在馆陶渡河，相继攻陷东阿、东平、沛县，月底先锋抵达徐州。建文帝任命魏国公徐辉祖率军救援山东。二月，北军在徐州附近劫取粮食，并击败徐州守将，结果徐州不敢出城再战。三月，北军逼向宿州，又转向涡河，在淝河伏击平安，取得大胜；随后，燕王又去切断徐州粮道，与铁铉等人交战，互有胜负。

四月，灵璧之战爆发。本月，双方在睢水之小河交战，结果双方交战，北军损失惨重；燕王又打算趁夜劫营，结果遭遇徐辉祖援军。二十二日，双方再次在齐眉山交战，南军大胜。次日，北军将领因接连战败、天气炎热而要求北上，结果朱棣不同意，加之朱能支持，所以北军继续坚持。同时，明朝中央因为谣传取得大胜而召回徐辉祖。二十五日，南军主将陈性善移营，与平安合兵灵璧坚守，二十七日被朱棣袭击而败。因为缺粮，南军决定在二十九日突围而出，号令为三声炮响；恰好，燕军决定次日进攻灵璧，也是约定三声炮响。结果南军误以为是己方下令而溃散，北军取得大胜，陈性善、平安等人被俘。

五月，朱棣在泗州谒祖陵；建文帝在吕太后建议下，派庆阳公主（朱元璋侄女）求和，被拒，于是在方孝孺的建议下，烧尽江北船只，利用长江阻挡北军。

六月初三，朱棣调集高邮、通州、泰州等地船只在瓜州渡江，并命前来会合的次子朱高煦抵挡盛庸；初六，收降镇江；初八，屯兵龙潭。

初九和初十，建文帝分派李景隆和谷王、安王议和，燕王朱棣要求交出奸臣，因而双方议和无果。十二日，因外出募兵的文臣未归，建文帝只得以诸王和武臣戍卫各门。十三日，燕军抵达金陵；左都督徐增寿充当内应事发，被建文帝亲自诛杀于左顺门；可不久，驻守金川门的谷王和李景隆开门迎降；徐辉祖与北军交战战败。其他文武纷纷归降。十六日，北军诸将上表劝进。十七日，朱棣入宫，结果被学士杨荣拦下，在杨荣的提醒下，朱棣先谒孝陵，然后即位为帝，是为明太宗。

朱棣的庙号有两个，嘉靖以前为太宗，嘉靖时改为成祖。笔者个人认为太宗更为合适，所以为了行文方便，除了大礼议以外，别的章节都为太宗。

在此期间，建文帝关闭宫门，纵火焚烧。数日后，朱棣才派人救火，同时清理皇宫，内侍、女官多被杀。此外，将灰烬中的建文帝尸体以天子之礼下葬。

虽然明史记载建文帝殉国，但是实际上古往今来的史家绝大多数都认为建文帝逃走。因为现有材料过于零星分散，所以只能证明建文帝或去过，或伪造自己去过贵州、云南、福建、湖北、汉中等地，至于其终老，则有蜀滇（《明史纪事本末》等）、福建浙江（近代研究）等几种说法；同时，因为建文帝下落不明，所以有人认为郑和下西洋便是明太宗为了搜寻建文帝下落、震慑西南诸夷以及中南半岛的举措，至于胡濙探访张三丰更是此理。

七月初一，明太宗在南郊大祀天地，革除建文年号，称为洪武三十五年，次年改元为永乐，恢复建文以来所有变动的祖宗成法。

期间，齐泰、黄子澄、方孝孺等人被杀，株连甚广。明太宗进南京前，道衍曾指明方孝孺会不降，但是要求网开一面，否则"天下读书种子绝矣"；明太宗入城后，要求方孝孺草诏即位，先后以国赖长君、周公辅政为例进行游说，结果被其以成王安在、建文帝有弟驳倒，继而被杀。

八月，新归降的左都御史景清试图行刺太宗，失败被杀、族灭，明太宗又命勘查其家乡，相互株连，称为"瓜蔓抄"，结果村子被夷为废墟。

燕王朱棣进京时，曾罗列建文大臣二十九人：太常寺卿黄子澄，兵部尚书齐泰，礼部尚书陈迪，文学博士方孝孺，副都御史练子宁，礼部侍郎黄观，大理少卿胡闰，寺丞邹瑾户部尚王钝，侍郎郭任、卢迥，刑部尚书侯泰，侍郎暴昭（应为尚书），工部尚书郑赐，侍郎黄福，吏部尚书张紞，侍郎毛太（泰）

亨，给事中陈继之，御史董镛、曾凤韶、王度、高翔、魏冕、谢升，前御史尹昌隆，宗人府经历宋征、卓敬，修撰王叔英，户部主事巨敬这份名单在《明史纪事本末》等材料上都是二十八人，疑似漏掉一人。他认为以上诸人为奸臣，将其捉拿者一律升官三级或二级。

为了便于分析，笔者先说明一下自己对传说中铁铉和方孝孺遭遇的看法。笔者个人认为，铁铉应该是凌迟而死，长子戍边（或者诸子），全家流放海南；而非传说中，与明成祖对骂，因而被割下耳鼻塞入口中，下了油锅，至于妻女罚没教坊司也应只是传闻。方孝孺被族灭，其间株连者甚广，但是并没有所谓的十族之说。之所以有此判断，一方面是因为这些材料都是爆发性地在明朝中后期出现，另一方面则是因为这些行径不符合朱棣当时的政治需要。

明太宗大开杀戒，有着必然原因。因为明太宗的旗号是靖难，所以必然要处置以齐泰、黄子澄、方孝孺三人为主的建文旧臣；三人之外，同时还要处置的包括在靖难过程中，直接参与谋划除掉燕王，或者在野战中消灭北军的大臣。此外，为了保证舆论管制以及个人权威，明太宗也必须要除掉那些曾为建文帝谏言削藩平燕的人。至于那些受命于中的武将，反而不在追究之列，例如盛庸、平安、何福、顾成，当时都未被深究（但是数年后都被逼自杀；此四人便是《明史·列传第三十二》中所写）。

实际上，被明成祖处置的建文大臣，也就只有这些人，即建文死党齐泰、黄子澄、方孝孺以及为建文帝谏言平燕的练子宁等人（《明史·列传第二十九》），以及参与平燕的文臣以及期间战死的武将，即铁铉、兵部尚书暴昭、灵璧南军主将陈性善、北平守将张昺宋忠等人（《明史·列传第三十》）。但是，后世为了突出明太宗的暴虐，又将为建文帝殉国之人的死，算在了明太宗头上，例如因相貌不佳而错失状元的王艮，隋唐以来第一个连中六元的黄观（《明史·列传第三十一》）。实际上，但凡起兵交战，双方都会罗列对方要员名单，以示追究，但是往往只是做做样子，如非不可赦免，则都不会苛责，比方说在明太宗二十九人名单当中，张紞、王钝、郑赐、黄福、尹昌隆请降之后都过得好好的，不降的徐辉祖更只是被软禁而已。

笔者个人对明太宗屠戮建文大臣的看法很简单，就是正常地清算建文帝的拥护者而已。因为建文帝逃脱在外，形势并不明朗，所以明太宗需要在最短的时间里稳定局势，树立自己的权威和合法性，因而对坚决不合作的建文旧臣采取肉体毁灭，但凡合作的都网开一面。

至于方孝孺，笔者想多说两句。一方面，方孝孺能得到明初两大政治家朱元璋和道衍的青睐，绝不仅仅只是因为他孝行可嘉、文才出众的缘故，还因为其出自宋濂门下，其才学被同辈认可，成为文人榜样，象征意义巨大的缘故。所以朱姚二人看中的是其影响力而非能力，他的立场对舆论有着极大的影响。另一方面，方孝孺被杀以及株连扩大化，也跟方孝孺自身的宗师身份以及建文帝下落不明有关，加之攻克南京实属侥幸、心悸犹存，所以明太宗才不忌惮杀人，而且是大杀特杀。

九月，明太宗大封靖难功臣三十一人，其中丘福为淇国公，朱能为成国公。

一四○三年四月，明太宗再增封靖难功臣九人。

同年，盛庸致仕，旋即被都御史陈瑛弹劾，自杀；长兴侯耿炳文也被刑部尚书郑赐、都御史陈瑛弹劾衣服器皿使用龙凤纹，因而自杀，三子被牵连而死；武定侯郭英老死于家中。

一四○四年，曹国公李景隆也被陈瑛弹劾，下狱削爵。

靖难功臣合计四十位，其中国公两人，分别是淇国公丘福和成国公朱能。第一批剩下的分别是成阳侯张武、泰宁侯陈珪、武安侯郑亨、保定侯孟善、同安侯火真、镇远侯顾成、靖安侯王忠、武城侯王聪、永康侯徐忠、隆平侯张信、安平侯李远、成安侯郭亮、思恩侯房宽、兴安伯徐祥、武康伯徐理、襄城伯李浚、新城侯张辅（荣国公张玉之子）、新昌伯唐云、新宁伯谭忠（崇安侯谭渊）、应城伯孙岩、富昌伯房胜、忻城伯赵彝、云阳伯陈旭、广恩伯刘才、忠诚伯茹瑺、顺昌伯王佐、平江伯陈瑄，以及定国公徐增寿和永春侯王宁（这两人支持燕王而被杀或）。第二批九人分别是广平侯袁容、富阳侯李让、丰城侯李彬、宁阳伯陈懋（泾国公陈亨之子）、武义伯王通（金乡侯王真之子）、清远伯王友、荣昌伯陈贤、安乡伯张兴、遂安伯陈志。其中，广平侯袁容、富阳侯李让是燕王仪宾，迎娶明太宗长女和次女。

此后，因为北伐蒙古以及南征安南，明太宗又陆续封十四人为侯伯，分别是永乐三年的永新伯许诚、西宁侯宋晟，六年的安远侯柳升、建平伯高士文，七年的宁远侯何福，十年的恭顺伯吴允诚（把都贴木儿，蒙古人），十七年的广宁伯刘荣，十八年的安阳侯郭义、阳武侯薛禄、会安伯金玉、永顺伯薛斌（脱欢，蒙古人），二十年的武进伯朱荣、安顺伯薛贵（脱火赤，蒙古人），二十一年的忠勇王金忠（也先土干，蒙古人）。

总的来说，明太宗对公侯伯不似朱元璋忌惮。不久，张辅和沐晟凭借征讨安南，分别加封英国公和黔国公，而后丘福因为北伐惨败战死而被废爵，所以终大明一朝，只有南京的魏国公徐辉祖（未被废爵，子孙承袭），北京的英国公张辅、成国公朱能、定国公徐增寿（子孙承爵），云南的黔国公。算上英成定，永乐年间的公侯伯，得以承袭的有三十二位，而且还有若干承袭锦衣卫等职务。

靖难之役是古代中国主要朝代和政权中，唯一一次藩王作乱成功的案例。之所以能够成功，大致原因有三点。首先，北军的军事素质除了数量上不占优势以外，在主将、军心、经验、装备、兵种等方面全面压制南军，所以北军能屡屡化险为夷，败中求胜。其次，建文帝君臣既没有发挥自身的兵力和经济优势，困死北军，也没有利用自身的合法性去分化瓦解北军，反倒是通过"毋使朕有杀叔父名"等一系列蹩脚举措自掘坟墓。最后，朱棣有莫名其妙的好运气，姑且不说建文帝给的免疫弓弩刀剑的金钟罩，单就三场大风以及三声炮响的诡异事件，就已经是古代战争史上独一无二的奇迹了。

但是，笔者个人认为，靖难之役非常诡谲的一点是，建文帝和燕王都默认了一件事情，即燕王率军进入北京即改朝换代。在这一默契上，才会出现燕王孤注一掷直插南京，全不顾即便攻克南京也有可能出现的建文帝出逃并号召天下勤王、铁铉盛庸等人或尾随包夹或袭取北平的情况；亦才会出现，建文帝成功出逃，随即隐姓埋名、藏身僧舍，在外募兵大臣回京受死的怪异局面。藩镇作乱在古代中国屡见不鲜，西晋、大唐、南宋都出现过多次君主被迫逃出京师躲避叛军兵锋的情况，但是都立即组织力量反击并最终胜利；偏偏靖难之役中，燕王入京后军事行动便宣告结束。

在此期间，行政集团的态度就更值得玩味。笔者个人认为，此时的明朝行政集团采取了对战争本身非常消极的态度。靖难之役前后跨度长达四年，但是除了山西、河北、山东、辽东四镇以外，其他各地反而陷入了一种非常诡谲的沉默状态，仿佛什么事情都没有发生。个中原因，笔者认为关键在于此时的明朝行政集团经过了朱元璋的长期打压，始终被排除在权力体系之外，所以明朝各级政府对燕王作乱既谈不上支持也谈不上反对。因此，靖难之役在燕王站稳脚跟难以被消灭后，便不再是中央与地方的矛盾，而是明朝政治力量围绕权力的竞争，即燕王入京等同于宣布建文帝下野，双方都可以说是有合法性，也都可以说是没有合法性，这与南北朝晋安王与宋明帝之间的竞争有本质区别。

　　再结合靖难之役过程中其他各方力量的表现，笔者个人认为，靖难之役与其说是藩王作乱，倒不如说是势单力薄的少年君主（实为第三代）与宗室、勋贵的对抗。洪武初年的政治力量，应该只有朱元璋、勋贵集团和被排除在权力之外的行政官僚集团；朱元璋通过三十年的努力，一方面积极扶植太子和宗室，另一方面则将军事勋贵集团打残；结果朱元璋后期，太子、太孙便和宗室开始了竞争和冲突，朱标不明不白的死因，秦晋周三王的小动作，造成了明惠宗上台之后便开始建文削藩，双方矛盾迅速激化，宗室仅存的潜在威胁——燕王起兵靖难，残存的洪武勋贵中除了没有表现的凤翔侯、远在云南的西平侯，剩下六个（信国公没有袭爵）都支持建文帝。但是随着时间推移，耿炳文、郭英、吴良、吴杰、李景隆先后受战败影响而被贬，魏国公徐辉祖因为妹妹为燕王妃而备受猜忌，所以实际上变成了势单力薄的建文帝对抗有宗室和勋贵支持的燕王朱棣。孰强孰弱，一目了然；再算上建文帝自废武功，无法调动庞大的全国行政系统为自己服务，孰胜孰负，不言自明。

第四章 永乐仁宣

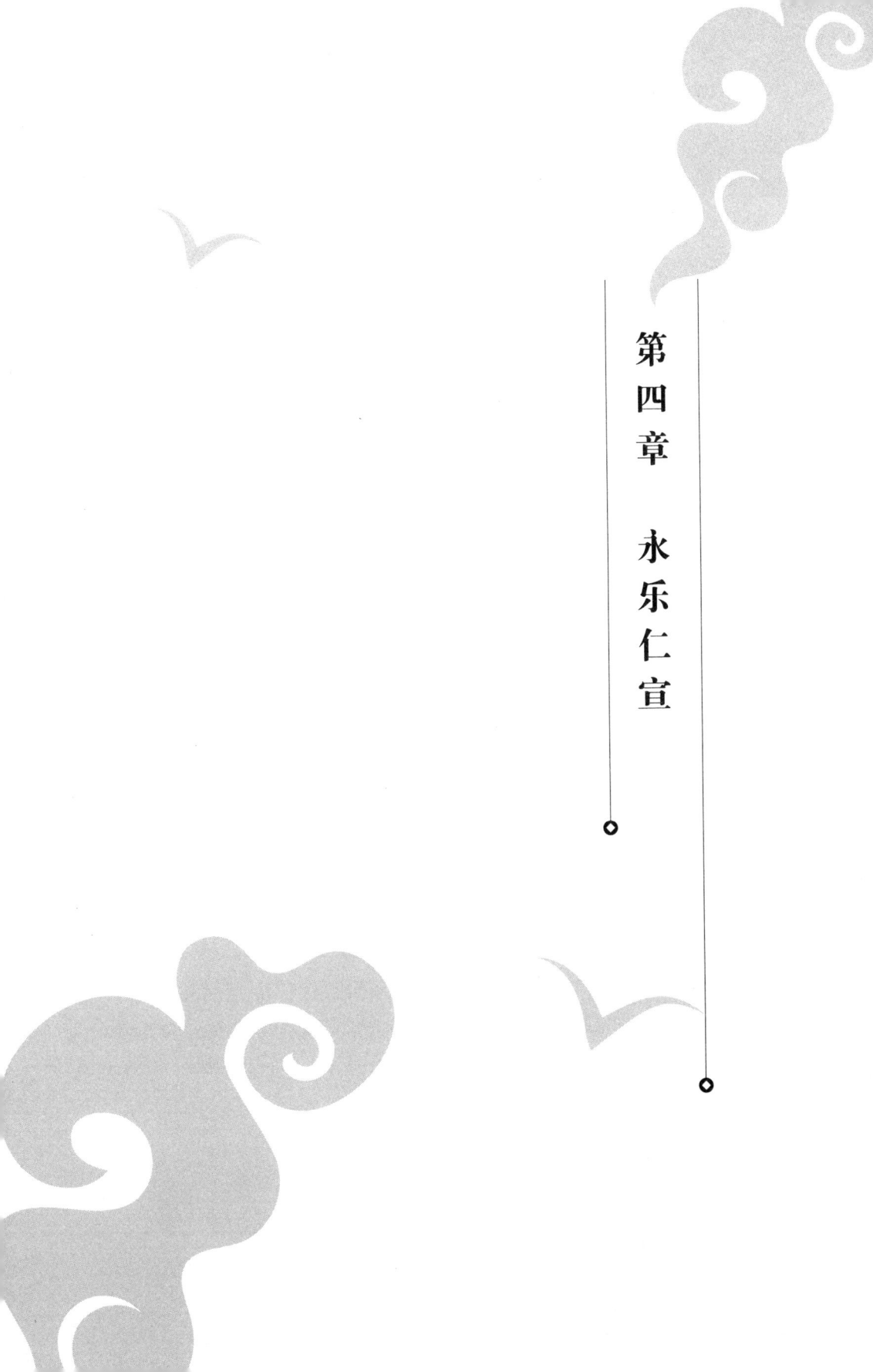

靖难之役后，明朝经历了明成祖、明仁宗、明宣宗三位君主的治理，继续呈现洪武盛世，分别被史家称为永乐盛世和仁宣之治。这三位君主的共性除了都是年长即位以外，也都多倚重蹇义、夏原吉等人，同时扶植内阁作为参谋。

三征安南

一四〇〇年，越南内乱，权臣胡季犛废陈少帝自立，改名胡一元，建立胡朝，国号大虞。不久，胡一元让位，其子胡汉苍即位。但是陈朝接受明朝册封，为免明朝起疑，胡一元于一四〇三年四月遣使南京，假称陈朝宗室绝嗣，自己以外甥的身份继位；明太宗遣使考察，没有察觉，因而封其为安南国王。

一四〇四年八月，陈朝遗臣入京控诉，旋即又有自称是陈朝宗室的陈天平经老挝入京申诉。明太宗命安南使臣与陈天平见面，结果相见后，安南使臣纷纷下拜，于是明太宗遣使谴责越南。胡一元承认实情，要求迎归陈天平。

一四〇五年二月，明朝又遣使越南，要求归还其所占领的禄州等地；年底，明太宗以布恩怀远为由，拒绝西平侯沐晟出兵征讨的建议。

一四〇六年三月，明朝派五千军护送陈天平返回越南即位，结果入境之后被胡朝伏击，陈天平被凌迟。

明朝与越南的冲突其实不可避免。自古以来，中原对广西云南南部的控制力非常有限，多为设置土官安置酋长羁縻拉拢，但是又因为临近越南的缘故，这些土官酋长又与之有着种种联系，很容易引起中原猜忌。加之越南统一后，只有向南攻打占城和向北劫掠广西云南两种选择，所以中越边境一直不宁。不过，越南史料对陈天平的身份持怀疑偏否定态度，认为其实为家奴冒认，暗示是中国谋求入侵越南。

七月，明太宗加封朱能为征夷将军，率左副将军沐晟、右副将军张辅，率军八十万征讨。十月，朱能在途中去世，张辅接替掌印。十二月，明军以火器等大败胡朝象兵，攻克多邦、升龙。

一四〇七年三月，张辅、沐晟追至胶水县（越南南定），又佯退至咸子关，在富良江设伏大败越军，斩首数万人。五月，胡氏父子被俘；明朝接管越南全境。六月，明朝以陈朝子孙被胡朝杀尽为由，在越南设置交趾都指挥使司、交趾等处承宣布政使司、交趾等处提刑按察使司。

一四〇八年三月，张辅等人班师。七月，明太宗论平交趾功，新城侯张辅升英国公，西平侯沐晟升黔国公，丰城侯李彬、云南侯陈旭增禄，清远伯王友进封清远侯，都督佥事柳升封安远伯，战死都督佥事高士文追封建平侯，并子孙世袭。

此即一征安南。这是明太宗即位以来，第一次大规模的用兵行动，越南进入第四次北属时期（一四〇七年至一四二七年），张辅、沐晟因此晋升公爵。

八月（一说十月），陈氏后人陈頠等人发动叛乱，自称"简定帝"。十二月，沐晟与之在生厥江大战战败，明朝兵部尚书陈洽被围自尽；于是，明太宗又派张辅、王友，率军二十万，再征安南。一四〇九年三月，叛军分裂，一部拥立陈季扩（自称陈氏后人）为大越皇帝，即重光帝。八月，张辅抵达交趾，在咸子关、大平海口等处取得大胜，并在美良山俘虏简定帝，将其送往京师处死。一四一〇年正月，明太宗以久战辛苦为由，召回张辅，张辅奏请留下黔国公沐晟，获准。十二月，陈季扩诈降求和，被任命为交趾右布政使，结果劫掠如故。

一四一一年正月，明太宗再派英国公张辅为副将军，与沐晟征讨陈季扩。一四一三年十二月，张辅和沐晟在爱子江大败越军。一四一四年四月，陈季扩被杀（一说被俘后投海）。一四一五年四月，张辅受命镇守交趾。一四一六年十一月，张辅被召回京，丰城侯李彬代为镇守。

此即二征安南和三征安南。简文帝和崇光帝都自称陈氏，所以又被称为后陈朝。总的来说，与一征安南类似，明朝大军势如破竹，接连取胜。不过，越南的风俗文化与中原极为不同，地方豪强酋长势力很强，中原王朝连云桂贵地区的土司尚且不能同化，更何况更加遥远的越南，所以再叛只是时间问题。

一四一八年正月，清化府黎利发动叛乱。李彬一度将其击败，黎利被迫逃往老挝避难。不久，李彬被召回京，荣昌伯陈智接替，结果陈智和兵部尚书掌交趾布司按司陈洽、内官山寿、交趾都司都督方政等人意见相左，无力平定叛乱。同时，黎利采取"先取茶隆，略定义安，以为立足之地，资其财力，然后返旆东都"的战略，逐步建立根据地。

一四二六年十月，黎利进逼河内，在崒洞之役大败明军。十二月，明朝派安远侯柳升为征彝副将军，黔国公沐晟为征南将军，两路征讨安南。

一四二七年九月，柳升抵达交趾，拒绝黎利求和，结果在支棱（谅山）遇伏而死，七万大军全军覆没。王通在崒洞战败后就有心议和，加之柳升战败，于是与黎利议和。十一月，明宣宗加封黎利傀儡陈皓为安南国王，王通率明军撤退。

一四二八年四月，黎利即位，建立后黎朝。

由此，明朝放弃了对安南的领土兼并。明宣宗放弃安南的原因无外乎两点，一是征讨安南得不偿失，于政治、财政而言都是巨大负担，所以叫停；二是明朝迁都北京，整个政治军事重心北移，不愿同时负担南北两线作战。

五征蒙古

一三八九年，为安置管理残元归降的蒙古部落，明朝设置朵颜（内蒙古兴安盟）、泰宁（吉林西部）、福余（嫩江下游）三卫，隶属宁王大宁都司。

一四〇三年三月，明朝改北平行都司为大宁都司，迁至保定，以大宁故地安置三卫。明太宗起兵之后，挟持宁王，获得三卫骑兵支持，所以成功之后，以让地封赏作为酬劳；此即舍弃大宁，设置三卫的缘由。此外，同年，明朝在绥芬河流域设置建州卫，任命阿哈出（赐名李承善）为指挥使。

朵颜三卫又称兀良哈三卫，主要是安置居住在西辽河一带的蒙古部落。但是因为同为蒙古部落，所以兀良哈在臣服明朝的同时，还与蒙古鞑靼、瓦剌（卫拉特）保持联络。后来，泰宁卫演变为翁牛特部，福余卫演变为科尔沁部等，朵颜卫演变为喀喇沁部和东土默特部等。不过需要注意的是，近年来也有观点认为，洪武年间在长城外设立的诸如朵颜三卫等收纳管理蒙古降部的卫所，实际上只是权宜之计，明朝并未建立非常稳定的统治，所以与其说是出于犒赏而舍弃大宁，倒不如说是中原武力衰退之后，无力维系对这一地区的统治而放弃。

同年二月，明太宗遣使第二十一任蒙古大汗鬼力赤，试图交好，无果。十月，蒙古瓦剌部马哈木和北元太保阿鲁台遣人入贡。

捕鱼儿海之战后，阿里不哥后人也速迭儿杀死天完帝父子并自立为卓里克图汗，由此导致蒙古分裂成两部分，即由黄金家族领导的漠南鞑靼和非黄金家族领导的漠西瓦剌。也速迭儿（第十八任大汗，一三八八年至一三九一年）和其子恩克（第十九任大汗，一三九一年至一三九四年）去世后，额勒伯克（第二十任大汗，元昭宗之子）继位。但是额勒伯克与瓦剌交恶，结果在一三九九年被瓦剌所属土尔扈特部鬼力赤（布里牙特·乌格齐）所杀。随后，鬼力赤拥立其子坤帖木儿继位，一四○二年将其杀死，自立为可汗，同时废除大元国号（见于明史，但不见于蒙古历史）。一四○三年二月和七月、一四○四年四月、一四○五年十二月、一四○六年三月、一四○七年十月多次遣使蒙古与之通好，但是鬼力赤一概不理，并于一四○五年毒杀了投靠明朝的元朝肃王安克帖木儿。此外，鬼力赤和阿鲁台合击瓦剌酋长马哈木（或者其父元朝太师猛可帖木儿），使得后者遣使交好明朝。鬼力赤因和马哈木相互猜忌，又非黄金家族后裔而不能服众，最终被阿鲁台所杀；一四○七年年底（亦有一四○六年、一四○八年说法），阿鲁台拥立元昭宗之孙、恩克可汗之子本雅失里为第二十二任蒙古大汗，并继续与马哈木作战。

第四章 永乐仁宣

瓦剌、卫拉特、厄鲁特都是同词异译。相较于明清之交卫拉特蒙古已经形成了以和硕特部为首的四大部联盟（和硕特、杜尔伯特、准噶尔、土尔扈特），明初的蒙古部落情况争议非常大，比方说辉特部在瓦剌早期的地位非常高，但是不知何故而衰落。

一四〇四年，元朝肃王安克帖木儿接受明太宗册封，为忠顺王，负责管理哈密；一四〇五年，安克帖木儿被蒙古可汗鬼力赤毒死，其侄子脱脱被明朝封为忠顺王。一四〇六年，明朝设置哈密卫。一四一一年，脱脱暴死，其堂弟兔力铁木儿被封为忠义王。

在此前后，明朝在河西走廊收降蒙古诸部，设置七个卫所，首领均为蒙古贵族，合称河西七卫。除了羁縻蒙古、收复河西以外，还作为抵御新疆察合台所部入侵的前哨。

一四〇九年正月，明太宗第一次北巡。二月出发，三月抵达北京。四月，遣使蒙古可汗本雅失里，结果本雅失里将使者杀死。五月，明太宗封辉特部把秃孛罗为安乐王，绰罗斯部马哈木为顺宁王，客列亦惕部（克烈部）太平为贤义王。

永乐年间，特别是在塞王内迁后，明朝北方军事防御力量大打折扣。为此，明太宗实行了一系列政策，例如边班（内地军队轮番戍边）、修建长城、定期北巡等。分化瓦解蒙古各部也是非常重要的举措。蒙古各部对黄金家族的推崇和对嫡长子继承制的坚守到了一种匪夷所思的地步，所以在血统不配的也速迭儿到鬼力赤在位期间（一三八八年至一四〇八年），蒙古陷入两部甚至三部的冲突中；此后，蒙古汗位虽然回归黄金家族长子名下，但是往往成为鞑靼部掌权人的傀儡，所以一直内乱不断。与此同时，漠西蒙古也开始统一进程，其间绰罗斯部一度统一各部，成为明朝心腹大患。

七月，明太宗以鞑靼犯边杀使为由，以淇国公丘福为大将军，率武城侯王聪、同安侯火真、靖安侯王忠、安平侯李远,十万大军北征;出师之前,明太宗告诫丘福不要轻敌冒进,也不要追求一战而胜。

八月,丘福出塞,率千余骑先至胪朐河,击败蒙古游兵,乘胜渡河,结果蒙古使用间谍,误导丘福以为本雅失里就在附近;丘福上当,不听李远等人劝谏,不等大军到来,只以轻骑袭击本雅失里,结果被蒙古全歼,五将战死,明军全军覆没。明太宗闻讯大怒,将丘福削爵,全家流放海南岛,并决定亲征。

明太宗为燕王时,张玉、丘福、朱能应该是帐下三大将,在张玉战死后,丘福便是明太宗最依赖的武臣,甚至指派其担任东宫辅臣,教导皇太子朱瞻基(后来的明宣宗)。

一四一〇年二月,明太宗下诏北征,命户部尚书夏原吉辅皇长孙朱瞻基留守北京,胡广、杨荣、金幼孜等人扈从。五月,明军抵达胪朐河(太宗改名为饮马河),得知本雅失里和阿鲁台因意见不同而分头逃脱。明太宗先向西追击本雅失里,在斡难河将其大败。六月,明军又追击阿鲁台至飞云壑,与之遭遇,结果明太宗亲自阵前冲击,将其大败。但是因为天热水乏,明军班师还朝。七月,抵达北京,十月返回南京。

一四一一年十二月,阿鲁台遣使归降并请求管理女真、吐蕃等部,在黄淮"合则难图"的意见下,明太宗予以拒绝。同年,明朝设置奴儿干都司,管辖黑龙江口、乌苏里江流域,治所特林(黑龙江入海口)。

不轻易接受阿鲁台还有一个重要原因就是为了慢待蒙古两部,以免其同时受封,双双看轻明朝。同时,在阿鲁台惨败、朵颜卫名义上归附的情况下,恢复元代辽阳行省的疆域,是顺理成章之事。

一四一二年,明太宗命边将修缮濠垣,加强边防。此后数年又下令修建延边烽火台和要塞关隘、烟墩。

此即明朝大规模修建长城的开始。在击败阿鲁台后,明太宗也选择加筑明城墙，有着特殊的原因。洪武元年时期，明朝就曾加固居庸关、古北口、喜峰口等地的关隘以便大军出击。建文时期又要求宣府至山西大同修筑城垣壕沟，以便拒敌。永乐兴修长城也是从京城西北方向开始。之所以如此，是因为与秦汉匈奴分为三部分别进攻自河西至幽燕全线，明代瓦剌和鞑靼的主要目标都是通过宣府大同进入北京和河北，而非贫瘠的陕甘地区。所以，明代长城除了自辽宁虎山至嘉峪关的六千公里的外边长城以外，还在宣大段增修了大量内边长城以及强化了居庸关、紫荆关、倒马关等关隘。

一四一二年九月，瓦剌顺宁王马哈木击杀本雅失里，改立其子答里巴为第二十三任蒙古大汗（一说汗位空悬三年，一四一五年答里巴才被立为傀儡），自己擅权专政，并大举进攻阿鲁台。

一四一三年春，明太宗再次北巡北京；七月，赦免被瓦剌屡败的阿鲁台为和宁王。十一月，瓦剌大军进驻饮马河。

一四一四年二月，明太宗下诏亲征瓦剌。三月出发，皇太孙朱瞻基随扈。六月初三，明军在三峡口与瓦剌遭遇，旋即获知马哈木距此百里，于是明太宗星夜兼程，初六抵达忽兰忽失温，与瓦剌三万大军交战。蒙军依山俯冲明军，但是明军以火器、火炮迎敌，明太宗又亲率铁骑冲击，明军又左右包夹并配合火器，将其大败。明军追击至土剌河，但因伤亡同样惨重而在初九班师。期间，内侍李谦恃勇，引领皇太孙朱瞻基参与交战，几至危险，明太宗大惊将其召回。八月，大军返回北京。

一四一五年，阿鲁台趁明军刚刚大败瓦剌，趁机袭击，先后击杀大汗答里巴、太师马哈木等人。马哈木之子脱欢拥立鬼力赤之子斡亦剌歹为蒙古第二十四任大汗，同时交好各部，并向明朝称臣。

一四一六年十月，明太宗返回南京。一四一八年春，脱欢承袭顺宁王。

火器这东西其实并不新鲜，成吉思汗统治时期就已经成为常规战术，只是可能没有了中原的支持使得蒙古科技水平倒退，明军使用让马哈木措手不及。实际上，自徐达开始，明代就非常重视火器的使用。经过几代人的完善，明太宗已经提出了非常明确的"神机铳居前，马队居后"的战术思想（笔者甚至认为北京京营三大营就是以此设计的,即步骑混合的五军营,蒙古骑兵为主的三千营,操控火器的神机营)。不过,笔者始终有一个感觉,即明朝初年的火器质量和可靠性有一个持续下降的过程,所以土木堡之变后,神机营基本就退出了历史舞台。

一四一七年,明太宗第三次北巡。一四二〇年十一月,明太宗宣布迁都北京。

一四二一年十月,阿鲁台犯边进攻兴和(元中都,河北张北),明太宗决议亲征。十二月,兵部尚书方宾因反对北伐而惹怒明太宗,惊惧自杀;户部尚书夏元吉也因反对北伐而下狱,险些被杀,幸得杨荣为之宽释。

一四二二年二月,明太宗命英国公张辅等人负责北伐后勤。三月,明太宗出征阿鲁台。阿鲁台听闻北伐,迅速逃走,并佯攻万全,被明太宗识破。七月,明军抵达煞胡原(内蒙古呼伦湖北),阿鲁台放弃辎重北逃,于是明朝收缴其牲畜,焚烧辎重。八月,班师,遣书谕皇太子,颁诏天下。九月,返抵京城。

一四二三年七月,因听闻阿鲁台即将犯边,明太宗下诏主动北伐,在塞外迎敌。八月,明太宗出发,大学士杨荣兼军中机务。九月,明军得知今年稍早阿鲁台被瓦剌所败,故而暂时驻扎。十月,明军抵达宿嵬山口,鞑靼王子也先土干率妻子部属归降,受封忠勇王,赐姓名金忠。随后,明军班师。十一月抵达京城。

一四二四年正月,阿鲁台犯边大同,明太宗决定北伐。四月,明太宗命太子监国,然后北伐,大学士杨荣、金幼孜扈从。旋即,明太宗得知阿鲁台上一年遭受雪灾、损失惨重,听闻明军北伐后逃往答兰纳木儿河(哈拉哈河下游,中蒙界河),准备逃至漠北。于是,明太宗命大军迅速追击。六月,明太宗抵达答兰纳木儿河,结果四处搜索无果,于是下诏班师。

七月,明太宗在榆木川病重去世,召英国公张辅受遗命,传立皇太子。

明太宗北伐名义上有五次,但是实际上只有前两次取得了较大的战果,分别重创了鞑靼和瓦剌,前者只敢犯边骚扰,后者则不再轻易出击,暂时解决了北方边患问题;而后三次北伐虽然在一定程度上也打击了阿鲁台,但是有些得不偿失，而且三年三征对国力损害甚大，因而方宾等人的反对不无道理。

贵州设省

一三八二年正月，朱元璋设置贵州都指挥使司。傅友德平定云南后，元朝任命的水西宣抚使安霭翠、水东宣抚同知宋蒙故入朝觐见，获准袭职；旋即设置贵州宣慰司，隶属四川，安宋两人分别担任正副使。

一四一三年二月，明设贵州承宣布政使司，取消思州宣慰司与思南宣慰司。一四一六年设置贵州提刑按察使司。

元末，思州知州田仁厚归降朱元璋，被任命为思州宣慰使（治岑巩）；但是其堂叔田茂安不服，以镇远、思南归顺明玉珍，被任命为思南宣抚使，后又归顺朱元璋。由此，思州田氏分裂为两家，相争不断。一四一一年，思南宣慰使田宗鼎又与思州宣慰使田琛为争夺朱砂矿而相互攻打，湖南辰州知州黄禧因为私怨也协助思州攻打思南；三人均不听中央调停，明太宗极为不满，命镇远侯顾成率官兵五万讨伐，将三人逮捕。一四一二年，田琛、田宗鼎革职被杀。随后，明太宗将思州、思南取消，隶属贵州。

贵州是最晚设立的省级行政区之一。明初的贵州，大致上是以水西安氏、水东宋氏组成贵州宣慰司（双方势力以乌江为界），然后加上思州田氏的辖区以及都匀、黎平等地；万历年间，播州杨氏叛乱被灭，辖区由四川划归贵州，使得贵州的辖区与今天大致相同。

明代大致继承了元代土司制度，主要是在湘西、贵州、云南、广西、四川设置土司土府，以便羁縻拉拢。主要的土司包括湘西的永保彭氏，贵州的水西安氏、水东宋氏、思州田氏、播州杨氏，广西的泗城岑氏、思明黄氏，云南的丽江木氏土司、景东陶氏土司、元江那氏土司，其中湘西地区流传"思播田杨，两广岑黄"之说，可见其势力强大。

设置内阁

内阁始于明初，起先是君主的咨询机构。为了行文方便及从简，本节只负责讲述永乐仁宣三朝的内阁人事更迭以及重要变化，具体的政务描述分见具体章节。

一四〇二年八月和九月，明太宗命黄淮、解缙、杨士奇、胡广、金幼孜、杨荣、胡俨七人入值文渊阁，担任侍读、修撰、编修、检讨（正六品至从七品）等职，参与政务。十一月，解缙升为侍读学士（从五品），黄淮、胡广为侍读（正六品），其他人为侍讲（正六品）。

此即明朝内阁的起点。一三八〇年九月胡惟庸案后，朱元璋设置四辅官，协助君主处置政务；一三八二年七月，取消四辅官，改设华盖殿、武英殿、文渊阁、东阁大学士，后又增加文华殿，为五品官。建文帝时期改大学士为学士。明太宗即位后，恢复大学士，以备顾问。

一四〇四年四月，解缙晋升为翰林学士兼右春坊大学士（正五品），其他人为庶子、谕德（正五品和从五品）。一四〇七年二月，解缙因为卷入汉王夺嫡而被贬广西，胡广晋升翰林学士兼左春坊大学士。一四一四年闰九月，黄淮、杨士奇因被汉王诬陷而下狱，杨士奇旋即宽宥复职。一四一六年四月，胡广升为文渊阁大学士，杨荣、金幼孜晋升翰林院学士，分别保留坊学、庶子、谕德。一四一八年五月，胡广去世，杨荣掌管翰林院事务。一四二二年九月，杨士奇下狱，旋即释放，恢复原职。

太宗的首辅为黄淮（最先入阁）、解缙、胡广，其他阁员还有杨士奇、金幼孜、杨荣、胡俨；除了胡广、胡俨以外，其他阁员都非常明确地卷入了太子之争，并坚定地支持太子。

总的来说，明太宗设置内阁，原因大致有两点：一方面是面对浩如烟海的政务，明太宗有些难以招架，需要有顾问咨询；另一方面是自一四〇九年开始，明太宗长期征战在外，需要有亲信往返北京、南京以便联络，所以也需要有这一批近臣。明太宗时期，内阁阁员编制上先在翰林院，后在詹事府，但是都是正从五品的官员，而且不是所有人都有大学士的头衔。

在此期间，一四二〇年十二月，明太宗成立东厂（东缉事厂），设在东华门，由宦官负责刺探情报。

设置东厂的原因与设置内阁类似，即明太宗需要更多的手段和途径控制官僚集团。严格意义上讲，此时的内阁和东厂，其实都是君权的延伸，是用以压制相权的工具；但是，内阁阁员的文臣属性，决定了内阁很容易成为相权的一部分，而且永乐中后期还体现出了非常明显的和太子联合的倾向；相较之下，没有生育能力的宦官，只要无法获得脱离皇帝本人的自保能力，则必然坚定地支持当朝君主，所以明太宗才会极为罕见地公然主动打破洪武祖制，授予宦官外朝权力。

一四二四年八月，明仁宗即位，恢复三公、三少，大封功臣。杨士奇同月晋升礼部左侍郎兼任华盖殿大学士，九月晋升少保，十一月晋升少傅，次年正月晋兵部尚书；杨荣同月晋太常卿、保留前职，九月晋太子少傅、谨身殿大学士，十二月加工部尚书；金幼孜同月晋户部右侍郎，保留前职，九月晋升太子少保兼武英殿大学士，次年正月晋礼部尚书；黄淮同月释放出狱，升通政使兼武英殿大学士，次年正月晋升少保、户部尚书。

一四二五年，杨溥任太常卿兼学士，闰七月同治内阁事；光禄丞权谨三月授文华殿大学士，七月致仕。

109

自明仁宗开始，内阁的职名开始与后世无异，逐渐确定了中极殿大学士（华盖殿）、建极殿大学士（谨身殿）、文华殿大学士、武英殿大学士、文渊阁大学士以及东阁大学士六个职务。

三公就是太师、太傅、太保，三少（三孤）就是少师、少傅、少保，分别为正一品和从一品，均无定员，无专授。朱元璋曾设这些职务，但是被建文帝和明太宗废除；明仁宗又将其恢复，其中一个很重要的原因就是为了提高杨士奇等东宫旧人的官衔。此外，东宫三师三少（从一品和正二品）从洪武年间就已经脱离詹事府而成为兼官、加官及赠官，只有永乐年间姚广孝专为太子少师，留辅太子，是唯一的特例。

一四二六年三月，原东宫侍讲张瑛晋升礼部左侍郎兼华盖殿大学士。一四二七年二月，张瑛晋升尚书；户部左侍郎陈山晋升户部尚书兼任谨身殿大学士。

一四二八年，明宣宗命太师、英国公张辅，少师、吏部尚书蹇义，少傅、兵部尚书、华盖殿大学士杨士奇，少保兼太子少傅、户部尚书夏原吉，不再担任所领职务，专门侍奉左右，咨询政务。

由此，三公三孤基本上成为专授，在蹇义、夏原吉、杨士奇、张辅去世后，成为虚衔，作为勋戚文武大臣的加官、赠官，特别是就此以后，文臣几乎没有在生前担任过三公，只能以赠官的形式获得，只有杨廷和嘉靖二年被加太傅但是推辞不受，张居正万历九年加太傅、十年加太师。

一四二九年十月，陈山因年老请辞被拒，改专授小内使读书；张瑛改授南京礼部尚书。一四三一年，金幼孜去世。

由此，明朝内阁暂时不再补员，阁员为杨士奇、杨荣、杨溥，即三杨内阁，直至正统五年，即一四四〇年。

第四章 永乐仁宣

迁都北京

一四〇三年正月，明太宗改元永乐；恢复周齐代岷四王爵位，宁王改迁南昌，谷王因献门有功改封长沙并增禄两千石。一四〇六年五月，齐王因行为不轨被废为庶人。一四二〇年八月，有人揭发周王不法；次年二月，周王入京谢罪，明太宗表示不再追究，旋即周王献出三护卫。

明太宗在帝位稳固后，继续执行削藩政策，一方面剪除强势藩王，另一方面解除藩王的武装，由此明代宗室彻底成为米虫。值得一提的是，明太宗削藩，也是从齐王开始，最终以周王结束。

一四〇三年正月，明太宗下诏以北平布政司为北京，设留守及行部官。二月，改北平为顺天府。

虽然此时明太宗提高北平的规格，但是实话实说，这一行为尚不足以作为明太宗有心迁都的例证，因为以旁支入继大统的皇帝，都会抬高自己的原属地，例如，嘉靖就将安陆提升为承天府。

同年，明太宗下令编纂《永乐大典》，解缙任总纂修。次年，解缙首次献书，初名《文献集成》，但是明太宗看后认为所纂尚不完备，于是一四〇五年再命太子少傅姚广孝，解缙，礼部尚书郑赐监修。一四〇七年定稿进呈，明太宗十分满意，亲自作序，命名为《永乐大典》。至一四〇八年冬，正式成书。

《永乐大典》是古代中国至此最大的类书，全书接近两万三千卷，约三亿七千万字，收录了七八千种古代图书（远远超过四库全书一倍有余），其中不乏《旧五代史》这种极为重要但是又散佚的著作。起先，《永乐大典》只有正副两套，其中正本被认为是陪葬明成祖长陵，副本则屡屡散佚，至今存世只有四百余册（八百一十卷）。

一四〇六年七月，明太宗命平江伯陈瑄兼督江、淮、河、卫转运。朱元璋派军征讨东北后，每年通过海运向辽西运粮七十万石；永乐初年因为北京军储不足，命陈瑄担任总兵，负责海运，每年海运南方的米百万石，并在直沽尹儿湾建仓，在天津卫建城。至此，明太宗规定江南粮一部分海运，另一部分通过淮河进入黄河至阳武，然后陆运至卫辉，再由卫河入白河至通州。

闰七月，明太宗下诏，以来年五月营建北京宫殿为由，在南方采买木材。

迁都北京是明太宗最重要的政治举措，以上材料足以证明明太宗此时至少要将北京提高到与南京平起平坐的地位。不过可惜的是，随着黄河治理有成，明太宗又在一四一四年取消海运，全部改为漕运。

一四〇八年八月，明太宗下诏北巡北京，留太子在南京监国。一四〇九年正月，明太宗命太子监国，二月出发，三月抵达北京。七月，明太宗因蒙古可汗本雅失里擅杀明朝使者，派淇国公丘福率十万大军北征。八月，丘福轻敌冒进，全军覆没。明太宗大怒，决定亲征。一四一〇年二月，明太宗下诏北征。七月得胜而还，抵达北京，十月返回南京。

一四一一年二月，明太宗命工部尚书宋礼、都督周长开会通河，六月修成。洪武年间，黄河决口，淤塞了济宁至临清的河道，所以只得改海运为陆运，沿途苦不堪言。至此，明太宗下令疏浚河道，六月修成，南通淮河，北道经东昌进入临清，合计全长三百八十五里。

一四一三年春，明太宗再次北巡北京，留下尚书蹇义、学士黄淮、谕德杨士奇及洗马杨溥等辅导太子监国。一四一四年大败瓦剌马哈木。一四一六年秋，返回南京。

一四一七年三月，明太宗第三次北巡北京，吏部尚书兼詹事蹇义、翰林学士兼谕德杨士奇、侍读兼赞善梁潜辅太子监国。一四二〇年九月，明太宗召太子、太孙来北京，并宣布自翌年开始，改京师为北京。十一月，正式昭告天下，迁都北京。一四二一年正月，明朝正式迁都北京；但是明朝朝野对迁都一事议论较多，反对者甚众。

迁都之前，明太宗北巡三次，即一四〇九年初至一四一〇年年底（期间击败阿鲁台）、一四一三年春至一四一六年秋（期间击败马哈木）、一四一七年春至一四二〇年秋正式迁都。

一四二四年七月，明太宗于北伐还军途中去世。八月，太子即位，是为明仁宗。九月，明仁宗为其父上庙号太宗，谥号体天弘道高明广运圣武神功纯仁至孝文皇帝，葬于长陵，为生母、已故仁孝皇后徐氏上谥号为仁孝慈懿诚明庄献配天齐圣文皇后、附祭太庙、合葬长陵。

值得一提的是，明太宗并无遗诏传世，其遗嘱也非常模糊，各个版本都有很大出入，但大多围绕传位太子朱高炽，其余参照太祖旧例两点展开。考虑到明太宗死前近臣都在身旁且无暴毙的情形，所以近代有人认为明太宗死前有心更改储君，结果被杨荣等人阻止或者掩盖。笔者个人不信此说，因为如果明太宗确有此心的话，不可能一点风声都没有。

明朝皇帝谥号，除了太祖朱元璋为二十一字以外，其他大多为十七字，只有建文帝、明代宗有所不同。同时，皇帝以最后一字为帝谥，配合庙号，所以可以简称朱棣为太宗文皇帝。作为皇后，徐氏享有十三字谥号，并且可以带有帝谥，配祭太庙，合葬帝陵。

明太宗是明朝知名度很高的皇帝之一，也是评价很高的皇帝之一。首先，明太宗在位二十二年，治下明朝疆域几近最大，而且所作外战几乎都取得了最终胜利，加之郑和下西洋的影响，实现了万邦来朝的胜局。其次，编修《永乐大典》、疏浚大运河、迁都北京，在文教内政上也有非常多的作为和建树，推动明朝社会经济进一步发展。此外，值得一提的是，古往今来号称文武全才的君主有很多，但是能做到上马治军、下马治民的皇帝，实际上只有唐太宗李世民和明太宗朱棣，有趣的是，两人的谥号都是太宗文皇帝。

此外，明仁宗即位后重申北京为行在，有心迁都回南京。

一四二五年四月，命太子朱瞻基前往南京，监察迁都事宜。五月，明仁宗去世，遗诏强调迁回南京。六月，朱瞻基即位，暂缓迁都事宜。

明仁宗遗诏一般认为是明仁宗口述，杨士奇润色。除了常规事项以外，只提到了对迁回南京的感慨。对此解读有两种，一种认为明仁宗希望迁回南京，另一种则认为明仁宗只是抒发一下对迁回南京的感慨。

迁都北京是明太宗最重要的政治举措。之所以迁都，主要的原因大致有以下三点。首先，北方蒙古带来的军事压力使明朝政治军事重心北移，明太宗不得不频繁长期北巡，组织边防，进而从军事经济等因素上考虑而迁都。其次，明太宗得位不正，而且和南京的文官集团较为疏远，施政受到很大阻力，因而决定迁都，打破不利局面，获得主动。最后，朱棣常年生活在北方，不适应南方气候，所以从个人意愿上讲也愿意在北方生活。笔者个人认为还有一点，即安史之乱以来，华北地区长期脱离中央政府的管控，迁都有利于强调王权，特别是塞王内迁之后，定都华北有利于国家统一。

从最根本上讲，迁都以及其引发的争议反映的是此时明朝军事重心和经济重心不匹配。毕竟中国经济重心不断南移，自宋金以来已经彻底转移至南方，特别是江南地区已经成为明朝最重要的财赋重地。但是，古代中国所无法解决的北方游牧民族南下的外部问题，使得中央政府的主要军事压力集中在北方防线。由此，形成了军事中心北平和经济中心南京。这种情况在古代中国屡见不鲜，北齐的晋阳和邺城，五代时期的河东和汴宋，都是如此。在汲取了历史经验以后，大抵作法无外乎君主在外搞军事，太子在首都搞经济；所以明太宗长期在外北巡，太子在南京监国，形成永乐初年的双都机制。不过，两都并立的情况非常容易被打破，因为军事中心的地位很有可能会随着外部威胁的解除、前线战败而撤军等因素急剧下降，而且在太子登基以后也往往会选择待在经济中心（通常也是首都）。

古代中国迁都是一件风险极高、阻力极大的事情，因为其间涉及大量营建、调度等问题，所以如果不是天灾人祸王朝末世，绝大多数政权都不会迁都。因此，明太宗迁都一定有在其看来不得不迁的原因。笔者个人认为这个原因就是明太宗无力应对势大难制且自行其是的文官集团。洪武永乐六十年间有一个非常有趣的现象，就是有名的大臣都不是凭借政绩留名，即便贵为六部尚书往往也不过是某场大事中的路人甲；但是在经历洪武永乐年间的各种近乎清洗的整治，明朝行政系统居然没有崩溃。这就非常有趣了。笔者个人认为是因为宋金对峙以来，特别是元朝近乎放羊的管理方式，中国古代的中央集权反而倒退，地方政府有很强的自主性，中央政府的运行也不依赖君主而可以自行其是。虽然名义上朱元璋将元朝制度一并革除，但是无论是在历史惯性上还是制度设计中，都不可避免地受到其影响，而且在一次又一次对官员队伍进行近乎清洗的整治后，朱元璋彻底陷入偏执，发动了一次又一次清洗，手段越来越血腥，打击面越来越大。与此同时，明太宗积极扶植各种力量，增强君权，分化相权，控制军权，甚至不惜迁都，重新开局，以便全面打压文官集团。

建文下落

一四〇五年六月，三宝太监郑和受命下西洋。途经爪哇时，舰队卷入东王、西王内战，被西王误杀一百七十人，但是郑和安抚部下，准许西王以黄金六万两赎罪，并报至中央，避免战争。此外，郑和还在三佛齐旧港，俘获海盗陈祖义。一四〇七年九月，郑和返抵京师。

一四〇七年九月，郑和、王景弘二下西洋，抵达锡兰，树立《布施锡兰山佛寺碑》。一四〇九年夏返抵中国。

一四〇九年九月，郑和、王景弘三下西洋，再次抵达锡兰，结果锡兰山国国王贪图财物（一说郑和图谋佛牙），双方交战，国王被俘，一并带回中国。一四一一年七月，舰队返抵中国，锡兰国王被赦免。

一四一三年十一月，郑和、王景弘四下西洋，绕过阿拉伯半岛，抵达东非麻林迪（肯尼亚）。期间为苏门答腊主持正义，俘获篡位的伪王。一四一五年七月回国。十一月，榜葛剌进献麒麟（长颈鹿）。

一四一七年五月，郑和五下西洋。一四一九年七月，回国。

一四二一年正月，郑和六下西洋，送还各国使节。一四二二年八月回国。

郑和下西洋是明太宗年间知名度很高的事情之一，但是在时人以及史家看来，实在算不得什么大事，一方面是基于华夷观，古人对番邦是何情况并无太大兴趣，另一方面是因为古代中国更依赖陆路而轻视海上，所以朝野对此并不感冒。

关于郑和下西洋的目的，目前存在较大的争议。明史认为其目的在于宣扬大明威德并寻找建文帝，核心还是明太宗得位不正，不得已宣扬兵威，以免东南有国家支持建文帝。但是如果只从这两点出发，其实并不成立，因为中南诸国在历史上并无介入中原政局的先例，而且从国力上而言，也并无太大能力支持建文帝复辟；如此大规模兴师动众劳民伤财的举动，用推动朝贡贸易也解释不通，所以又衍生出很多奇怪的说法，不一而足。

一四一八年三月，太子少傅姚广孝在京去世，追赠为推诚辅国协谋宣力文臣、特进荣禄大夫、上柱国、荣国公，赐谥恭靖。明太宗按其所请，以僧人之礼下葬，并释放建文帝主录僧傅洽。

姚广孝，法名道衍，可谓是古代中国历史上参政程度最深、实权最大的僧人，号称黑衣宰相。但是有关其资料极少，留下的只鳞片爪都令人惊艳。一是，道衍早年便以精通儒释道著称，甚至被宋濂等文豪称赞，朱元璋为藩王挑选高僧时，主动以"王上加白"的主张获得燕王朱棣青睐并随之北上。二是，在靖难之役中提出绕开济南、直取南京，从而将一场胜算不大的拉锯战变为斩首和奇袭，一战而胜。三是，道衍在永乐年间非常低调，拒绝封赏，也不还俗，继续保持僧人本色，白天穿官衣办公，晚上着僧装住在寺庙，经办了《永乐大典》和《太祖实录》永乐朝最重要的两部文献，而且担任了明宣宗的师傅。可以说，道衍是朱棣最信赖和依仗的大臣，而且他这种功成身退不显不隐的做法，深得得位不正的明太宗的信任。

傅洽是建文帝的主录僧（明代负责侍奉宗室要员的专职和尚），据传是知道甚至隐匿建文帝下落的人,所以被明太宗囚禁询问。关于姚广孝遗表请求释放傅洽一事,一般有两种解读。一是僧人之间惺惺相惜,在靖难之役已经结束十余年,明太宗地位稳固的情况下,没有继续囚禁傅洽的必要,而且靖难之役结束后,姚广孝被老友、姐姐视作乱臣贼子,给其带来了很大的道德压力,让他晚年良心发现。二是虽然明太宗地位稳固,但是不排除还有潜在的反对者以及建文帝的支持者,释放傅洽意味着建文帝下落一事已经不再重要,这也是笼络人心的手段。

一四二三年,明太宗第五次北伐途中,礼部左侍郎胡濙连夜前往宣府,要求觐见;明太宗本已就寝,立即起身与其详谈至四更天,内容不为人知。

明史关于建文帝结局的记载自相矛盾,惠帝本纪认为其烧死在宫中,但是其他材料则认为其至少在名义上逃出大内,流落在外,而且大量建文旧臣追随;明太宗只得宣布建文帝已死,并在暗中探访。根据胡濙传的记载,胡濙在建文二年中进士,自永乐五年(一四〇七年)开始,明太宗命其以探访张三丰等名义,暗中探查建文帝下落,甚至母丧不许归。本传明言,通过此次宣府夜谈,明太宗打消了疑虑,但是没有直说究竟是解答了建文帝蹈海而去的谣言还是真的找到了他的下落(郑和下西洋是为了探查建文帝下落也是出自本传),但是因为明太宗此后不再组织郑和下西洋而使人不得不信,胡濙已经探访出建文帝下落。笔者个人倾向于胡濙找到了建文帝下落,并且确认建文帝已死。原因很简单,胡濙此后不再从事暗查工作,说明建文帝的威胁已经不可逆转地解除了,那自然是人已经不在了,而且没有子嗣传承,甚至所有的遗迹都已经被毁灭。近年来,有很多关于探查到了建文帝下落的报道,笔者个人是不太相信的,原因很简单,缺少直接有效的证据,很多所谓的证据看上去非常牵强附会。

一四三〇年六月,郑和七下西洋,最远抵达古里(印度西海岸)。一四三三年四月,郑和去世。王景弘率队返航。七月抵达南京。

一四三四年六月,王景弘八下西洋,出使苏门答腊、爪哇。

一四三六年,南京守备太监王景弘停罢采买营造。明朝停止下西洋。

从规模上讲，明朝下西洋的规模大致相同，多为两万七八千人，船舶四五十艘。但是郑和第七次下西洋的性质和之前完全不同。一四二八年，明宣宗放弃安南，导致了东南番邦对明朝的态度有所变化，所以才会有此举措。

汉王夺嫡

一四〇二年十一月，燕王妃徐氏被立为皇后。

徐氏是徐达长女。明太宗和徐皇后伉俪情深，两人的关系如同明太祖与马皇后一般；徐皇后私德也极好，生活简朴，反对册封徐增寿定国公、认为汉赵二王品行不端等。徐皇后于一四〇七年七月去世，谥号仁孝皇后。明太宗不再立后，迁都北京后特地将仁孝皇后迁至北京长陵，成为葬在十三陵的第一人。

明太宗朱棣四子五女，成年的有三子五女，其中三子四女为徐氏所出，只有幼女常宁公主生母不详。明太宗五女，其中长女和次女在洪武年间分别嫁给袁容和李让，因而两人后被封为广平侯和富阳侯；三女和四女在永乐元年和九年分别嫁给镇守凉州二十余年的宋晟（曾在燕王的率领下北伐）的两个儿子，宋晟也因招降蒙古有功而在一四〇五年受封为西宁侯；五女则在永乐元年嫁给西平侯沐英幼子沐昕。

一四〇四年二月，道衍拜太子少师，并复姓为姚，赐名广孝。

四月，明太宗立燕王世子朱高炽为太子。洪武末年，朱高炽被朱元璋立为燕王世子；明太宗即位后商议立储，武将多以扈从建国为由，奏请立朱高煦。但是兵部尚书金忠反对，解缙则建议立嫡以长而且朱高炽之子朱瞻基极为优秀（"好圣孙"），黄淮等人也赞同。于是，明太宗立朱高炽为太子。

一四〇六年二月，解缙被贬为广西布政司参议，次年又贬安南、督饷化州。解缙年少骤贵，被人嫉妒，同时又坚决支持朱高炽，被汉王朱高煦嫉恨；加之反对征讨安南、提高汉王仪仗规格等事，因而被明太宗厌恶。朱高煦趁机诬陷解缙泄露宫中禁语（实际为淇国公丘福泄露），又被同僚落井下石，结果接连被贬。

明太宗成年的三个儿子都是嫡子，但是长子朱高炽身体肥胖，需要两人扶持才能行动，而且主流观点认为其是个瘸子；次子汉王朱高煦和三子赵王朱高燧都是能征善战的武将，都在靖难之役中立有战功。

笔者个人认为，之所以会出现汉王夺嫡，是因为明太宗不满意世子朱高炽，而非有意汉王朱高煦。最直接的原因是，任何君主都不会纵容太子和勋贵走得太近，尤其明太宗还是以叛乱篡位的手段上位；况且汉王之外，还有赵王与勋贵关系匪浅，如果册立朱高煦，等于挑唆兄弟萧墙。与此相比，朱高煦阵前立功等事，实在是不值一提。但是，明太宗对朱高炽的不满，也非常明显。一方面，朱高炽本人身体残疾。选太子与选官有异曲同工之妙，除了个人好恶以外，主要标准就是身言书判；古代中国君主中，只有朱高炽和咸丰是瘸子，所以册立其为太子，可谓空前。另一方面朱高炽本人和文臣走得太近，经历了洪武朝，明太宗想必很清楚这些大案背后的缘由，而且即位之后，自己必然直面文官集团的压力，不然也不会有内阁的出现；因此，朱高炽体现出的对文官集团的好感，实在让明太宗心存疑虑。

一四〇七年四月，太子少师姚广孝受命辅导皇长孙朱瞻基。一四〇八年十一月，明太宗又命淇国公丘福、蹇义、金忠、胡广、黄淮、杨荣、杨士奇、金幼孜等人辅导皇长孙朱瞻基。

一四〇九年正月，明太宗命太子监国，并留吏部尚书兼詹事蹇义、兵部尚书兼詹事金忠、左春坊大学士兼翰林侍读黄淮、左谕德兼翰林侍讲杨士奇辅导；学士胡广、侍讲杨荣、金幼孜、户部尚书夏原吉等扈从北巡。二月，明太宗出发，三月抵达北京。

一四一〇年二月，明太宗北征蒙古，七月得胜而还，十月返回南京。回京后，明太宗大兴诏狱，打压支持太子的朝臣。此前，解缙入京奏事，因明太宗北征未归，只觐谒太子朱高炽，而后直接返回，没有等明太宗返京。朱高煦趁机指责解缙趁明太宗不在私见太子，明太宗以"无人臣礼"为由，将解缙等人下诏狱。

一四一一年，明太宗册立朱瞻基为皇太孙。

朱高炽有一个古往今来、独一无二而且足以决定胜负的优势，即明太宗非常喜欢他的长子朱瞻基。古代中国虽然会在特定情况下出现册立太孙为继承人的情况，但是通常是在太子去世、储位空缺的情况下，此前唯一一次例外是初唐李重照（李重润）出生后，被祖父唐高宗封为太孙，从而出现太子李显与太孙李重润并存的局面。所以，明太宗此举意义非凡（此后也只有明神宗死前立太孙）。再考虑到早在一四〇七年就指派永乐年间最重要的文臣姚广孝以太子少师的身份去指导朱瞻基，次年又指派最受信任的武臣丘福以及内阁诸人辅导，可见器重。所以可以肯定，明太宗并未考虑过册立汉王，只是对世子有些不满意，仅此而已。

一四一三年，明太宗再次北巡北京，留尚书蹇义、学士黄淮、谕德杨士奇及洗马杨溥等辅导太子监国。一四一四年，因被朱高煦诬陷，学士黄淮等东宫属臣全部下狱，其中黄淮、杨溥等人在诏狱十年，只有兵部尚书兼詹事府战事金忠因靖难旧人而幸免于祸。

一四一五年正月，解缙被冻死。一四一五年年初，锦衣卫指挥使上囚籍，明太宗发现解缙在册，于是提问"缙犹在耶？"纪纲会意，用酒将解缙灌醉，拖到积雪中冻死，随后抄家、流放辽东。

解缙的文学才能纵观整个古代中国也是位列第一梯队，但是其政治水平之低下，实在让人费解。首先，解缙自始至终就没有搞清楚自己的立身之本。所谓内阁首辅，不过是皇帝的首席秘书，以备咨询而已，加之明太宗要编纂永乐大典，解缙才学最高，适合担任总编。但是，解缙却会错了意，仅仅编了一本明太宗不甚满意的文献集成；而且明太宗找到了更合适的布衣陈济去担任都总裁，更善于揣摩上意的胡俨的才学也不差。所以，解缙很快就完蛋了。其次，解缙犯了离间骨肉的错误。明太宗在立储一事上的犹豫，使得汉王上蹿下跳。解缙作为天子近侍，没有搞清楚明太宗的疑惑之处也就罢了，表达立嫡立长的观点以及对太子的支持也没有太大的问题，但是立太子之后，却要求削减汉王仪仗、护卫就非常可疑了，给明太宗留下了离间骨肉的印象。人臣参与夺嫡本身就是忌讳，再亲也亲不过父子，更何况明太宗和汉王经过了战场生死，所以汉王即便夺嫡不成，全身而退，顺便带走一两个太子亲信，完全不成问题。最后，解缙的行为实在让明太宗怀疑其立场。解缙是明太宗近侍，但是和太子走得很近，这是大忌。特别是在被贬后，解缙拜太子之后没有等到太宗就离京，简直是赤裸裸地宣布自己是货真价实的太子党。这在明太宗看来就是背叛，自然要以死谢罪。

一四一五年五月，汉王改封青州。朱高煦不愿之国，先前以云南太远为由拒绝就藩，而今继续拖延，引起明太宗戒心，于是改封青州，迫使其就藩。但是朱高煦继续不行，而且招募健儿，为非作歹，擅杀武臣。

一四一六年十月，明太宗返抵南京，将汉王下狱论罪，打算废为庶人，但是幸得太子营救，只被削二护卫。

一四一七年三月，汉王朱高煦因罪改封乐安州（山东滨州），即日出发。

在相继取得了靖难、安南、鞑靼、瓦剌四大战役的胜利后，特别是在即位十余年、年近六旬之后，明太宗显然会意识到汉王已经不仅仅是好儿子，还是潜在威胁，自然是将其打发出京。

随后，明太宗第三次北巡，吏部尚书兼詹事蹇义、翰林学士兼谕德杨士奇、侍读兼赞善梁潜辅太子监国。

一四一八年五月，明太宗诛杀赞善梁潜、司谏周冕。此时，太子在南京监国，明太宗不时在北京抱病，两地相隔千里，有人依附汉王而趁机造谣诬陷太子擅宥罪人。结果，明太宗以不能谏止太子为由，将梁潜、周冕逮捕处死。

六月，明太宗又派礼部左侍郎胡濙巡察江浙诸郡，命其暗中观察太子。结果，胡濙奏称太子诚敬孝谨，明太宗十分高兴，不再怀疑太子。

笔者是实在没想明白为什么明太宗怀疑了半辈子太子，也没想明白为什么明太宗派负责寻找建文帝下落的胡濙去探查太子动向，但是最终结果就是明太宗突然一下子就转了兴致。不过值得一提的是，胡濙在仁宣两朝官运亨通，并以礼部尚书的身份成为明宣宗的托孤五大臣之一。

一四二四年七月，明太宗死于军中。八月，明仁宗即位。九月，汉王受召入京。就藩之后，汉王在京广撒羽翼，探听消息，特别是明太宗驾崩以后，派遣数十人入京师潜伺，寻找机会。明仁宗知道此事，但是只是厚待汉王。

一四二五年五月，明仁宗去世。六月，太子朱瞻基自南京奔丧。朱高煦本打算途中伏击，结果未成。旋即，太子即位，是为明宣宗。

一四二六年八月，朱高煦叛乱被俘。朱高煦就藩乐安后，一直谋划造反。明宣宗即位后屡屡给予厚赏，朱高煦因而更加骄狂，暗中联络英国公张辅、山东都指挥靳荣等人，结果被揭发。明宣宗派宦官劝说其不要叛乱，但是朱高煦面南而坐，口出狂言，同时又派人入京指责明宣宗违背洪武、永乐旧制，斥责夏原吉等人为奸佞，要求"速报上，缚奸臣来，徐议吾所欲"。明宣宗因而叹息，想派武臣平叛，被大学士杨荣、尚书夏原吉劝止，决定亲征。朱高煦得知明宣宗亲征后非常害怕，龟缩乐安，并与明宣宗相约次日决战。结果，又怕部下擒拿自己求赏而打算投降，被部下劝止。当夜，朱高煦终于主动出城归降，自称"臣罪万死万死"。明宣宗将其拘捕回京。

九月，明宣宗抵达京师，将朱高煦父子囚禁西安门内，待遇如常，但是将其同党处死、戍边。不久，明宣宗前去探视，结果朱高煦伸脚将其绊倒。明宣宗大怒，将其罩在三百斤的铜缸之下。朱高煦自负有力，将其举起走动。明宣宗命人用木炭烧缸，将其处死。朱高煦诸子一并被杀。

君主更替确实是发动政变的好时机，但是奈何汉王是个武勇有余但智谋不足的人，结果错失两次机会。至于后来发动叛乱一事，更是可笑至极。

值得一提的是，汉王被俘后，明宣宗按照习惯，命令一个随行的御史斥责其罪行，结果这个御史正词崭崭，声色俱厉，说得汉王战栗不已，深得君心。这个人就是大名鼎鼎的民族英雄——于谦。

汉王叛乱及被杀期间，有大臣提出拘捕赵王朱高燧，并削掉其护卫，但是杨士奇反对，明宣宗亦不愿，只是将群臣奏章交给赵王，结果赵王自献护卫，上表谢恩。

赵王献出护卫后，明朝藩王不再掌兵。关于汉王叛乱一事，多有郑伯克段于鄢的观点，笔者个人也赞同此说。毕竟自《明史》明言太子地位无虞到汉王叛乱，间隔近十年，汉王却还变得更加跋扈，太子和太孙实难撇清干系。实际上，赵王在夺嫡一事上更加激进。在永乐二十一年（一四二三年），明太宗一度病危，有人试图在其驾崩后矫诏改立赵王，幸得事发，经过太子说情，赵王得免。

仁宣之治

一四二四年七月，明太宗在北伐班师途中驾崩于榆木川。大学士杨荣驰报京城，太子派遣皇太孙前往军中迎接梓宫。

八月，太子即位，是为明仁宗。户部尚书夏原吉等反对北伐的大臣和右春坊大学士黄淮、洗马杨溥等被汉王构陷的大臣纷纷出狱并恢复官职。

九月，明仁宗立太子妃张氏为皇后。十月，立长子朱瞻基为皇太子。

十一月，明仁宗宽赦建文罪臣家属。明仁宗曾表示"方孝孺辈皆忠臣"，即位之后予以赦免。

古代中国有一项潜规则，即新君继位之后，要封赏潜邸功臣、停止采买贡品、赦免前朝罪人，其主要目的在于邀买人心。但是，明仁宗赦免建文罪臣的行为非常不同，因为他直接明言其为忠臣。

同月，明仁宗派遣监察御史分巡天下，考察官吏；户部尚书郭资晋太子太师，致仕。蹇义、夏原吉认为郭咨偏执妨事，又年老多病，杨士奇也赞同，于是明仁宗将其致仕。

需要注意的是，明初六部尚书极少直接致仕，往往都是老死任上，或者改任他职，抑或是因罪下狱。因一四二〇年夏原吉随扈明太宗北伐，所以郭资也被任命为尚书，后在夏原吉因反对第五次北伐下狱后独自负责户部；致仕五年后的一四二九年五月，郭资又被起复为户部尚书（夏原吉次年正月去世）。结合事后的情况来看，官僚集团在明太宗后期就出现了非常严重的腐败问题，所以明仁宗、明宣宗都大肆整顿吏治。

一四二五年四月，明仁宗命太子朱瞻基前往南京，监察迁都事宜（一说南京地震，大臣提出应当派太子镇守）。五月，明仁宗身体不适，两天后去世，享年四十八岁。六月，朱瞻基即位，是为明宣宗。

明仁宗是古代中国众多优秀但是声名不显的君主之一。在不足一年的时间里，明仁宗主要做了五件事情。一方面是整顿吏治，裁汰冗员，并命御史巡视各地，例如，户部尚书郭资就因年老（六十四岁）而晋升太子少师、致仕。另一方面，叫停下西洋、削减采买贡物支出，身体力行地提倡节俭爱民，并及时免除灾区徭役税赋。

关于明仁宗的死因，一直是一个众说纷纭但是没有定论的话题。造成这种局面的原因在于史籍语焉不详，明仁宗本纪只是一笔带过。目前关于其死因，大致有四种观点。第一，明仁宗被侍读李时勉气死。结合《仁宗本纪》和《李时勉传》，可以推断出明仁宗病发前，曾接见李时勉和罗汝敬，结果李时勉上书言事，激怒了明仁宗，因而被武士痛打，旋即贬职下狱；与此同时，明仁宗暴病而亡。但是，明宣宗即位后不久就释放了李时勉并官复原职，可见至少在舆论上，其与明仁宗死因无关。第二，明仁宗正常死亡。实际上，明朝自太祖太宗之后，仁宣英代宪孝武七帝中，明仁宗反而是享年最长的一位，之后也只有嘉靖和万历享年更长；加之明仁宗身体肥胖，突然衰竭而死也不算是意外。第三，明仁宗或染病，或服食丹药而暴亡。《罗汝敬传》记载，其曾在上书中明言"先皇帝嗣统未及期月，奄弃群臣。揆厥所由，皆憸壬小夫，献金石之方以致疾也"，明仁宗死因与服食丹药有关。明宣宗为亲者讳，所以将其隐去。

第四种观点，就是最近非常流行的说法，明仁宗被明宣宗谋杀。原因很简单，《仁宗本纪》载明仁宗自发病到去世前后只有三天，但是明宣宗却在南京接到了召回诏书，而且在北京良乡就接到遗诏；这在时间上显然不合理，即便明仁宗发病后立即以加急文书通知南京的太子回京，太子也绝无可能在几天时间内就赶到北京良乡。根据《明宣宗实录》的记载，在仁宗诏书抵达南京的时候，南京就有传言仁宗宾天（去世）。此外，明仁宗第五子、嫡次子、明宣宗胞弟襄王朱瞻墡曾在英宗即位、英宗北狩、夺门之变三次君主更替中被传为帝位继承人，甚至有传言认为明仁宗属意的是襄王而非明宣宗，所以才会以地震为由，将其外放南京，徐徐图之。再加上处心积虑伏击太子然后篡位的汉王居然错失良机，任由太子穿过自己辖区而入京即位，不难让人怀疑"好圣孙"在明仁宗之死中的角色。

笔者个人表示此事很难讲。这件事情的关键有两点，一方面是明仁宗驾崩太过迅速，不足以召太子回京并抵达京城附近；另一方面是，仁宗时期的内阁继续保持了对明宣宗的忠诚，而且明宣宗几乎也没有增加新的阁员。阁员三杨、金幼孜、黄淮等人对明仁宗的忠诚无可置疑，以其在汉王夺嫡过程中的刚烈程度，绝对不可能对明宣宗弑父熟视无睹。以阁员的合作态度来看，明宣宗在其父之死中应当是清白的。从这个角度上讲，笔者更倾向明仁宗死因不祥，所以才被明宣宗隐匿，内阁也继续支持明宣宗；除非明宣宗使用了某种方法，做到了弑父的同时还得到了内阁的支持。

同月，明宣宗规定，会试分南北卷取士。此前，明仁宗曾和侍臣讨论过科举弊端，杨士奇提出科举应当兼顾南北士人，应当按照南北六四的比例进行录取。明仁宗赞同，命礼部商议，结果不久后去世，未及执行。明宣宗即位后，很快予以颁行。

经过实践，明宣宗又改南北卷为南北中卷。北卷为北直隶、山东、河南、山西、陕西，中卷为四川、广西、云南、贵州及凤阳、庐州二府，徐、滁、和三州，其他都是南卷。大致的录取比例是三十五、十、五十五。此制度一直执行到明末，其间只有明英宗景泰初年被废除，但是景泰五年就恢复了。

七月，明宣宗尊生母张皇后为皇太后，立太子妃胡氏为皇后。

一四二六年四月，礼部尚书吕震去世，胡濙接替。同年，明宣宗设置内书堂。一四二九年十月，大学士陈山因年老请辞被拒，改专授小内侍读书。

永乐仁宣时期有一个很有意思的现象，就是七卿往往要一直做到去世或者免职下狱，很少有致仕的情况发生。比方说吕震自永乐三年升任刑部尚书，六年改任礼部尚书，至此方终。这也是户部尚书郭资以太子太师致仕，被当成明仁宗整顿吏治的重要举措；但也是为什么宣宗即位后不久，又将其召回的原因。总的来说，受到具体职责的影响，吏户兵三部更为重要和尊崇，特别是蹇义、夏原吉两位老臣，俨然已经在某种程度上承担起宰相职责。

设置内书堂是明宣宗影响最为深远的政治举措。所谓内书堂，就是宦官学习的地方。朱元璋为防止宦官干政，禁止其识字读书，但是自己又任命了一些宦官负责典簿文籍；明太宗允许内侍读书，后来直接指派四名翰林为教习，教导十岁上下的小宦官二三百人。之所以如此，原因也很简单，后宫不能有正常的男人，但是大内事务繁杂，没有知识实在是无法处理。所以在笔者看来，明宣宗此举也是无奈但必然之举，而且其不过是将太宗的措施规范化。但是，内书堂的设置意味着宦官有了掌握知识的合法且固定的渠道，加速批量生产高水平的宦官队伍，足以在有皇帝支持的情况下取代内阁，成为新的资政机构，由此推动了内阁成为事实上的宰相，成为相权的核心；进而在此基础上，形成了皇帝和皇帝支持下的宦官与名为高参、实为宰相的内阁之间的明朝君相冲突。

笔者个人认为，明初官制有一个很严重的问题，即君主揽取了太多的权力，但是个人能力越来越不足以处理其所需负责的政务。所以，要么出现资政，要么出现放权。最后的实践结果就是，先出现了资政，后出现了放权。资政的主要参与者，就是作为天子近侍的内阁和宦官。内阁可以追溯至朱元璋的四辅，至仁宣时期，杨士奇已经足以与蹇义、夏原吉平起平坐；宦官则是在明太宗时期得到飞速发展，郑和、王景弘下西洋足见倚重。

伴随着内书堂的设置，明宣宗进行了一次意义重大的放权，即允许内阁直接提出对奏章的批阅意见，即票拟，就是在呈送奏章君主阅处之前内阁先拟定批阅建议并写在小票上、附在奏章后面。与之对应的是批红，即将票拟或君主自己的批阅意见用红笔写到奏本上，予以颁行。这是明宣宗在愈加繁多的政务面前的不得已之举，但是明宣宗可能没有认识到，虽然票拟可以看作是内阁替皇帝出主意，但是也可以看成是官僚集团提出处理方案；所以，明朝的政治矛盾又回到了君相对峙的局面，所不同的是，表现出来的对峙双方是皇帝和自己的秘书班子——内阁。

更为要命的是，在这一明确的架构之下，皇帝本人亦有变成橡皮图章的可能。自秦始皇以来，任何意识清醒的君主都不会允许出现一个有可能脱离自己控制的东西成为朝廷决策的依据，因为任何独立于皇帝本人之外的载体都意味着君权被从君主本人身上剥离出来，而没有了君权保护、徒有天子之名的君主本人在任何团体组织面前都软弱无力。批红权的出现，意味着在天子无法理政的情况下，任何获得批红权的人都可以合法地理政，这使得篡政弄权变得更加容易，因为之前弄权者搞不定君主本人的话就是人人得而诛之的乱臣贼子，现在只要师出有名就可以让人无从反驳，比方说国家危难、皇帝北狩、太后传旨。

一四二七年十月，明宣宗宣布赦免交趾臣民，放弃此地。此时，明朝征讨交趾屡屡失利，英国公张辅主张扩大规模平叛，杨士奇、杨荣则主张放弃交趾。

放弃交趾后，东南诸藩对明朝的进贡国别和数量大大减少，因而催生了第七次和第八次下西洋。

十一月，贵妃孙氏生下皇长子朱祁镇。一四二八年二月，朱祁镇被立为太子；三月，皇后胡氏被废为道姑，贵妃孙氏被立为皇后。同年，皇次子朱祁钰出生，生母吴氏封为贤妃。

明宣宗一直喜爱孙贵妃，册封时就破例授予金宝金册（贵妃有册无宝）。孙贵妃生下皇长子后，明宣宗曾就子以母贵能否册立孙贵妃为后一事，征求张辅、蹇义、夏原吉、杨士奇、杨荣的意见。杨荣、蹇义认为可以废后，杨士奇反对，张辅、夏原吉不愿表态。旋即，明宣宗又向杨士奇、杨荣询问。杨荣污蔑皇后犯有过失二十项，可以以此废后，结果被明宣宗否决。杨士奇认为废后有损圣名，因而坚持反对，但是劝说无效，转而提出可以趁胡氏生病，唆使其自己请辞。结果，胡皇后果然主动请辞，可是张太后不愿胡后退位。明宣宗表示会继续厚待胡氏，获得张太后同意，随后下诏废胡皇后，改立孙贵妃为后。张太后怜悯胡废后，内宴的时候继续命胡废后位居孙皇后之上。

明宣宗在子嗣上非常单薄，只有长子朱祁镇和次子朱祁钰，女儿也只有胡皇后所出的顺德、永清和孙皇后所出的常德。不过令人称奇的是，这两兄弟都成为明朝皇帝，而且身世成谜。长子朱祁镇就是两度即位的明英宗。虽然明朝的所有官方文件都认定其生母为孝恭孙皇后，但是明史却指明其生母为宫女，时为贵妃的孙氏为了封后，假装怀孕，然后杀母夺子。目前的主流看法认为此观点难以成立，因为明仁宗诚孝张皇后尚且在世，而且亲善胡皇后，不会容忍孙贵妃夺子，而且明宣宗年近三十而无子，朝野极为关注其子嗣问题，想瞒天过海极为困难。所以一般认为是伪称。次子朱祁钰则是夹在明英宗中间的明代宗。明史关于其生母吴氏的记载很少，只说她在宣宗为太子时入宫，生下代宗后封为贤妃；但是《罪惟录》中记载，她是汉王宫女，汉王战败后，被明宣宗赦免，养在宫外宦官陈符家中，直到宣宗去世前才告知张太后，母子入宫。笔者不知真假，无法评价。

六月，左都御史刘观下狱，通政使顾佐为左都御史。明宣宗不满官僚贪腐，杨士奇指出这是因为明太宗晚年因病不理朝政所致，学士顾荣表示左都御史刘观贪名最盛。明宣宗大为不满，命刘观出视河道，改通政使顾佐为左都御史。旋即刘观下狱，都察院被整顿，数十名御史下狱免职。

建文帝即位后就任命景清、练子宁为左右都御史，结果两人死难。陈瑛在靖难之后大肆清算弹劾建文旧臣，获得太宗重用，自永乐元年正月获任至永乐九年二月被杀，一直担任左都御史；其间只有吴中担任过两年半右都御史，旋即改任工部尚书，负责修建长陵和京城（后又转任刑部尚书）。陈瑛被杀后，都御史空悬，直至一四一五年六月原刑部尚书刘观恢复级别，担任左都御史。换言之，太宗以来，三任都御史分别是酷吏、工头、贪污犯，都察院的情况可想而知。

八月，明宣宗北巡。九月，兀良哈入侵会州（河北承德平泉），明宣宗亲率三千精锐出喜峰口，在宽河将其大败；兀良哈认出天子仪仗，请降，结果明宣宗将首领处斩。

平泉是三省交界，北面是赤峰的宁城，东面是辽宁朝阳喀喇沁县。

一四三〇年正月，户部尚书夏原吉去世，赠太师，谥忠靖，并规定夏家历代免除税赋。

夏原吉是明朝早期很重要的官员之一。建文初年就担任户部右侍郎，永乐即位后即为尚书，除偶有间断外，执掌户部三十年。虽然夏原吉多次反对明太宗用兵，但是总的来说，这一时期的军需供应非常充足，而且中央财政也没有出现大的问题。

九月，明宣宗擢升御史于谦、长史周忱等六人为侍郎，巡抚两京、山东、山西、河南、江西、浙江、湖广。

笔者个人认为明代巡抚成为一项制度，始于此时。因为巡抚的出现是为了系统性地解决地方三司分立所带来的不便，同时明代巡抚多以御史、侍郎的京官身份负责地方事务，以防止地方势力坐大。此外，关于巡抚的出现时间还有三种观点。首先是洪武二十四年（一三九一年）太子朱标巡抚陕西；这是巡抚一词出现的起点，而且已经具有了临时差遣的性质。其次是永乐十九年（一四二一年），明太宗命骞义等二十六人分巡各省，特别是王彰巡抚河南；这是官员分巡全国的开始。第三是洪熙元年八月（一四二五年），明宣宗命大理卿胡概、四川右参政叶春巡抚南畿、浙江，宣德五年回京（即一四三〇年）；明史认为这是设置巡抚的开始。

一四三一年，明宣宗设置羽林三千户所，作为御马监所辖禁卫番号。一四三三年，又充实为腾骧左卫、腾骧右卫、武骧左卫、武骧右卫，合称四卫营。

明朝内廷御马监自永乐时期开始统领禁兵，主要来源是各地卫所挑选和从蒙古逃回的青壮，称为御马勇士、旗军；宣德六年设立番号羽林三千户所。但是四卫营有两种说法，一种是在羽林三千户所基础上扩展的腾骧武骧四卫合称，另一说则是在京营整顿之后四卫精锐被抽调重编而余下组成的新营为四卫营。不过总的来说，自此以后，明代御马监的禁卫，一般泛称为勇士营、四卫营。

一四三五年正月，明宣宗下令奴儿干都司"凡采捕、造船运粮等事悉皆停止，凡带去对象悉于辽东官库内寄收，其差去内外官员人等俱令回京，官军人等各回卫所"，奴儿干都司迁至三万卫（今辽宁开原）。

由此，明朝东北的辖区退至辽东。朵颜三卫虽然有功于明太宗并获得厚赏，但是很快就与鞑靼部阿鲁台展开联络并逐步南侵，因而永乐北伐中多次被征讨。奴儿干都司是明代对元代辽东行省的继承，但是明宣宗即位以后，受限于东北方向的军事压力以及整体战略收缩，明朝对奴儿干都司最后的记载见于在一四三三年在特林修建永宁寺，但是卫所一直保持至明末。此后，明朝统分为两京、十三布政使司、十六都司（多出的是万全、大宁、辽东）、五行都司（陕西治张掖、四川治西昌、湖广治郧阳、福建治建瓯、山西治大同）以及中都留守司（凤阳）。此外，还有青藏地区的乌斯藏都司、朵甘都司、俄力思军民元帅府（阿里地区），西北的关西七卫。

一四三五年正月初一，明宣宗不视朝，命群臣在文华殿拜谒太子。初二病危，初三去世，时年三十八岁。遗诏国家重务交由太后张氏处置。随后，太子朱祁镇即位，时年九岁。

此外，吏部尚书蹇义因明宣宗去世而斋戒得病去世，赠太师，谥号忠定。

明宣宗虽然去世突然，但是死因没有太多争议。其遗诏有可能是首辅杨士奇根据其意草拟而成，也有可能是在张太后授意下而成。

总的来说，明宣宗的历史评价非常不错，是一位非常优秀的守成之君。政治上解决了藩王掌兵问题，军事上继续保持了建国以来对蒙古的强势，经济上并没有给国家造成太大的负担，对外交往上保持了周围各国的连年朝贡。

但是，明宣宗也有三个被人诟病的地方。首先，明宣宗喜欢促织，即斗蛐蛐，为此派人去江南搜集蛐蛐，结果造成蛐蛐价格飙升，而且成为基层官吏的沉重负担，有官吏因此家破人亡。此事经过《聊斋志异》的加工整理而被人周知，成为明朝皇帝不务正业的罪证之一。其次，明宣宗无故废后。废后是古代中国非常重要的政治事件，无故废后是大忌。虽然胡皇后无子，孙贵妃有子且受宠，但是这并不构成废后的要件。所以民众舆论上一直同情胡皇后，而且明宣宗数年后也承认"此朕少年事"，进行自我开脱，一如宋仁宗废郭皇后。最后，明宣宗放弃了安南、东北等地，叫停了下西洋等活动。古代中国很少会主动采取战略收缩，特别是在疲态未显、胜负未分的情况下；尤其放弃安南和叫停下西洋，在后世的争议非常大，而且存在着相当强的负面评价。

整体而言，明朝开国后，虽然出现了靖难之役，但是在太祖太宗、仁宣二帝的努力下，接连洪武盛世、永乐盛世、仁宣之治，保持了国力强盛。但是正如历史发展的一般规律，此时必然出现盛极而衰的局面，即虚君实相的政治制度设计、宣宗突然去世造成的主少国疑，与重臣长期不更替带来的老臣凋零，由此必然导致两个结果，其一是皇权旁落宦官，其二是相权压制君权，即王振弄权、代宗即位。

第五章 英宗北狩

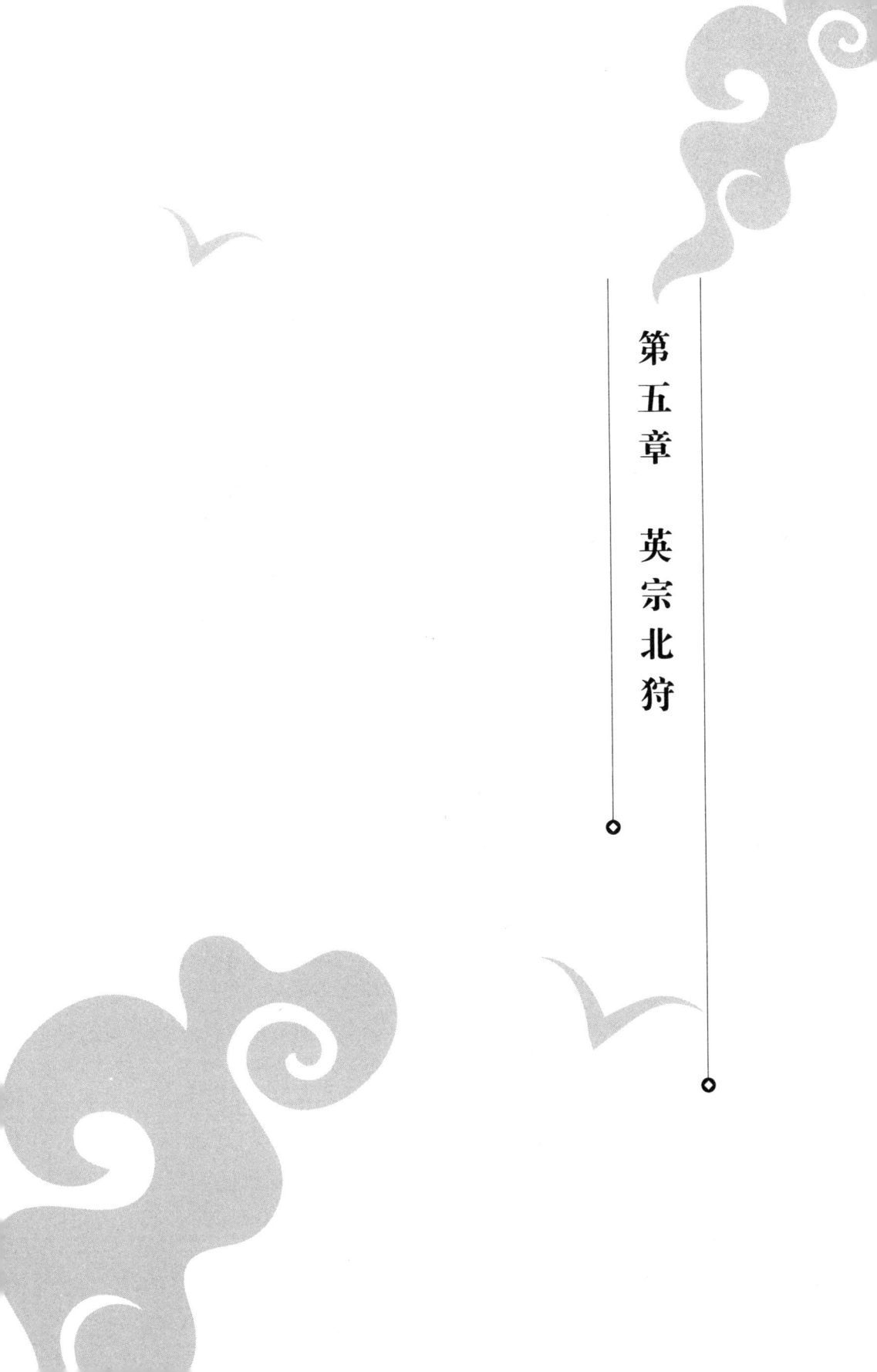

相较于唐史和清史有着较为一致的分期标准，明史的分期存在长期争论，有二阶段、三阶段、四阶段，甚至五阶段等不同观点，不过，绝大多数明史专家都将土木堡之变（王振专权）作为明朝由盛转衰的重要节点。

土木堡之变以及由此引发的英宗北狩都是古代中国极其重要的历史事件，明朝险些重蹈北宋覆辙，不过随着京师保卫战的胜利，此事又往往一带而过，亦如英宗、代宗两朝的政务一般平淡。但是实际上，困扰明代后期的流民、矿工起义、土司割据等问题，在英宗朝就已经成系统地爆发出来。

王振弄权

一四三五年正月，明英宗即位。明宣宗遗诏规定，国家重务必须禀告太皇太后张氏；张氏指派英国公张辅、内阁三杨、礼部尚书胡濙为辅政。

东宫宦官王振掌管司礼监。王振本是秀才出身，自宫入宫，因善于伺察人心而被明宣宗信任，负责教授太子朱祁镇。明宣宗驾崩后，张太皇太后曾召三杨、张辅、胡濙，告诫明英宗要重用听从五人；又将王振召来，斥责其侍奉太子（明英宗）不法，打算将其处死，明英宗跪地求情得免。不久，王振挤掉宣宗旧人司礼监金英等人，成为掌印，被人尊称为"先生"。同年七月，王振受命偕同文武大臣在将台检阅大军，结果矫诏任命隆庆右卫指挥佥事纪广为都督佥事。次年十月，明英宗也在将台阅兵，结果驸马都尉井源三箭三中，只被赐酒一杯，被人与王振比较而遭嘲笑。

王振的经历非常传奇。因为他是秀才，按理来说，按照明朝制度，秀才即便蹉跎，也很难饿死，特别是沦落到要净身入宫，因为年纪大了净身风险也更大。王振矫诏和张太皇太后申斥两件事情很难确认前后顺序，但是一般情况下把前者作为明朝宦官干政的开始，后者则为明英宗初期政治力量对比的明证，这表示至少在正统七年以前，张太皇太后和五辅臣在世的时候，王振为祸尚不明显。

虽然后世对明宣宗五辅臣的身后安排评价很高，但是在笔者看来，这其实是无奈之举，因为有资格出任辅政的大臣只有六个。内阁的三杨都是老资格，而且都是仁宣的坚定支持者，担任辅臣无可厚非。英国公张辅是追随明太宗南征北战的战将，爵位资历只有远在云南的黔国公沐晟可比；无论是出于国公身份还是军事考虑，出任辅臣顺理成章。七卿当中，吏部尚书蹇义去世，户部和刑部空缺，兵部尚书王骥上任不满一年（一四三四年三月获任），左都御史顾佐身体不好（上年因病致仕后病愈起复，翌年去世）；所以只有自一四三一年开始署理户部的礼部尚书胡濙（郭资一四二九年起复为户部尚书至一四三三年去世）和自一四〇四年起任右都御史、长期担任刑部尚书和工部尚书的吴中。吴中官衔虽高，但是没有在吏户兵部任职，所以没有成为辅臣，也不意外。

一四三七年，江西颁行均徭。根据执政需要，明朝百姓除了里甲（主要是输送夏秋粮食）以外，还需要承担杂泛徭役。按察佥事夏时在江西颁行《均徭册式》，创行均徭法，即将经常性的杂泛徭役独立称为"均徭"，根据民户丁粮多寡而编排均徭册，按次序承担均徭，十年或五年一轮。

由此，明朝徭役明确分为里甲、杂泛、均徭三大类。总的来说，均徭是对明朝初期极为简明的里甲的补充和完善。关于均徭法，还有两点值得注意，一是均徭法时断时续，直到明英宗复辟以后才逐渐推向全国；二是弘治正德年间，开始允许缴银代役。

一四三八年四月，杨士奇、杨荣晋升少师，杨溥晋升少保兼礼部尚书、武英殿大学士。

一四三九年，福建按察佥事廖谟杖死驿丞，引起杨溥和杨士奇的争执。廖谟和驿丞分别是杨士奇和杨溥的同乡，因此杨溥主张廖谟论死，杨士奇则以因公杀人为由开脱，争议不决，只得交由太皇太后裁决。王振提出抵命太重，因公太轻，应当折中处置，改为降级；获得太皇太后批准。

一四四〇年二月，侍讲学士马愉、侍讲曹鼐入值内阁、参预机务。王振对三杨颇为礼遇，提出三杨年迈倦勤，进而在杨荣同意的情况下，推荐并超擢了曹鼐、苗衷、陈循、高谷等人。

七月，杨荣去世，赠太师，谥号文敏。杨荣去世前有人曾往其家中行贿，杨荣本人因归省而不知此事，结果此事被王振大做文章，旋即杨荣去世。

一四四二年五月，明英宗大婚，迎娶中军都督府同知钱贵之女钱氏为皇后。英国公张辅为正使,少师、兵部尚书兼华盖殿大学士杨士奇为副使,行纳采问名之礼;成国公朱勇为正使,少保、礼部尚书兼武英殿大学士杨溥、吏部尚书郭琎为副使,再行纳吉纳徵告期礼。随后,张辅为正使,杨士奇、户部尚书王佐为副使,率领仪仗及文武百官,再行发册奉迎礼,将钱氏迎入宫中完婚。

此次为明朝第一次大婚(胡废后是皇太孙妃)。钱皇后为钱镠二十八世孙,其曾祖钱整为燕山护卫副千户,属于燕王朱棣亲信;祖父钱通官至金吾右卫指挥使(正三品);父亲钱贵除了世袭武职,还凭借战功升至都指挥佥事(正三品),因钱氏被选才被提拔为都督同知(从一品)。虽然看上去钱氏官阶不算低,也是名门之后,但是考虑到武人相对低下的政治地位,加之明初国公、侯伯尚在,所以也不能算是高门。这也符合明朝皇室低门娶妇的惯例。

一四四二年六月,王振侄子王山被任命为锦衣卫指挥同知。此时,各级官员纷纷行贿,都御史陈镒、王文都跪门俯首听命。

十月,太皇太后张氏驾崩,谥号诚孝昭皇后,合葬明仁宗。由此,王振更加无所忌惮,不久移走朱元璋禁内臣碑,碑上铸有"内臣不得干预政事"八字。

一四四三年三月,杨士奇去世,赠太师,谥文贞;旋即,其子杨稷因滥杀犯法被杀。杨稷蛮横施暴,曾因杀人而引发御史弹劾,虽然未被治罪,但是对杨士奇打击很大。杨士奇甚至为此上书请辞,被朝廷挽留后深居简出。

王振对付三杨的方法可谓是又拉又打。一方面以体恤老臣为由,抬高三杨官职,又推动大量新人入阁,分摊三杨政务。虽然这些新人都是操行尤佳的士人,但是资历尚浅,很难与王振抗衡。另一方面,王振不失时机地打压、分化三杨,使之始终不能离开张太皇太后来牵制自己。杨荣、张太皇太后、杨士奇相继去世后,杨溥独木难支,考虑到明英宗一四二七年才出生,所以王振必然大权在握。

虽然三杨并称,但是实际上杨士奇和杨荣的水平和重要性远高于杨溥,所以评价三杨时,要么是杨士奇有学行,杨荣有才识,杨溥有雅操,要么是西杨

（杨士奇）有相才，东杨（杨荣）有相业，南杨（杨溥）有相度，康熙选取历代功臣从祀历代帝王庙，也是杨士奇、杨荣配享。杨士奇的长处在于能够坚持己见，规劝皇帝，而且在三杨之中政治觉悟最高，因而成了太祖太宗仁宣二帝四位皇帝的实录总裁（后两部实录的唯一总裁）。杨荣的长处在于擅长边防，能够填补知兵的老尚书方宾死后新尚书张本只擅长运粮的短板。杨士奇能够在与杨荣同时入阁却一直位居末尾的情况下，成功在明仁宗时期后来居上，成为三杨之首和内阁首辅直至去世，关键原因在于杨士奇作为旗帜鲜明的太子党，多次犯险为时为太子的明仁宗回护，杨荣虽然也是太子党，但是长期潜伏不为人所知，而且明仁宗非常喜爱欧阳修的文风，而这恰恰是杨士奇的长项。此外杨士奇年长而且经历更加丰富，为人更加通达。杨溥虽然和杨荣同是建文二年（一四〇〇年）进士，但是长期只是东宫属官，而且还在永乐后期与黄淮同在诏狱待了十年，所以落后于另外两人。

此外，有两个非常值得注意的事情。一方面，明代阁臣家属为非作歹的概率远远高于历代平均水平，甚至家属不为非作歹都可以作为一项值得称赞的品行。主要原因也不难猜测，内阁学士需要常驻宫中，又为政务所忙，自然对子弟疏于管教，其父母长辈也经常多有鱼肉乡里之徒，成为一方祸害。

另一方面，明代懂军事的文官地位非常稳固。明朝自立国以来，始终面临来自北方蒙古的军事压力，同时还有安南、云贵、缅甸等势力的挑战，所以急需军事专业人才。相较于带兵作战、动辄立功封侯的武将和勋贵，显然负责出谋划策、亲临一线但是又不易以军功封爵的文官，更受君主信赖。

四月，翰林学士陈循入值内阁。自明初以来，内阁学士彼此之间地位权力差距不大，仁宣时期票拟多由三杨讨论而出。此时，三杨当中，只剩杨溥一人在世，但是年事已高。因此明英宗命陈循与先前入阁的马愉、曹鼐等人参与票拟。

明成祖的七学士内阁、仁宣时期的三杨内阁，阁员之间权力大致相同，亦没有正式的首辅称谓，但是英宗时期三杨与新晋阁员权力的区别，逐渐发展成为首辅、次辅和群辅的区别。实际上，明代第一位正式被指出享有高于其他阁员权力地位的排序第一的阁员,就是此时尚是新人的陈循(被叶盛攻讦"谬当内相之首")。

六月,因奉天殿鸱吻遭到雷击,明英宗下诏求言。翰林侍讲刘球上言十事,要求明英宗勤学亲政,结果激怒王振,下狱论死。王振尤不解恨,命同党锦衣卫指挥马顺,在狱中虐杀刘球,弃尸荒野。

同月,大理寺少卿薛瑄被王振诬陷而下锦衣狱,论死,侥幸得免。薛瑄本是王振同乡,但是素不往来。王振的侄子王山想占有一个去世武官的小妾,但是武官妻子不愿。于是,王山唆使小妾诬告妻子毒杀丈夫,被薛瑄辩白驳回。都御史王文依附王振,诬陷薛瑄受贿,使其下狱论死。结果王振老仆为薛瑄说情,刑部侍郎王伟也积极奔走,因而得免死除名,放归田里。

七月,时年七十岁的国子祭酒李时勉因为不依附王振而被王振枷于国子监门,旋即在孙太后的干预下将其释放。

一四四四年七月,驸马都尉石璟被王振下锦衣卫狱。十月,监察御史李俨因不对王振下跪而下锦衣狱,戍铁岭卫。

一四四五年十月,翰林侍读学士苗衷、高谷入值内阁;除少保杨溥外,其他五人晋升为侍郎。

一四四六年三月,巡抚山西河南、兵部侍郎于谦降为大理寺少卿,保留巡抚。于谦巡抚河南、山西十余年,故而推举他人接替,但是王振掌权期间,于谦入京从不送礼,结果被王振唆使御史弹劾,降为大理少卿。二省百姓请命留下于谦,藩王也认为可以不从于谦所请,因而于谦未被深究,继续巡抚两地。

七月,杨溥去世,赠太师,谥文定。曹鼐接任内阁首辅。

一四四七年九月,马愉去世,赠翰林学士、礼部尚书,后又赐谥号襄敏。

一四四九年五月,侍读学士张益入阁。

内阁学士官阶低的问题在马愉身上充分暴露出来。马愉既是内阁学士,又是英宗帝师,虽然实现了赠官(礼部尚书)兼职(翰林学士)的殊荣,但是以三品官去世,连谥号都没资格申请。这样的内阁,谈何牵制王振?

一四四九年七月，瓦剌也先大举入侵，王振挟明英宗亲征。八月，明军在土木堡惨败，明英宗被俘。护卫将军樊忠趁机锤死王振，旋即战死。

明英宗正统年间的历史主要分为三杨辅政和王振专权。三杨号称明代最强内阁，也是明朝内阁发展中极为重要的一环。按照《明史》的说法，废除宰相之后，以吏户兵三部为重；结合永乐时期的大臣表现，不难发现吏部尚书蹇义、户部尚书夏原吉、兵部尚书方宾等重臣在明太宗时期扮演了宰相的角色，到了仁宣时期杨士奇显然已经足以与蹇义、夏原吉平起平坐，特别是在商议郭资致仕一事上不难看出，这三人已经不仅仅是一般的尚书和学士。待到夏原吉、蹇义去世后，三杨终于以内阁的身份掌控政务，成为事实上的宰相。不过需要注意的是，三杨之所以能够在此时排在尚书之前是因为三孤身份，所以三杨去世后，只为侍郎的内阁首辅曹鼐排在尚书之后。

但是，从三杨辅政到王振专权乃至土木堡之变，使得英宗北狩、大明王朝险些亡国，实在太过急转直下。这种盛极而衰的情况在中国历史上极为罕见，只有唐玄宗在位期间安史之乱可以与之相比，但也远没有如此剧烈。在笔者个人看来，搞清楚其中关键，对于理解明代政治有着巨大帮助。

首先，王振专权出现的显性条件是明朝前期人才出现了断层。张太皇太后、三杨等人年纪相仿，又集中去世（张太皇太后生年不明，但是明仁宗生于一三七八年；杨士奇一三六六年，杨荣一三七一年，杨溥一三七二年），使得朝中无人能够牵制或者制衡王振，才使得王振得以专权。之所以如此，一方面是因为明朝尚书及以上官员非死不退，导致老人长期占位，另一方面则是因为靖难之役以及之后明太宗长期北巡、太子监国不敢储才，使得一三七〇年至一三九〇年间出生的官员出现断层，无论是数量还是质量都大幅下降。

其次，王振专权证明即便是在君权极其弱势的情况下，明朝君权也有足够的力量对付相权。所谓三杨辅政，准确的说法应该是正统前期，在事实上临朝的张太皇太后将政务交由三杨负责，执政的是三杨（张辅和胡濙其实并未发挥太大作用）；王振专权，实质上是掌握君权的张太皇太后死后，君权虽然回归到明英宗，但是又因为明英宗年幼而被其所信赖的宦官王振代行。明英宗年幼，才是形成这种情况的关键，亦即证明在无法掌控君权的情况下，任何强势的宰相（内阁）都是纸老虎，其手中的执政权，皇帝想拿回来就能拿回来。后来，孙太后奈何不得明代宗（外戚）、明宪宗废汪直（宦官），则证明了皇帝对君权的强势。

最后，王振专权也反映出明朝宦官专权的基本水平。王振是明朝五次宦官专权中的第一次（其他四次为宪宗汪直、武宗刘瑾、神宗矿监、熹宗魏忠贤）。总的来说，王振专权时期的主要表现有两点。一是广织党羽，打压异己，特别是诛杀迫害某些强硬分子。二是贪污受贿，敛财无数，积累了各种奇珍异宝。但是真要说到祸乱朝纲，以国家大政方针为私利，或者擅权夺位，傀儡天子宰相，王振却远远达不到东汉和晚唐宦官专权的地步。原因也很好理解，明代宦官虽然有内书堂和批红的加持，但是终究只是皇帝的内侍书吏而已，其经历和重要性远不如参与铲除外戚并与皇帝盟誓的东汉宦官或者掌控神策军成为皇帝重要乃至唯一依仗的晚唐宦官。

麓川之役

一三九九年，麓川宣慰使思伦法去世，其子思行法（思亨法）袭职。一四一三年，思行法让位于其弟思任法。

思伦法死后，所部纷纷独立并依附明朝，明朝趁机设置机构管辖（一说反叛麓川而被沐英乘机平定占据），共有木邦、孟养、孟定三府，镇远、威远二州，怒江、干崖、大侯、湾甸、者乐五长官司，并在怒江西侧设置千户所戍卫。麓川只保留麓川路和平缅路（瑞丽附近）。

此即析麓川地。元朝于一二七七年至一二八七年取得了元缅战争的胜利，缅族建立的以伊洛瓦底江中游为核心的蒲甘王朝衰亡，傣族（掸族）建立的麓川乘机崛起，控制了云南和蒲甘之间的广阔土地。但是因为崛起太过迅速以及内乱不断，加之明军攻入云南，导致麓川难以有效控制辖区，所以被明朝抓住机会，逐渐肢解，唆使内斗。

一四三七年，思任法发动叛乱，侵掠腾冲、南甸，攻取孟养，并自称曰"法"（或者"发"，滇王的意思）。一四三八年年底，明朝遣使宣谕，思任法不听。

一四三九年正月，黔国公沐晟、左都督方政、右都督沐昂受命征讨思任法，太监吴诚、曹吉祥监军。思任法派部将缅简利用江水阻隔坚守不出，并假意接受沐晟招降。方政被缅简激怒，在沐晟不准的情况下，私自渡江进攻缅简，将其击败，追至上江，因长途奔袭而向沐晟求援。但是，沐晟因其未听军令而发怒，不予支持，结果方政因兵少而被围歼。沐晟得知消息后，又担心瘴气，因而焚烧辎重，仓促退回永昌（云南西南），途径楚雄被明英宗遣使斥责。结果，沐晟于三月因惊恐去世（一说服毒自杀）。同时，思任法进犯景东、孟定等地。五月，沐昂为左都督、征南将军，征讨思任法。不久，沐昂奏报潞江（怒江）大捷。七月，思任法遣使求和，明英宗不许。

一四四〇年二月，沐晟再次征讨麓川，结果右参将张荣被麓川军击败，沐晟难以援助，明军被迫撤退。七月，思任法再次入侵，被沐英等人击退，转而遣使入贡，但是明朝不许求和。

此即一征和二征麓川。虽然麓川往往被看作是云贵地区的一个土司而已，但是实际上麓川相当于傣族的正统政权，有着极强的号召力，而且拆分出去的宣慰司也都与之有着极为密切的关系，所以很容易和明朝治理下的云南相持。此外需要注意的是，明代以宦官作为监军，自一征麓川开始。

一四四一年正月，明朝以定西伯蒋贵为征蛮将军，太监曹吉祥监督军务，兵部尚书王骥提督军务，侍郎徐珵督军饷，率领十五万大军征讨麓川。沐晟曾认为麓川险远，所以需要在湖广川贵征调十二万大军，兵分三路进攻。英国公张辅认为分兵势孤，应当派大臣前往云南专门负责征讨。大学士杨士奇因思任法遣使谢罪而有心议和，但是被张辅反驳。张辅认为思任法世袭此地，屡屡抗命，如果放任不管，会引发其他人效仿。因此，明英宗决定征讨。翰林侍讲刘球继续反对此事，认为应当罢兵麓川，专备西北，结果不报。

十一月，定西伯蒋贵、兵部尚书王骥大破思任法。明军收降镇康城（云南临沧西部），随后以火攻大破麓川辎重要地上江，然后在木笼山与思任法交战，结果取得大胜，斩杀十余万人。

十二月，王骥等人攻占麓川，思任法只得携家属逃往缅甸。随后，王骥等人班师，蒋贵封定西侯，王骥封靖远伯，徐晞为兵部尚书。

此即三征麓川。之所以明朝如此兴师动众，主要原因在于明英宗年少、王振专权，都需要一场胜利来证明自己；张辅作为武官，又以征安南而封国公，自然倾向征讨；沐昂急于为兄长以及家族雪耻。需要注意的是，虽然蒋贵爵位官阶高于王骥，而且士卒同甘苦，临阵奋勇当先，但是谋不及勇，之所以能封侯，多依赖王骥，所以此后王骥又参与了两次征讨。此外，三征麓川时，刘球反对王振征讨，徐珵因此与曹吉祥取得联系，都对当事人产生了很大影响。

一四四二年十月，因思任法复出作乱，明朝再派定西侯蒋贵、兵部尚书靖远伯王骥征讨缅甸、麓川。一四四三年二月，蒋贵、王骥抵达金齿，要求缅甸交出思任法，缅人佯诺不遣。于是，明军在腾冲分为五营，分道并进。王骥收降木邦，蒋贵蔽江而下与缅军大战，将其击溃。思任法被迫再次逃走，妻子被俘。

一四四四年二月，王骥联合木邦等部，进兵缅甸，接连取胜，本打算将麓川、孟养等地分给木邦、缅甸，从而命其交出思任法，同时分兵攻打思任法之子思机法，俘虏其妻子。但是上报之后，王骥被召还京。思机法继续窃据孟养。

一四四五年十二月，云南勒令缅甸交出思任法，后者害怕而将其等32人交出。思任法绝食将死，斩首函献京师。一四四六年，明朝在麓川平缅宣抚司故地设置陇川宣抚司。

此即四征麓川。笔者推测，王骥突然被召回京的原因在于西南战事将平而瓦剌部也先频频犯边，迫使兵部尚书回朝理政。抵达北京后不久，王骥就与都御史陈镒巡视延绥、宁夏等地。

至此，明朝在西南地区除云南承宣布政使司直辖的府县外，还设置了三宣六慰，协助管理。三宣指南甸宣抚司（云南德宏梁河）、干崖宣抚司（云南德宏盈江）、陇川宣抚司（云南德宏陇川）、六慰指车里宣慰司（云南普洱南部）、缅甸宣慰司（今缅甸伊洛瓦底江中部）、木邦宣慰司（缅甸掸邦东部；木邦就是勐拉的不同音译）、八百大甸宣慰司（缅甸南部和泰国北部，治所在泰国清迈，即为兰那泰王国）、孟养宣慰司（缅甸克钦邦）、老挝宣慰司。除以上三宣六慰以外，还有永乐年间设置的大古剌宣慰司（伊洛瓦底江出海口附近，一说为孟人建立的汉达瓦底王国）、底马撒宣慰司（印度那加兰邦迪玛普尔县）、底兀剌宣慰司（缅甸勃固省东吁县，一说即为后来的东吁王朝前身）；这三个宣慰司由于地理偏远，宣德年间就与中国失联。

一四四八年三月，明朝再派王骥，率军十三万，征讨思机法。十月，大军抵达金沙江，通过浮桥渡江，乘胜进攻孟养，取得大胜，用兵直达勐腊。西南诸夷大感震撼。思机法下落不明（一说逃往缅甸），其子思陆法率部投降。王骥考虑到大军在外已久，又认为蛮族难以彻底消灭，于是准许思陆法留居孟养，并以金沙江为界立誓。随后，明军班师，王骥增禄，赐铁券，子孙世袭伯爵。

此即五征麓川。麓川转而南下进攻阿瓦王朝，后被东吁王朝消灭。宋元相交时，元军进攻大理后，顺势进攻缅甸蒲甘王朝，爆发了一二七七年至一二八七年持续十年的元缅战争，结果蒲甘王朝战败称臣，不久崩溃，缅甸各地自立，蒲甘王朝的残存势力在下缅甸建立勃固王朝，上缅甸大多邦国选择依附元明两朝，例如，阿瓦王朝实际上就是缅甸宣慰使司。各国之间交战冲突不断，其中一五二六年或一五二七年，缅甸阿瓦王朝被木邦、孟养、孟密（从木邦中分出）攻灭，国王被杀，之后形同傀儡。上缅甸的交战，加之首领多为掸族（傣族），导致缅族纷纷南下，东吁王朝因而迅速崛起，消灭了形同傀儡的阿瓦王朝，并趁北方相互交战的机会，攻略泰国，继而多次北上，先后消灭木邦、孟密、孟养，臣服老挝，至一六〇四年孟养被并，六慰当中除车里在一五八五年划归云南以外，均被缅甸占领或控制。

总的来说，五征麓川的影响，主要有三个。首先，五征麓川深远地改变了中南半岛的历史走向。元朝攻灭蒲甘王朝，使得中南半岛西侧出现权力真空，所以傣族建立的麓川才会迅速崛起，但是经过五次征讨，其实力大打折扣，而且被明朝分而治之，最终又被缅族建立的东吁王朝——攻灭。

其次，五征麓川引发了贵州湖广大起义。近代以来有历史学家以五征麓川类比唐朝与吐蕃的战争，认为五征麓川导致了明朝中央财政、军力空虚，由此导致土木堡之变失利，或是认为五征引发贵州湖广起义，如同唐末桂林兵变，加剧了明朝财政紧张，由此导致明朝中衰。笔者个人认为这种观点有些夸大其词，因为明朝中央对发动麓川之战的争议并不大，力主从安南撤兵的杨士奇都未加太多反对，而且土木堡之变中，明军还能调动二十万（一说五十万）大军，可见兵力和财政上都未受到太大影响。

最后，麓川之役的连续取胜，导致明朝中央轻战。笔者个人认为，明朝中央之所以发动三次征讨麓川，原因在于明英宗和王振都急于发动一场战争，从而树立权威，以便从张太皇太后和三杨手中接掌大权。但是，麓川之役的接连胜利，让明英宗和王振有了很严重的轻战心理，所以才会出现第四次征讨尚未完成善后的情况下就将王骥召回的盲目之举，进而出现仓促出兵迎击瓦剌也先（王骥正在南方平叛），有了差点亡国的土木堡之变。

闽浙矿乱

一四四二年十二月，矿工丽水人陈善恭（陈鉴胡）、庆元人叶宗留聚众盗挖福建宝峰场银矿（福建南平）。一四四六年春，叶宗留因数次击败官军，势力数千人，因而自称"大王"。一四四七年九月，因盗挖银矿不利，叶宗留转回庆元（浙江丽水），随后南下攻占浦城、建阳（福建南平），劫掠建宁（南平建瓯），断绝商旅。

一四四八年四月，江西人邓茂七在福建沙县陈山寨起兵，自称闽王。明朝为平定叶宗留而在福建实行保甲，编乡民为什伍，结果百姓苦不堪言。邓茂七趁机起兵，获得乡民响应，占据杉关，顺流而克顺昌（南平西北），甚至一度攻打延平，引起福建震动。

随后，明英宗命都御史张楷、都督刘聚等人率军平叛。九月，明军入闽。十一月，叶宗留阻断道路，与明军交战，中箭身亡，但是余部叶希八继续对抗明军，不久伏击重创明军。十二月，邓茂七分兵攻打泉州、建宁。

一四四九年正月，明英宗因大军久未平叛，斥责张楷、刘聚，又命宁阳侯陈懋为征南将军，保定伯梁瑶、平江伯陈豫为左右副总兵，刑部尚书金濂总督军务，太监曹吉祥、王瑾监军，率京营以及江西、浙江各处大军共四万人征讨。

旋即，明军剿抚并用，招降部分义军首领，得以进入福建。二月，明军设计诱使邓茂七再攻延平，趁机将其伏击击杀。三月，明军攻入陈山寨，平定邓茂七余部。

随后，张楷、刘聚等北上，征讨处州义军。此前，叶希八等人因山中出掠不便而北上，围攻处州数月，又分兵攻入江西广信境内。五月，张楷率军抵达衢州，大破义军；随后，张楷许诺免罪，于是叶希八、陶得二归降免罪回家。

一四五〇年五月，庆元再次爆发百姓起义，旋即又被张楷招抚，陶得二等人出降，解散余部，回家复业。

相较于世界上其他地理分区，东亚季风区特别是黄淮海平原地区，矿产实在是太过贫瘠，金银铜铁的分布都非常少，所以散布在闽浙赣三省交界的银矿、铜矿就显得极为珍贵。

闽浙赣地区的矿乱实际上自这里开采矿产以来就一直存在，到了明末也没有得到解决。基本的套路就是由于官府加税以及打压盗挖，导致矿工从小范围暴动变成大范围起义，中央政府征调大军平叛，但往往是徒劳无功，最终以免罪为饵，加之削减税赋，引导叛民投降，由此暂平叛乱。

之所以出现这种屡禁不止的情况发生，症结在于盗挖银铜等于印钱，丘陵纵横难以清剿，在此基础上，矿工、豪强以及当地地方官自然而然地形成紧密的利益共同体，中央派来的军队即便没有被拉下马，也无法在有人通风报信的情况下彻底平叛。

土木堡之变

一四二五年，瓦剌太师、顺宁王脱欢所立第二十四任蒙古大汗斡亦剌歹去世；鞑靼阿鲁台拥立阿岱台吉为第二十五任蒙古大汗。一四二六年，贤义王太平之子捏烈忽获准袭爵。此后，贤义安乐二王不再联系明朝，瓦剌疑似逐渐被脱欢控制。一四三三年，脱欢拥立元昭宗曾孙脱脱不花为蒙古第二十六任大汗，同时接连攻打鞑靼，一四三四年阿鲁台战死，一四三八年阿岱汗战死，蒙古两部再次统一。同时，脱欢在一四三七年将所部更名土尔扈特部，重组瓦剌部，建立四卫拉特联盟。

一四三九年（一说一四四三年），脱欢去世，其子也先嗣位蒙古太师。因为所部强盛，也先开始屡屡犯边，边境冲突不断。

除了太宗时期的顺宁王、贤义王、安乐王、和宁王，下一位也是最后一位蒙古王爵是隆庆年间的俺答汗顺义王。前四位王爵中，只有顺宁（马哈木、脱欢）和贤义（太平、捏烈忽）二世；顺义王前后四世。

马哈木被明太宗打败后，转而经营瓦剌，其子脱欢也继承了这一方略，躲开了明太宗对蒙古的打击，最终趁阿鲁台势力衰微之际，再次统一蒙古，从而开始考虑南侵事宜。此外，有材料认为阿岱汗因为是被鞑靼所立，所以与瓦剌所立的斡亦剌歹和脱脱不花在位时间均有重合。

一四四九年二月，也先遣使二千余人进贡马匹，诈称三千人；王振大怒，按实数封赏,并削减马价。结果两家交恶,明朝拒绝联姻,瓦剌图谋大同。

七月,也先大举犯边,大同迎击失利,塞外城堡全部被克;明朝分派四路大军各一万人,出兵防御。

蒙古连年犯边,但是并没有掌握攻城技术,所以大同等边地都会选择坚守不出,待其粮尽而还。此举虽然有些丢脸,但是非常有效。

十五日,在王振的劝说下,明英宗下诏亲征,二日后就出发,太师英国公张辅,太师成国公朱勇,户部尚书王佐,兵部尚书邝埜,学士曹鼐、张益等人随扈从征。因为诏令太过仓促,举朝震惊,吏部尚书王直率群臣劝说无效。

十七日,明英宗命太监金英辅佐皇弟、郕王朱祁钰留守北京,自己亲率五十余万人(一说二十万)出征。随后,大军出居庸关,过怀来,至宣府;因为连日风雨,人情汹汹,未至大同,已经出现乏粮、僵尸满路。与此同时,也先则佯装避让,引诱明军深入。

八月初一,明军抵达大同。王振原本坚持继续北上,但是先前四路军战败、大军先锋全军覆没的消息接连传来,在镇守大同宦官的劝说下,王振决定撤退。大同总兵郭登建议大军从紫荆关入关,以保无虞。王振不听。王振打算趁此机会邀请明英宗驾临自家蔚州府第,但是行军途中又担心大军损坏庄稼,于是大军前进四十里后又转向东。

结果,瓦剌骑兵在狼山追上明军。十三日,恭顺侯吴克忠受命先率一万五千人拒敌,结果被全歼;随后,成国公朱勇又率三万人(一说四万五千人)拒敌,结果朱勇在鹞儿岭被瓦剌骑兵从两翼伏击夹攻,全军覆没。两军覆没的同时,明军撤至土木堡,距离怀来只有二十余里。众官主张先拥明英宗撤入怀来,但是王振因为自家辎重千余辆未至而要求留在此地等待。邝埜力谏,结果被王振呵斥,被左右拖出。于是,明军大军驻扎土木堡,既无水源,又处在道路要冲。

十四日,明军本欲撤走,但是因敌军已至,不敢轻举妄动。此时,明军缺水两日,掘井无果;也先则分兵占领附近河流。

十五日,也先佯装议和,王振急令大军移营撤退,结果行伍错乱,未及三四里就被瓦剌围攻，明军溃散，自相践踏，全军覆没；英国公张辅，兵部尚书邝埜，户部尚书王佐，学士曹鼐、张益等数百随行官员被杀，只有大理寺右丞萧维桢、礼部左侍郎杨善、文选郎中李贤等数人侥幸逃出。骡马二十余万匹，以及海量衣甲器械辎重，都被蒙古缴获。

明英宗突围不得，下马盘膝南坐，被随侍太监喜宁告发身份而被俘，被也先交由弟弟伯颜帖木儿看管，又命被俘明军校尉袁彬服侍。

随后，也先挟持明英宗至大同，索取赎金，结果明军都督郭登闭门不出；明英宗传旨无果。因为郭登屡出奇计，抵御也先，保全大同孤城，也先只得撤军出关休整。

月底，蒙古军途径宣府，宣府总兵杨洪闭城门不出，事发后因不追击抵御而下诏狱。

杨洪成名于永乐年间，在土木堡之后的京师保卫战中有非常亮眼的表现而被封侯，位次还在石勇之前。但是，杨洪在土木堡之变中的举措非常奇怪，甚至有说法认为王振停止前往蔚州而临时绕道宣府是因为接到奏报说杨洪通敌。况且，在十四日明朝主力被围时，杨洪还曾拒绝集中兵力突击蒙古从而为明英宗突围创造条件。此外，杨洪没有按照一般操作、出兵袭扰正在撤退的蒙古而是继续选择闭门不出。所以下狱也不奇怪。

笔者实在无法理解英宗亲征乃至土木堡之变之间明朝君臣的行为和指挥。第一，笔者始终没有搞清楚，明英宗和王振究竟清楚不清楚自身水平是否能够应对这场战争。王振专权近十年来在军事上的举措只有坚决发动麓川之战，在应对蒙古方面可以说是毫无建树，为了加强边防甚至不惜中止麓川平叛而召回兵部尚书王骥，王振自己又是蔚州（张家口）人，可见其应当对蒙古有一定了解。结合后来明代几代宦官至多搞死几个尚书侍郎之类的二三品官员，笔者实在无法理解王振和明英宗究竟膨胀到何种地步，才会如此头昏，迎击统一了蒙古两部的也先主力？

第二，笔者没搞清楚明英宗和王振发动此次亲征的动机。虽然明太宗五次北伐，明宣宗也有过出关北巡，但是这两个人都是亲临前线入阵拼杀的马上好手，而且除了太宗后三次北征以外，历次征战都有打击蒙古、加强边防的重要目的。所以笔者实在无法理解，在确认也先主力进攻的情况下，王振和明英宗为何还要发动亲征，难道只是为了彰显权力？

第三，笔者没太想清楚明英宗和王振之间的关系。虽然史料上将土木堡之变全都归结到王振头上，但是明英宗此时已经二十二岁，在位十四年，太子朱见深都两岁了，在如此重大的事情上，明英宗真的能听之任之？即便王振说动了明英宗亲征，但是在前线几番折腾，明英宗真能被王振彻底蒙蔽从而对前线情形一无所知，听之任之吗？特别是在大军被围之后，明英宗真的一无所知吗？别的不说，单就议和移营一事，笔者不信王振敢自作主张。

第四，笔者没有想清楚为何在如此紧迫的情况下，王振会犯贪图财物以致被围歼的错误。一般描述土木堡之变的时候，多强调王振短视而被围，却没有强调在被围前一天，明军接连派出两支部队"殿后"却被全歼。在这种情况下，笔者认为但凡精神正常的人，都不会再想着自己的财物，哪怕是两千车财物，也不如自己的命重要，况且撤入怀来依旧可以分兵护卫辎重。此外，笔者对两千辆辎重也存疑，须知明代宦官的最终形态九千岁魏忠贤下野的时候也不过四十车、千余仆；此时东南贸易尚未开放，宣大地区又是战争频繁地带，王振到哪里筹集两千车财物呢？

因为以上太多问题搞不清楚，所以笔者一直对土木堡之变感到非常困惑。如果脱离了传统描述，只以最难以更改的明军行动为基础，对土木堡之变进行重新描述的话，笔者更倾向于一种更大胆更冒进的解读：土木堡之变是一场明朝中央决意在战场上击败也先主力，结果被反歼的惨案。

第一，明朝的战略方针是诱敌深入，再以优势兵力将也先主力歼灭。这样就能比较好地解释清楚为何会出现王振希望明英宗临幸府邸而去而复返（故意给蒙军追击机会）、等待辎重而不避敌（千车家私实际上是军需）、路途当中下寨导致远离水源而且背城（完全是正面迎敌、指挥前线的做法）。

第二，吴克忠和朱勇两支"殿后"部队，实际上是与也先主力对决，但是惨遭歼灭。明军的意图就是诱敌深入，以便重创甚至歼灭也先，所以在蒙军追上明军后，明军派出主力，以恭顺侯吴克忠在先而成国公朱勇在后，诱使蒙军伏击而后内外夹攻。这个策略符合基本战法，而且吴朱二人因为是受命对决，所以才会陷入血战而被歼灭，否则必然会在失利后向周围突围。所以笔者倾向于两支部队的人数都是上限，即一万五千和四万五千，而不是常见的数千和三万。

第三，土木堡之变中，明军并非坐以待毙，而是束手就擒。明军大营对前线战况非常清楚，但是在精锐尽出却被全歼的情况下，贸然撤退很有可能会导致蒙军趁机进攻，引发明军崩溃，这样即便君臣撤入怀来，怀来也极易被乱军冲垮，既无法坚守，也无法阻挡蒙军，还会赔上大军。所以，就地坚守反而是劣中择优的结果；但是明军，特别是明英宗和王振显然没有坚守决心，因而在蒙军假意议和的情况下急于移营，铸下大错。

第四，笔者认为此次亲征的主谋不是王振而是明英宗。实事求是地讲，笔者是非常看不上王振的，根本不信他有胆量"说服"或者挟持明英宗亲征。明代宦官的一个共性就是极为依赖皇帝，别说架空皇帝，连老仆欺主都很罕见，而且明代宦官都很有自知之明，不敢轻易掺和前朝事务；原因很简单，明代宦官除了皇帝的支持，什么从事政治斗争的本钱都没有，不过是主少国疑时候的恶犬而已，一旦君主成年亦即问罪之时（刘瑾、冯保）。既然在土木堡之变前后，只有六部坚决反对，内阁、张辅不作声，王振积极主张，不难猜测这是明英宗的意见。

所以，在不考虑历史研究规范的情况下，笔者更倾向于认为土木堡之变，其实是明英宗、内阁、张辅、王振等人为了强化君权，打压相权而发动的一场战争；在他们看来，有绝对兵力优势（至少三比一）以及诱敌深入的地形优势，取得一场对蒙古的小胜，并不困难；结果，在也先惊人的军事能力之下，明军派出的主力被全歼，导致大军被困土木堡，进而惨败。

关于土木堡之变中，明军损失，也是一个值得分析的事情。通俗的说法是明军三大营二十万（一说十七万）全军覆没，损失辎重骡马无数，随行的仁宣两朝文武大臣被一扫而空。笔者认为损失辎重骡马无数是必然的，战殁大臣因为明代宗修了怀来土木显忠祠而被明确为六十六位，但是并没全军覆没，实际战况稍好一些，按照战场亲历者李贤的记载"只是伤亡居半，死者三分之一"。不过结合这一伤亡情况，笔者更倾向于蒙古在进攻之前就已经明确"斩首为上歼灭次之"的战略，所以才会出现英宗被俘、大臣几乎全灭的情况；这样看起来，蒙古在明军内部有间谍，所以才会急于通过议和而唆使明军失误，进攻之后也是集中兵力消灭明军指挥层，旋即迅速撤军，以便整军再来。

但是不论真相如何，土木堡之变对明朝的影响非常重大。第一，明朝中央军力遭到毁灭性打击，彻底改变了明蒙战争的模式乃至于对外政策。明朝虽然不似宋朝强干弱枝，但是在对外作战的时候，多依赖极为强力的京营，特别是明太宗凭借三大营的配合，取得了忽兰忽失温之战的大胜。但是，土木堡一战，无论是全军覆没还是死伤各半，三大营都遭到了毁灭性打击。虽然于谦有所整顿重编，但是难以重振旧日时光。明朝也因此基本失去了主动对外发动大战的能力，进而加剧了对外政策的保守倾向。

第二，明朝损失了永乐以来几十年的人才积累，勋贵集团损失尤其惨重，失去了牵制寒门的能力。现有史料收录的战殁文臣共四十八人，包括户部尚书王佐、兵部尚书邝埜、内阁首辅曹鼐、刑部右侍郎丁铉、工部右侍郎王永和、右副都御史邓棨、侍读学士张益、左政通龚安全八位四品以上高官，相当于明朝在朝的半数高官战殁。损失更为惨痛的是勋贵集团，此战损失了包括英成二国公在内的十一名公侯伯爵，占具有爵位的总人数的四分之一（笔者数的是四十三个）。虽然无论是从数量上还是从比例上看，都是文官集团损失更多，但是实际上对勋贵的打击更大，沉重程度甚至大于对京营的影响。因为勋贵的培养传承关键在于平稳有序的新老更替，这十一位勋贵都是当打之年或是经验丰富之辈，结果横尸土木堡却留下幼子，对勋贵的影响可想而知。比方说英国公张辅一世英名，结果留下十岁稚子袭爵，到了第三代英国公张溶，就只能凭借勋贵之后而免于欧阳一敬的弹劾。原本相权在于勋贵与豪强、寒门之间的拉锯，结果豪强已经在五代十国和雕版印刷中隐退，勋贵又遭此横祸，相权显然就会被寒门一家独大。

第三，明朝险些半壁沦陷，甚至亡国。这是土木堡之变经常会被一笔带过的一点影响。原因很简单，这一点几乎没有发生实际作用，再加上土木堡之变未能改变明朝对周边政权的军事经济优势，从事前事后来看，也先也没有图谋中原的打算，所以传统史家往往也就点到即止，不会深入阐述。但是在笔者看来，这才是土木堡之变最重要的影响。衡量影响重要与否，一方面要其涉及面多广、是否持久，另一方面也要看其是否致命、是否已经到了所谓的历史转折点上。在古代中国，还有比有可能改变国运更重大的历史转折点吗？

须知，三百年前，北宋也有一套同样的剧目。当时也有一场惨败，叫太原之战；也有一个类似的皇帝，叫宋徽宗；也有一个被扶持的皇帝，叫宋钦宗；也有一场类似的战争，叫东京保卫战；也有一个拥立新帝的主战派大臣，叫李纲；也有一个著名的历史事件，叫靖康之耻；继而就是古代中国看上去保留火种，实际上苟延残喘的又一次宋室南渡。

但是，这一次站出来的这个大臣，叫于谦。

北京保卫战

八月十七日，也先使者抵达京城，皇太后孙氏遣使回函，皇后钱氏搜集宫中大量珍宝送至也先营中，希望迎回明英宗，无果。二十日，孙太后立明英宗长子朱见深为太子。二十一日，兵部侍郎于谦为兵部尚书。二十二日，孙太后命皇弟、郕王朱祁钰为辅代总国政，抚安天下。此外，孙太后一度想召襄王朱瞻墡（宣宗同母弟、英宗代宗叔）入京为帝，旋即作罢，且襄王书信提前入京，要求以明英宗皇长子朱见深为太子，郕王朱祁钰监国。

二十三日，郕王主持朝会。此时，前线战败消息已经传开，百官惊惧不已，人心惶惶，纷纷弹劾王振，同时痛哭不已，声彻中外。郕王在官员要求下命都御史陈镒抄没王振家，同时又命太监金英命令百官退朝。结果，官员大怒，想殴打金英。王振党羽锦衣卫指挥使马顺呵斥百官，结果激怒众人，被殴死；随后，官员又索求王振党羽毛贵、王长随二人，也被金英交出，被众人殴死。三人被陈尸东安门，被军士继续殴打。朝中一片混乱，官员们逐渐因殴杀三人而开始害怕。郕王也屡次起身想返回宫中，结果被兵部侍郎于谦牵住衣服，要求赦免百官无罪；郕王同意，下令奖谕百官，马顺等人犯罪应死，不会追究。随后，都御史陈镒奉郕王令旨，抄王振家，并将王振侄子王山凌迟，全族处斩。

二十九日，孙太后命郕王即位为帝。九月初六，郕王即位，是为明代宗；尊明英宗为太上皇，改翌年为景泰元年。此时，明朝人心浮动，文武大臣交相劝进；同时，也先遣使称要送还明英宗，但是明代宗只赐以金银。

严格意义上讲，朱祁钰应当被称为景泰帝或景泰，因为明英宗复辟后废除了其皇帝身份，贬回郕王，并上谥号戾，即便后来承认其皇帝身份，谥号也只有五字（少于太祖以外诸帝的十七字），而且没有庙号，直到南明才上十七字谥号并尊为代宗。不过为了行文方便，本文全部使用流传较广的明代宗作为指代（朱允炆因为建文帝流传更广而不用明惠宗）。

明代宗的即位其实带有很大的偶然性。虽然在英宗北狩的情况下由身兼监国和皇弟两重身份的郕王即位，可以避免主少国疑的局面发生，是一个优解，但是存在两个阻力。一方面，作为辈分最高、地位最高的孙太后，亲儿子的地位和大明江山都不可割舍。另一方面，郕王本人也不愿意即位为帝，因为相对于摇摇欲坠的大明皇位，自己的性命和身后名更重要。但是经过左顺门一事，群臣殴死王振党羽，郕王同意处斩王振全族，明朝上下都直接站到了明英宗的对立面，使得孙太后不敢阻挡，郕王也愿意即位。

明宣宗孝恭皇后孙氏与明英宗孝庄皇后钱氏相比，虽然两人同与夫君恩爱，但是两人的政治水平相差良多。接到奏报之后，孙太后一方面答复来使，索求明英宗（虽然没用）；另一方面命明英宗唯一的弟弟郕王摄政，稳定朝局。而钱皇后则将后宫金银珠宝打包送给也先，虽然痴情，但是无益。所以一个人可以被宠妃废后，另一个险些被宠妃废后。同时，孙太后极大限度地为明英宗争取了一切，即在郕王必然摄政的情况下，指定太子为明英宗长子朱见深。明英宗出征之前指定郕王监国，所以北狩之后，郕王总揽政务顺理成章。但是孙太后政治经验极为丰富，在英宗北狩、局势不明的情况下先立自己的孙子为太子，以防万一。果不其然，郕王被群臣以国赖长君为由劝进并即位为帝，却要面对已经被立为太子的侄儿。但是，孙太后能为明英宗做的仅限如此，毕竟明英宗造成的局面之恶劣，已经丧尽人心，以至于代宗易储并未激起波澜。

明代的左顺门案或者左顺门事件其实有两件，这是第一件，另一次是杨慎哭门。左顺门是明朝非常重要的政治事件发生地。明朝皇帝御门听政或者举行朝议，主要是在午门后、太和门前；左顺门（协和门）相当于这一区域的东门，出门就是文华殿等内阁议事机构。

这次左顺门事件，其实起到了两个效果。一是强化了明代宗的合法性。土木堡之变，明朝损失惨重，举国震惊，必然会引发对王振余党的清理。但是，清理王振余党对明英宗的影响并不致命，一方面是因为时人多认为土木堡之变乃至之前王振专权的责任在于王振而非明英宗，另一方面是因为明朝君臣对皇明祖训极为推崇。所以即便英宗北狩，其作为皇帝的合法性地位也非常稳固。但是，群臣在左顺门殴死三人后，已经超出了常规清洗的范畴，特别是当众殴死锦衣卫指挥使马顺，这使得大臣会更加急于拥立监国的郕王为帝，以便脱罪和免于反扑。

二是于谦成为明朝政治核心。如果左顺门事件中，郕王退入宫中，群臣极有可能遭到锦衣卫或者王振余党的反扑，所以于谦拦下郕王，相当于救了群臣。同时，于谦也通过迫使郕王表态清理王振余党，使得郕王退无可退，必须即位为帝。实际上，此时明朝最有可能即位的是明英宗之子、年仅两岁的太子朱见深。不过一旦出现主少国疑的情况，即便明朝中央侥幸击退也先，也极有可能再次出现佞幸专权的情况，群臣极有可能因左顺门一事而遭到清洗。所以，于谦凭借其出色的政治表现，足以确保其在明代宗一朝一人之下，万人之上的地位。

此外，兵部尚书于谦认为也先必然卷土重来，因而加强北京城防，征调各地民兵和南京兵装。其中，针对通州囤积大量粮草，很有可能被资敌，特命入京城防部队先经过通州取粮，而后再入京城。此外，释放杨洪、石亨，由杨洪继续镇守宣府，石亨统领京师兵马（石亨先前协守万全，因不救乘舆而下诏狱）。

十月，也先以送太上皇还京为名，再次入侵。太监喜宁本是鞑靼人，在土木堡之变后归降也先，告知明朝虚实，也先因此直取紫荆关，十月初九破关而入。京城舆情汹汹，侍讲徐珵以星象有变为由提出迁都，被于谦以宋室南渡为例驳斥，太监金英也宣布迁都者必诛。

十一日，也先抵达北京西北，于谦分兵出城迎敌。面对也先再次入侵，石亨主张关闭京城九门，坚壁避锋；于谦认为避敌不战只会助长蒙古气焰。于是，于谦、石亨率军在城北迎敌，都督孙镗、刑部侍郎江渊在城西迎敌，交趾旧将王通为都督，与御史杨善守城。

十二日，在喜宁唆使下，也先遣使议和，要求大臣迎驾。于谦以通政参议王复为礼部侍郎，中书舍人赵荣为鸿胪寺卿，出城面见太上皇。结果被喜宁揭穿两人身份卑微，唆使也先要求王直、胡濙、于谦、石亨前来迎驾，被拒。

十三日，也先集中兵力攻打德胜门（北城西门）。此时，明朝入京增援部队使得京师明军数量激增，达到二十二万人，而且明朝中央还在继续征调宣府和辽东的部队；同时，于谦散布谣言诬陷喜宁，限制其作为，又命石亨在附近民房埋伏火器，然后派骑兵诱敌，结果也先亲率万余骑追击，遭遇伏击，惨败而退，其弟孛罗等人中炮而死。继而，也先转攻西直门（京城西北角），都督孙镗兵少难支，希冀入城，被监军、给事中程信拒绝，但是程信与都督王通、都御史杨善鼓噪开炮，支援孙镗。不久，石亨等人率军抵达，也先士气大减而撤退。

十四日，也先再攻彰义门（广安门，南城西门），结果又被明军以巷战火器击退；周围百姓也纷纷登上房顶投掷砖瓦。最终，也先撤退。

十五日，也先趁夜分兵撤退，先派一部挟持明英宗撤回紫荆关，被于谦发觉。于是明军以大炮轰击也先大营，击杀万余人。随后，明军大举反击；也先迅速撤军，十七日撤出紫荆关。

同时，脱脱不花得知也先战败，于二十日遣使议和。胡濙、王直认为可以离间蒙古君臣，于是同意，赐以衣服、金帛。

十一月，京师解除戒严，安抚天下，杨洪等人班师还京。论功封赏，杨洪封昌平侯，石亨封武清侯，于谦加少保、总督军务。于谦推辞，不准。同时针对也先声称送还太上皇的言论，于谦表示反对议和，认为社稷为重君为轻，同时为防备也先再次入侵，要求加强宣府、大同、居庸等地城防。

北京保卫战是古代中国非常重要的一场战争。即便是只从军事角度分析评价北京保卫战，这也是一场可圈可点的防守反击战。明朝一方的劣势主要有两点：一是土木堡战败导致实力大损、士气低落、兵装不足，二是京城面积太过庞大，城门就有十一个，大大分散了兵力。但是，于谦和石亨成功地预见到了也先的进攻策略，并且进行了极其有效的对攻，使得也先在极大优势的情况下被翻盘，而且损失惨重，无法继续压制蒙古各部。更重要的是，明朝通过此战稳定了政局，将土木堡之变的影响控制在军事方面，既没有引发明朝中央到地方的政治秩序的动荡，也没有引发周边政权趁机渔利。

一四五〇年正月，太上皇书信送至京城，命大臣迎驾。明代宗命公卿集议，大臣奏请遣使蒙古、贺节进冬衣。明代宗称必须有认识太上皇的人才可以出发，结果百官害怕谢罪，不再议论此事。

同时，也先分兵袭扰明朝边界，结果被明朝边将纷纷击败，同时石亨佩大将军印巡边，明朝声势复振。其中，大同郭登以数百骑兵在沙窝击败数千蒙古兵，受封定襄伯。

二月，喜宁出使明朝被杀。喜宁主张也先扰边，反对送还太上皇，还唆使也先处死袁彬，幸得太上皇急救得免。继而，袁彬与太上皇合谋，劝说也先让喜宁入京传命，趁机让明朝中央将其处死。也先听闻喜宁被杀而与赛刊王分兵犯边。但是明军沿边坚守，不久也先撤退。

五月，明朝整顿京营，设立京团营操法。明朝从京营中挑选精锐十五万人，分为十营，每营设置都督，于谦为总督，列侯石亨、杨洪、柳溥等为总兵，太监曹吉祥、刘永诚等为监军；其他人员仍归三大营，称为老营；以此解决明太宗以来，将不识兵、兵不识将的问题。

整顿京营是于谦作为兵部尚书，除北京保卫战外最重要的举措。土木堡之变中三大营遭到重创，明朝中央又经历了京城保卫战，有必要对京营部队重新进行整顿。由此，十团营取代三大营，成为京营主力；于谦作为兵部尚书，自然成为首任总督。但是也由此犯了大忌——文人掌兵。

六月，吏部尚书王直等人因也先遣使商议太上皇还京一事而奏请遣使，探查真伪，如果也先确有此意，可以趁机迎回太上皇。明代宗表示帝位非自己之所欲，乃是祖宗宗室文武群臣拥立，自己屡次遣使迎太上皇回来，却被也先挟诈拒绝，担心这次又被也先扣押使节，引发入侵，因此应当详议，勿遗后患。

同时，太上皇随也先抵达大同。此前，也先声称送还太上皇，大同守将郭登趁机设计，打算在太上皇入城之后落下城闸板，结果也先将入城门时有所察觉，又挟持太上皇撤走。

七月，也先因屡次议和不成，再次遣使。礼部尚书胡濙奏请迎回太上皇，被拒。次日，明代宗亲临文华殿，质问百官为何反复要求与蒙古议和。吏部尚书王直应对称太上皇在外理应迎回，应当趁也先主动议和的时候操作，以免留后患。明代宗不悦，声称自己并非贪恋皇位，只是被百官强行拥立。结果百官不知如何应对，只有于谦从容回答天位已定，孰敢他议，应答也先使者说只是为了疏解边患。明代宗怒意疏解，同意其所说。

旋即，礼科都给事中李实被任命为礼部右侍郎、正使，携带国书，出使蒙古。国书斥责蒙古连年犯边屠民，明朝只是不愿出兵而已，蒙古应当效仿阿剌（蒙古一部）请和，顺应天命。阁臣以及各部大臣也叮嘱使节，只提息兵讲和，不提迎回明英宗。随后，李实抵达也先营中，拜见太上皇。太上皇希望明朝能够迎回自己，即便守陵也无妨；李实则质问明英宗何以宠王振而沦落至此，险些亡国。太上皇承认不能辨别奸人，但是认为之前群臣也没有人揭发王振，而今归罪于自己。随后，也先要求明朝通婚议和，迎回太上皇，命李实回朝确认。

稍晚，右都御史杨善出使也先营中，迎回明英宗。李实出使也先的同时，脱脱不花也遣使请和，杨善请命前往，结果途中遇到李实，决定出使也先营中，迎回明英宗。李实返京后回报称也先约定迎驾时间不得晚于八月五日，而且已经体现出议和诚意，并抽回犯边兵马；明代宗不置可否，只称待杨善归来。同时，杨善抵达也先营中，声称土木堡明军并非明朝主力，先前南征的主力军队已经返回，准备报仇雪恨，同时明朝广布刺客间谍，刺探军情，或是准备暗杀蒙古贵族，只是两国议和在即而无所施展。结果也先上当，于八月初二，与杨善见面。杨善回应也先先前削减马价的质问，是因为以往外使不过三十余人而也先增至三千人，所以稍加减少；也先又质问扣留蒙古使者、布帛质量低劣、边市商人奸诈等问题，被杨善一一化解。最后，杨善表态，自己空无一物却出使也先大营，是为了让也先主动送还英宗，从而博得美名。结果也先心花怒放，送还明英宗。

八月十五日，太上皇被迎入安定门，安置在南宫。明朝得知太上皇被送还后，明代宗只派太常少卿前往宣府奉迎，但是大臣多认为应当厚礼相迎。明代宗对此极为不满，都御史王文在群臣商议时厉声喝道：蒙古不索金帛必索土地。胡濙认为唐肃宗收复两京后厚礼相迎唐玄宗，如今只在安定门相迎，实在太简朴。但是，太上皇又发诏谕无需百官相迎。见状，明代宗下令，百官在安定门迎接太上皇。然后，太上皇进入东安门，与明代宗见面后就被送往南宫安置。

十月，明代宗命靖远伯王骥守备南宫。十一月，明英宗生日（万寿节）前夕，吏部尚书胡濙奏请大臣朝贺，被明代宗拒绝；胡濙又奏请次年元旦百官在延安门朝拜明英宗，又被拒绝。

英宗北狩时间实际不到一年。关于英宗北狩，传统史家比较关注的有两点。一是明英宗在北狩期间表现如何，有没有坚守君格。很多材料认为明英宗是一个极具人格魅力的人，北狩期间不卑不亢，获得了相当一部分蒙古贵族的支持和保护，多次化解也先和喜宁等人的阴谋。不过也有史家认为这是对明英宗的美化，实际上也先并没苛待明英宗，明英宗也没有像史书中写的一样外柔内刚，双方的关系只是稍加礼遇的绑匪和人质的关系。笔者个人也倾向于此说，毕竟蒙古的作风更像是劫匪，犯边时也多有目的和计划地绑架高官以索取赎金，而且考虑到以后明英宗有可能会被放回，也先也不会让明英宗被苛待；另一方面，其他蒙古贵族对明英宗示好，更多也是基于也先在北京保卫战中实力受创，一旦明英宗回国，此时积攒的善意便有无穷效益。

二是明朝君臣对迎回明英宗的态度。明代宗对迎回明英宗的反对态度毋庸置疑，但是明朝大臣对明英宗的态度就非常暧昧。明朝大臣整体更倾向应当迎回明英宗，即便是于谦也不反对，主要原因是皇帝被俘在外，实在是有辱国格。但是明朝大臣又普遍对明英宗本人抱有敌意和成见，最明显的是大臣只关心迎回太上皇，但是并不关心太上皇迎回后的待遇。笔者个人认为，这反映了一个对明代宗而言很严重的事情，即哪怕是被俘放回的明英宗也足以动摇自己的皇位合法性。因为除了清理王振余党、打赢京师保卫战以外，明代宗没有任何可以与明英宗竞争皇位的资本，而且群臣之所以支持明代宗，更多的还是为了完成这两件事情，这两件事情结束之后，皇位竞争又退回到了皇家私事上去，一般的大臣既没有兴趣也没有胆量越雷池一步；于谦在此事上对明代宗的支持也并不十分坚决，更使得明代宗惶恐不安。由此埋下了代宗易储和夺门之变两件历史事件的引子。

此外，有一种近年来逐渐兴起的观点，也值得提一下。这种观点认为也先对明战略的主要目标，是为了迫使明朝开放并维持对蒙古的朝贡互市。所以，也先发动土木堡之战也好，放回明英宗也好，都是为了迫使明朝开放边市，换取必要的生产生活物资，从而解决蒙古自身生产力水平低下的问题。笔者个人认为这种观点有一定道理，但是并不充分，因为中亚也是一个冶炼技术非常发达的地区，瓦剌完全有能力从此处获取物资，没有必要劳师远征，真正需要中原物资的，其实是东部的兀良哈和鞑靼。

一四五一年九月，也先遣使求通好，被明代宗拒绝并禁止此事。

同时，因为京师保卫战和连年犯边导致也先实力受损，脱脱不花与其弟阿噶多尔济联手对抗也先，但是阿噶多尔济背叛脱脱不花，脱脱不花于一四五二年战败而死，阿噶多尔济就任第二十七任蒙古大汗。但是阿噶多尔济接连被也先击败，于一四五三年战死。也先屠尽黄金家族宗室，自称天圣可汗（第二十八任大汗）。此举引发瓦剌各部反对。结果，知院阿剌因也先没有授予自己太师职务而反叛也先，使得也先在一四五五年被暗杀身亡，旋即哈剌嗔部（喀喇沁）的孛来击杀阿剌；瓦剌由此式微。也先所部分为长子统领的杜尔伯特部和次子统领的准噶尔部。

此后二百年间与明朝打交道的蒙古，几乎只有鞑靼部。

瓦剌之所以突然陷入分裂，特别是失去了对鞑靼的控制，在笔者看来，主要有三个原因。第一，蒙古高原最肥沃的草场在东部而非西部，所以在正常情况下，蒙古高原东部的势力应当比西方强；历史上统一大漠的政权，也以东部居多。第二，瓦剌除了向东以外，还可以向西发展，而且相较于同样贫穷的鞑靼，富庶的中亚地区的战力更弱，战争收益更高；蒙古帝国分裂后，察合台汗国也更侧重对中亚的控制而非与东面的元朝对抗。第三，即便是在瓦剌最为强盛的时期，也始终没有彻底控制鞑靼部，只能维持鞑靼部出大汗但瓦剌部担任太师的二元体系。

一四五四年，孛来拥立脱脱不花幼子马可古儿吉思为第二十九任蒙古大汗，因时年只有七岁，故而被明朝称为小王子。孛来自称太师淮王，掌握实权，与明朝朝贡互市，但是也屡次犯边，并且逐渐侵占河套地区。

一四六五年，马可古儿吉思被孛来所杀，引来同为太师的翁牛特部酋长毛里孩兴兵复仇，将其杀死（一说毛里孩攻打孛来，马可古儿吉思死于乱军之中）。随后，毛里孩立脱脱不花长子脱思为第三十任蒙古大汗摩伦汗。旋即，摩伦汗在大臣挑唆下，征讨毛里孩，次年（一说一四六七年）死于乱军之中。由此，鞑靼部陷入大分裂，蒙古大汗暂时空缺（一四六七年至一四七二年）。一四六九年前后，毛里孩也被其他蒙古贵族所杀。

当时明朝对蒙古的情况也非常不清楚，以至于自吉思开始，将几乎所有的蒙古可汗统称为小王子；但是由于蒙古内乱后，诸部四面劫掠出击，反而进一步压缩了明朝北方的边境线，特别是河套地区彻底变成游牧区。

夺门之变

一四五二年五月，太子朱见深被废为沂王；明代宗之子朱见济被立为太子，生母杭氏为皇后，原皇后汪氏因反对易储被废。明代宗一直有心改立太子，此时主意已定，担心大臣不从而向内阁学士赐金五十两、银一百两。于是，陈循、王文等人赞同废太子。明代宗召开廷议，表示改立太子，王直、于谦瞠目惊讶。最终，司礼监太监兴安厉声催促，于是群臣赞同。王直气得将明代宗所赐金银扔在桌上，捶胸顿足。

七月，金刀案发。太监阮浪在南宫侍奉明英宗，将明英宗赐予自己的金绣袋及束刀转赠给门人王尧。结果，王尧在锦衣卫指挥使卢忠家饮酒时被卢忠发现。卢忠将其灌醉，然后以袋刀入宫，告发明英宗准备谋反。明代宗大怒，将阮浪、王尧等人处死，进而株连。但是阮浪等人始终没有供出明英宗。

　　一四五三年十一月，太子朱见济去世，时年五岁，追谥怀献太子。

　　一四五四年五月，礼部郎中章纶、御史钟同因为上疏复立朱见深，又主张明代宗应当率群臣朝见明英宗而下锦衣卫诏狱。

　　七月，给事中徐正建议明代宗将沂王就藩并加以圈禁，以便断绝其名望，又建议明代宗抱养宗室之子养于宫中，结果明代宗大怒将其戍边。

　　此外，御史高平进言南宫多树，容易被人利用，应当全部砍掉，获准；此时盛夏，明英宗经常靠树休息，被砍之后，了解实情而大惧。

　　一四五五年八月，大理寺少卿廖庄与章纶、钟同被廷杖。此前，廖庄上疏请复太子，无果；此时进京，被明代宗想起复立太子一事，施以廷杖，章纶、钟同陪杖，结果钟同被杖死，章纶继续关在诏狱，廖庄贬为庄定羌驿丞。

　　一四五六年七月，皇后杭氏去世，追谥肃孝皇后。

　　代宗易储是明代宗为了巩固自身帝位的必然举措，但是从中不难看出，明代宗的帝位也岌岌可危。六部三巨头王直、胡濙、于谦三人都反对易储，内阁也只是保持中立而已。而且奈何朱见济早殇，明代宗谋划成空。实事求是地讲，明代宗在任期间除了易储以外，可谓毫无作为。其中原因也很简单，在蒙古又一次陷入内乱的同时，明朝对外继续主动采取收缩态势，再加上此时明朝内部矛盾尚未凸显，所以明代宗也没有什么大开大合从而被大书特书的事迹。

　　内阁在土木堡之变中，战殁首辅曹鼐和新晋张益两人；旋即，陈循、高谷晋升户部尚书和工部尚书兼学士，修撰彭时、商辂入阁，算上苗衷，共有五人。一四五〇年，彭时闰正月回家守丧；苗衷二月晋升兵部尚书兼学士，八月致仕；江渊八月以刑部侍郎兼学士入阁。一四五一年十二月，礼部侍郎兼学士王一宁和祭酒兼学士萧镃入阁。一四五二年七月，王一宁去世；十月，王文以太子太保左都御史入阁。由此，形成了代宗朝比较稳定的六人内阁，即陈循、高谷、王文、萧镃、江渊、商辂；一四五五年正月，江渊被陈循、王文排挤，改任晋升太子少师兼工部尚书，负责部务，不再负责内阁。

代宗朝六部尚书则比较稳定。王直一直担任户部尚书（一四四三年正月至一四五七年正月），期间有何文渊和王翱搭档；户部尚书先后有金濂、张凤（一四五四年二月去世和四月上任）；礼部尚书一直是胡濙；于谦一直担任兵部尚书，期间有仪铭和石璞；刑部尚书一直是俞士悦；工部起先是石璞，后来是江渊；都察院则比较复杂，主要是陈镒、杨善、王文、萧维桢，还有王翱、罗通、李宝。

一四五六年，徐有贞治河有功，任左副都御使。徐珵因在京师保卫战前夕主张南迁而声名狼藉，故而改名徐有贞。一四四八年黄河决口荥阳，流入运河，又在兖州沙湾决口，携带济水、汶水水势入海，阻断南北运河。明朝中央先后派工部尚书石璞、侍郎王永和、左都御史王文治理，历时七年无果。一四五三年十月，徐有贞受命为右佥都御史，负责治河。上任之后，徐有贞经过考察，总结出置水门（通源闸）、开支河（广济渠）、浚河道三策并获准执行，一四五五年七月功成。黄河通过广济渠分流，又改由济水入海，沙湾决口才被堵塞，漕运得以恢复，山东不受水患，但是只花费了五万石粮。一四五六年秋，徐有贞又治理山东水患有成，因功升任左副都御史。

由此，黄河安稳三十余年，直到弘治二年（一四八九年）才再次决口，夺淮入海。徐有贞治水的最大成功在于疏通、修建大量小河道，分散黄河水势，加速黄河泄水。因为他发现同样的水箱蓄同样多的水，在排水口面积相同的情况下，排水口的数量越多，水排泄得越快。所以，徐有贞治河就是围绕这一点展开，多开支河以尽快让黄河泄洪。

一四五七年正月，明英宗复位。此时，明代宗病重，又没有太子，因此人心惶惶。兵部尚书于谦屡屡与大臣奏请立太子（可能是复立朱见深）；又有流言称大学士王文与太监王诚劝说太后迎取襄王世子。

十一日，都御史萧维桢、左副都御史徐有贞率十三道言官同其他官员在左顺门外问安，太监兴安暗示明代宗不久于世，大臣应当为社稷打算而非日日问安。于是，萧维桢等言官会同大臣等，草拟奏本，要求明代宗"早择元良，正位东宫"。期间，萧维桢初稿为早建元良，王文提出"安知朝廷之意在谁"，于是萧维桢改"早建"为"早择"。

十三日（一说十四日），明代宗批回奏本，称近几日抱病，十七日御朝，决定此事。礼部尚书胡濙也派下属进奏要求十七日决定立太子。此时，大臣在礼部会商，王直、胡濙等人决定复立沂王为太子，由大学士商辂草疏。待到正本完成时，已经是十六日傍晚，故而大臣打算次日上奏。

这道《早择元良请》是明代非常重要的文件。虽然有关夺门之变的材料自相矛盾之处很多，但是几乎所有的材料都提到了"建"改"择"一事。元良代指太子，建的意思是确定，择的意思是挑选；两者的区别在于，建暗指复立朱见深，择则给了明代宗选择的余地。关于王文此举的解释，主要有两种说法：其一，经历过易储风波之后，大臣不敢明目张胆地支持复立朱见深，因此为求避祸，改建为择；其二，王文反对复立朱见深，主张改立其他宗室，所以改建为择。之所以反对复立，是因为王文在迎驾、易储等事件中，都积极迎合明代宗，所以不敢让朱见深即位。

这两种说法，其实反映了同一个非常严重的现实情况，即六部等大多数官员支持复立废太子朱见深，内阁更倾向于拥立宗室。实际上，在朱见济去世、代宗绝嗣的情况下，明英宗未必能复立，但是作为英宗长子的朱见深的地位无可撼动。六部尚书，特别是王直、胡濙、于谦都是功成名就之辈，地位稳固，自然可以从更加全面的角度去看待问题，但是内阁阁员王文、萧镃、商辂都是代宗提拔的官员，显然不能接受太子复立，所以笔者认为王文倾向迎藩王宗室即位并非空穴来风。但是需要注意的是，这两种方案的受益者只限于六部和内阁，而且都会立下拥立之功，但是勋贵却被排除在外。

十三日夜（此说存疑），武清侯石亨被明代宗独自召入宫中受命，结果确认明代宗不久于世，于是打算复立明英宗立功，暗中找都督张𫐄、太监曹吉祥和太常卿许彬商议。许彬以年老无用为由，劝说找徐有贞商议。于是，十四日晚上，三人在徐有贞家中策划，徐有贞同意参加。

十六日晚，夺门之变爆发；十七日，明英宗复位。十六日晚几人聚会时，徐有贞决定当夜发动政变，以边境报警为由拥军入宫。随后，徐有贞、石亨、张𫐄会合曹吉祥、清远伯王骥、都御史杨善、户部侍郎陈汝言，取得宫门诸门钥匙，半夜四鼓（凌晨一点）时打开并进入长安门，纳兵千人。入门之后，徐有贞锁住大门，将钥匙丢入水中，以示有去无回；石亨、张𫐄害怕，只得任由徐有贞调遣。众人撞开南宫宫门，请明英宗复位；明英宗沿途询问众人官职。随后，一行人前往大内，结果在宫门前受阻。明英宗大喝"吾太上皇也"，于是大门打开。一行人御奉天殿，升座鸣钟鼓，召百官朝见。百官不知所措，只得祝贺明英宗复位；明代宗听闻钟鼓声，本以为是于谦，结果得知是明英宗后，连声说好。

总的来说，夺门之变异常顺利，并无太多险情，基本过程就是拥兵入南宫，迎太上皇入大内，上朝宣示复位。石亨、徐有贞、张𫐄、曹吉祥是夺门之变的主要参与者，其中石亨负责提供情报，徐有贞负责方案设计。石亨虽然承蒙于谦起复，但是不满于谦主政兵部，为人清廉，使得自己难以贪墨。徐有贞是曾经主张南渡的徐珵，虽然未被于谦打压，但是也被明代宗冷落。张𫐄是英国公张玉之子、张辅弟弟，曾经负责京营，景泰二年因骄淫而下狱，又因为征讨苗地不受律令而被于谦弹劾。曹吉祥在明英宗时期长期担任监军，先后参与过南征麓川、蒙古边防，经常豢养士卒，因此也被于谦弹劾处置过。

石亨作为夺门之变的首倡，最大的资本是他确认了明代宗命不久矣。但是他是如何明确此事的，史料上却语焉不详。笔者个人赞同《复辟录》等资料中反映的，在大臣草诏复立的时候，明代宗确实独自召见石亨并交代后事。原因很简单，于谦等重臣心在社稷而不是明代宗，内阁几位学士又太过弱势，所以只能找石亨交代后事。从石亨倡议夺门来看，笔者估计，明代宗很有可能已经认命，打算复立废太子，但是为了身后名，除了内阁以外，还要让负责京营、又是自己重用的石亨入宫独授机宜。结果失算的是，石亨转首背主。

一个有趣的话题是，明英宗究竟是否参与了夺门之变的事前谋划。历代史家对此意见有所分歧，有认为参与的，也有认为没有参与的。笔者个人认为明英宗至少是知情的。徐有贞等人撞开南宫宫门、见到明英宗时估计已经到了后半夜，如果明英宗此前一无所知的话，徐有贞等人很有可能来不及劝说明英宗，一旦天亮未能悄悄入宫复位，即便明英宗凭借太子朱见深得免，徐有贞等人也会坐实乱臣贼子的身份被杀，所以徐有贞等人必须先与明英宗取得联系。考虑到徐有贞和曹吉祥的关系，加之负责南宫的清远伯王骥的身份，几人与明英宗取得联系其实并不困难。不过结合明英宗询问几人官职，可见其与之联系得并不充分。

结合史料，笔者推测，徐有贞对夺门之变的合法性的解释，抑或是说劝说明英宗参与夺门之变的理由，是当朝大臣在明代宗在位期间就商议拥立宗室即位；迫使明英宗同意冒险夺门。但是这一说法有两个构成要件，而且这两个构成要件都非常容易证伪。其一，大臣拥立藩王。如果大臣拥立废太子朱见深复立，那么明英宗没有必要参与夺门之变；万一出现意外，明英宗就成了以身犯险。在被禁南宫期间，明英宗能获得的信息有限，再加上急于翻身，所以有可能被徐有贞等人蒙蔽，但是复位之后很容易发现其中的问题，因为在明代拥立藩王即位的想法实在是非常可笑而且毫不具有可行性。其二，夺门之变必须在明代宗生前发动。因为一旦明代宗身故，大臣拥立藩王都可以以代宗遗诏的名义进行，再进行英宗复位、拨乱反正就会非常困难。但是实际上，即便代宗去世，宣宗皇后、英宗生母孙太后还在世，必然要参与遗诏拟定和执行，明英宗无论如何都不会吃亏；况且在大臣心中，明英宗的合法性还要高于明代宗。

朝会时，明英宗表示明代宗无恙，同时下诏逮捕少保于谦，学士陈循、王文、萧镃、商辂，刑部尚书俞士悦、工部尚书江渊，都督范广，太监王诚等人。二十三日，于谦、王文、范广以及王诚等被斩首，家人充军；陈循、江渊、俞士悦免死充军；萧镃、商辂免职籍为民。在此期间，石亨等人唆使都御史萧维桢以图谋拥立襄王为由处死于谦等人。王文在狱中提出反驳，指出拥立藩王入京继位需要动用金牌而自己从未动用，有案可查；于谦则笑认石亨等人是欲加之罪，自己必死。明英宗起先也认为于谦有功于国，但是徐有贞提出不杀于谦，师出无名。于是，明英宗同意以"意欲"为由，将于谦斩首抄家。结果，于谦被杀时，天下冤之；抄家时发现于谦家无余财。旋即，明英宗后悔，孙太后也叹息不已。

同时，明朝论迎复功，武清侯石亨进封忠国公，右都督张𫐐为太平侯，都御史杨善为兴济伯；副都御史徐有贞以本官兼翰林院学士入值内阁，典机务，旋即升兵部尚书；曹吉祥执掌司礼监，侄子曹钦封昭武伯，其他三个侄子授都督；许彬、薛瑄晋升礼部左右侍郎兼学士，入阁。礼部郎中章纶获释，擢升礼部侍郎，廖庄、钟同赠官。

此外，吏部尚书王直、礼部尚书胡濙被夺少傅兼太子太师，致仕。昌平侯杨洪后人杨珍被免爵位，大同总兵郭登取消定襄伯。二月，次辅高谷致仕，户部尚书张凤、左都御史萧维桢改任南京，右都御史李宝免职为民。

夺门之变对六部内阁的清理程度远甚靖难之役，七卿、内阁全部被换，只有吏部尚书王翱得到新晋大学士李贤的求情而幸免。原因在于，夺门之变实际上师出无名，只能以捏造的罪名大肆清洗。所以，代宗朝的大臣一个不能留；但是区区一个代宗铁杆、传言中负责迎立襄王的王文分量不够，于谦作为凭借京师保卫战而一跃成为代宗朝的群臣领袖，必须要担下迎立藩王入京的罪名，而这个罪名是诛九族的罪名。所以，明英宗和徐有贞必以意欲（拥立藩王入京）为名杀于谦，达到剪除政敌、树立权威的双重目的。

同时，徐有贞等人急于处死于谦、王文还有一个极其阴暗的心理。徐有贞作为左副都御史，参与了起草《早择元良请》，知道群臣更倾向复立太子，特别是六部老臣全都持此意见。石亨则极有可能知道明代宗的真实意愿，同意归位废太子。所以所谓夺门之变，实际上是徐有贞、石亨等人挟持明英宗发动政变为自己谋求拥立之功，只有坐实于谦拥立藩王的罪名，使之成为禁忌，才能保证自己永享富贵。

此外，笔者个人认为，于谦也有功高盖主之嫌，即便幸免于夺门之变，也很可能死在新君即位前后。虽然明代宗和于谦相互依赖，各取所需，但是实际情况可能更接近于：于谦只是需要一个支持自己的皇帝，这个皇帝恰好是明代宗而已。除了拥立之功以外，于谦还有左顺门和保卫京师两件大功，再加上处事公正无私，百官归心已久。这样的一个大臣，任何一个有私心的君主都会忌惮，明英宗会忌惮，明代宗也会忌惮。笔者甚至猜测，明代宗暗中召见石亨的同时还曾暗中召见王文，以此一文一武作为新君的辅政大臣，而且故意把于谦排除在外，甚至考虑过主少国疑、当去强臣的可能，所以南宫复辟的时候，明代宗的第一反应是于谦召集百官发动反击。

二月初一，孙太后下谥谕，废明代宗为郕王，归居西宫，被废皇后汪氏降为郕王妃。十九日（一说十七日），郕王去世，按亲王下葬，谥曰戾；妃嫔殉葬，王妃汪氏改居旧王府。明代宗即位后，王妃汪氏被立为皇后。汪氏只有两个皇女，次妃杭氏生下皇子朱见济。汪氏反对代宗易储，结果被废幽禁，杭氏改为皇后。此时，郕王去世，在大学士李贤的劝说下，汪氏得以免殉。太子朱见深也知道汪氏本意，因此待之甚恭。汪氏由此得到保全。

三月，受感于幽禁之苦，明英宗在学士李贤的支持下，释放被囚禁五十余年的建庶人朱文圭（建文帝次子）。旋即，朱文圭因没有生活能力而去世。

同时，值内阁、兵部尚书徐有贞封为武功伯，兼华盖殿大学士，掌文渊阁事，子孙世锦衣指挥使，赐貂蝉冠玉带。夺门之变后，徐有贞志得意满，又劝说明英宗加封石亨等人，因此石亨回报徐有贞，劝说明英宗对其封赏，因此徐有贞得以封爵。

四月，朱见深复立为皇太子。

明英宗复立之后没有立即废除明代宗的皇帝身份，是古代史上的一个笑柄。但是从侧面也反映出夺门之变事出仓促，明英宗君臣并未做好周密谋划。明代宗的死因在史书中语焉不详，一般认为其是病死，但是《罪惟录》认为其是被明英宗派宦官所杀。笔者表示此事难以判断，但是更倾向于代宗病死，而且代宗死前与明英宗深入交流过关于继位人选的事情。明英宗的弱点是容易轻信别人，但是并不愚蠢，而且为人比较厚道。帝位稳定之后，明英宗必然要跟明代宗交流，而明代宗无论明英宗信或不信，都会表明自己的想法。

月底，襄王朱瞻墡入朝，获得明英宗礼遇。土木堡之变后，襄王两次上书奏请太子即位，并急发府库，招募勇士，以便迎复明英宗，并且要求郕王尽心辅政。奏疏抵达宫中时，明代宗已经即位八天。明英宗复位后看到奏疏，极为感动，下手敕命襄王入朝，礼待甚隆。襄王辞归时，明英宗亲自送至午门。

襄王朱瞻墡真是个有趣的人。朱瞻墡是明宣宗胞弟，也是明仁宗诚孝张皇后所出。明宣宗去世时，明英宗年幼，就有传言主少国疑，应当由朱瞻墡即位，结果不了了之。英宗北狩时，太子朱见深年幼，孙太后命其入宫，结果朱瞻墡要求立皇长子朱见深为太子，令郕王监国，并招募壮士迎回明英宗。明代宗病危后，谣传王文拥立藩王宗室，最大的嫌疑人就是朱瞻墡或者其世子；结果因为先前上疏被明英宗发现，反而因祸得福，获得厚待。

夺门之变，又称南宫复辟，是古代中国为数不多的废帝复位事件。大一统王朝中，如果不算短时间作乱的话，则只有晋惠帝、唐中宗、唐睿宗和明英宗废而复立；如果考虑到前三人都是他人傀儡的话，那成功复辟的其实只有明英宗。明英宗之所以能复辟，直接原因是徐有贞等人趁明代宗病重、百官惶惶不安的时机，铤而走险，拥立明英宗复位；根本原因在于此时明朝政治秩序稳定，帝系传承规则明确，明英宗的潜在竞争者纷纷短寿。所以，实际上，明英宗是在大臣的挟持下，自己抢了自己（或儿子）的皇位。结合孙太后废明代宗的诰谕效力、汪废后的行为、太子朱见深的态度、襄王朱瞻墡的奏疏以及自己的观察，明英宗也一定在几个月之内，就发现了夺门之变是个笑话。

为了更好地总结这出荒诞的剧目，笔者试着进行一下事件还原。一四五七年年初，明代宗病危不朝；王直、胡濙、于谦等人倾向复立太子，并以此劝谏明代宗；内阁学士王文等人则倾向于改立宗室，以防被明英宗或废太子（明宪宗）清算。明代宗无可奈何之下同意数日后上朝商议此事，但是同时暗中召见大臣，布置顾命事宜。石亨是被独自召见的大臣之一，但是确认明代宗不久于世的同时也发现复立太子并不能改变自己被于谦压制的局面，加之想立下拥立之功，因而串通徐有贞等人决定政变，并提前初步通知了明英宗。明英宗因为被囚已久，消息不通，加之因金刀、砍树等事而惶惶，因而同意配合政变。除了石亨之外，王文也受明代宗召见，而且知道明代宗对复立废太子颇为犹豫，所以王文才会暗中尝试改立宗室，在奏疏中留下活口。由于奏请明代宗复立废太子一事太过重大，群臣只得反复商议、草拟奏疏，结果奏本在十六日傍晚才拟定，未能及时送入宫中。石亨等人因而在当晚发动政变，只知其一不知其二的明英宗予以配合，喝开宫门，得以复辟；期间，徐有贞讲述清楚夺门的理由是大臣在皇帝病危期间谋立藩王。所以，满朝公卿被清洗，于谦、王文被杀。

但是，明英宗冷静下来，就会发觉皇位必然在明代宗身故后归位自己一系，徐有贞等人非但欺骗自己以身犯险，而且还让自己背负了诛杀于谦的骂名。于是，徐有贞等人的结局，成为必然。

石曹之乱

一四五七年二月，因内阁缺员，徐有贞推荐吏部右侍郎兼学士李贤入阁。三月，徐有贞再荐李贤为吏部尚书。此外，户部侍郎陈汝言依附石亨、曹吉祥，被任命为兵部尚书。四月，石亨请罢所有边境巡抚和提督军务等官员，获准（边军由此脱离文官监管）。

五月，御史弹劾曹吉祥、石亨侵夺民田，怙宠擅权。六月，大学士徐有贞、李贤，都御史耿九畴下狱降职。石亨等人利用夺门之变冒功请赏，不下四千余人，结果各地都司、边将纷纷依附。徐有贞大权在握后，与石曹矛盾激化，屡屡弹劾两人的不法行为，又支持御史弹劾两人侵占民田。明英宗认为此乃国家之福。但是，曹吉祥惭惧盛怒，与石亨一同指责有人暗中排挤自己，并予以反击，其中曹吉祥唆使小宦官偷听明英宗与徐有贞的密谈内容，然后向明英宗诬陷徐有贞泄露禁语。石曹二人得知六月将再有御史集体弹劾自己，于是趁机先向明英宗奏告此事，结果御史果如其言上奏弹劾，被明英宗大怒下诏狱。锦衣卫指挥使门达趁机构陷都御史耿九畴党附内阁徐有贞、李贤。于是，明英宗将三人下诏狱，又贬徐有贞为广东右参政，李贤为福建右参政。

徐有贞率先被贬的原因很简单，内侍曹吉祥站在武人石亨一边，更容易针对明英宗的弱点陷害徐有贞而已；如若不然，三人之中最先完蛋的应该是石亨。其实，相较于徐有贞，石亨才是和曹吉祥有着根本利益冲突的人，因为两人的权力来源都是夺门之变和借助军功管理京营，如果徐有贞就此加以利用的话，很容易造成两人有隔阂。

对于徐有贞其人的评价，有才无德最为恰当。徐有贞的个人能力非常出众，甚至以此实现在代宗朝成功复出，成为高官。但是徐有贞的手腕、人品和情商实在令人担忧。主张南渡也好，冤杀于谦也好，这些事情绝不是只有他一人所想，但是偏偏只有他主动跳出来；石曹乱政，大肆卖官鬻爵，作为内阁首辅和兵部尚书，徐有贞难以容忍能理解，但是与之直接交恶实为不智。结果，徐有贞被罢后仅仅过了三个月，夺门之变的谎言就被李贤戳穿，石亨等人立即失宠。

此外，大学士薛瑄不满石亨乱政，加之年高，又有心讲学，因而致仕。明英宗命翰林院侍讲吕原入阁；李贤也因吏部尚书王翱求情，获得留任。之后，经王翱举荐，赞善岳正入阁。但是石亨等人认为岳正官位低下，只能暂且试用。

七月，石亨、曹吉祥诬陷徐有贞有怨望，将其贬至云南金齿；许彬改任南京礼部侍郎；岳正因向明英宗指明内臣武臣权力过重，被石亨、曹吉祥等人诬陷谤讪，外调广东钦州同知，旋即流戍肃州卫。

九月，太常寺少卿兼翰林院侍读彭时入阁。

李贤之所以保王翱，一方面有公义，另一方面也有私心。因为想拿掉王翱的是石亨，既是武人勋贵，又是徐有贞和自己的政敌。结果徐有贞垮台后，王翱施以援手，李贤得以留任。此后，明英宗一朝，内阁首辅为李贤，阁员主要为彭时、吕原；六部则以吏部王翱为首，贯穿始终。

九月，明英宗下诏，规定参与夺门之变的人，非宣不得入宫。石亨、张𫐉怙宠而骄，不断为亲信下属求官，曾直接带着两个千户入侍文华殿，要求明英宗立即擢升为锦衣卫指挥使；还曾因举荐乡人孙弘仅为工部侍郎而非尚书，当面顶撞明英宗。明英宗虽因夺门之情而姑息，但是有所不满，与大学士李贤暗聊。李贤指出明代宗病重后群臣已经奏请明英宗复位，石徐曹张等人的行为只能称为迎驾，而且有所万一的话，明英宗就会身处险地。所以，所谓夺门，不过是几人挟持明英宗邀功而已。明英宗有所顿悟，因此疏远石曹等人。

十月，蒙古犯边，石亨奏请领兵巡边，被明英宗拒绝。十一月，兵部尚书陈汝言被弹劾贪污乱法而下诏狱，抄家时查获无数。明英宗大为不满，认为于谦为政数年家无余财，被杀实在冤枉。石曹只得推脱是受到徐有贞的蒙蔽。

石曹等人实在是不知好歹，夺门之变封赏太过，加之邀买人心，一年之内封爵就有十四人（太平侯张軏、文安伯张輗、兴济伯杨善、海宁伯董兴、怀宁伯孙镗、丰润伯曹义、东宁伯焦礼、怀柔伯施聚、武功伯徐有贞、武平侯陈友、定远伯石彪、高阳伯李文、武强伯杨能、宣城伯卫颖），与正统、景泰两朝相当；但是石曹执政能力实在令人担忧，无法处置政务，显然会失去明英宗的宠幸。

一四五八年年初，张軏去世，赠裕国公，谥勇襄。四月，明朝恢复边镇巡抚。五月，杨善去世，赠兴济侯，谥忠敏。

没有了张軏，意味着失去了与老牌勋贵的联系；没有了徐有贞和杨善，意味着失去了与文官行政集团的联系。

一四五九年正月，大同总兵石彪诬陷都御史李秉，致使后者免官为民。八月，石彪因此案案发而下狱。一四六〇年正月，锦衣指挥逯杲趁出现彗星，弹劾石亨怨望谋反，结果石亨被捕，死于狱中。

石彪镇守大同，屡败蒙古，逐步封定远伯、定远侯，蒙古对其甚为忌惮，称为"石王"。但是石彪性情阴险残暴，又传言谋反，引起明英宗猜疑，屡召其回京被拒，因此下狱，取消兵权。石亨被明英宗疏远后，心怀怨念，口出怨言，曾在紫荆关声称陈桥之变不称篡，吓得亲信不敢接话。又有人持妖书，劝说石亨率领大同石彪谋反，结果石亨迟疑不敢。石彪下狱后，明英宗念功不予追究，但是石亨继续谋划，结果被家人告发，死于狱中，石彪等人全部被杀。同时，明英宗下令所有通过石亨封爵晋官的人一律自首免官。

第五章　英宗北狩

石亨政治水平之低下，实在是举世罕见，笔者只能说是咎由自取，活该遗臭万年。

一四六一年七月初二，昭武伯曹钦发动叛乱，旋即被平。石亨被灭后，曹吉祥担心受到牵连被杀，于是暗中犒赏蒙古降兵，作为心腹；曹钦曾向门客冯益询问是否有宦官子弟登基为天子的先例，冯益回应称魏武帝曹操是宦官曹节的后人。由此，二曹有心谋反。由于锦衣卫指挥使逯杲愈加严密窥伺曹钦，所以曹钦打算趁蒙古犯边甘凉，明英宗派怀宁伯孙镗、兵部尚书马昂率京营出征的时机谋反，击杀二人，夺取兵权，以曹吉祥控制的禁军为内应，攻入宫中。定好本夜三更起兵之后，曹钦设酒宴犒赏部属，结果有人趁半夜离席，前往朝房告发此事。孙镗和恭顺侯吴瑾正在朝房夜宿，于是立即写纸条"曹钦反、曹钦反"投入宫门之中，明英宗因而下令逮捕曹吉祥，并下令锁死宫门。旋即，曹钦起兵至宫门，发现事情泄露，于是转而去逯杲家，杀死碎尸。然后又回到西朝房，杀死都御史寇深。大学士李贤在东朝房，被曹钦抓住；曹钦又抓住吏部尚书王翱，扔下逯杲的人头，表示自己是被其逼反，要求两人为其上疏辩解。结果宫门还是不开，于是曹钦放火烧门，守军拆岸砖将大门堵死。同时，孙镗等人假称有罪犯越狱，许诺重赏，骗出两千兵装整齐的京营部队；工部尚书赵荣也在城中被甲跃马，大声疾呼，召集数百人平乱。曹钦只得退守东安门，至中午，无力再支，又无法出城，只得回家，旋即家破投井而死，全家被官军杀尽。但是在此期间，恭顺侯吴瑾战死。

平叛之后，明英宗御午门，将曹吉祥下都察院狱，次日在京中凌迟，诛杀余党，或流放岭南。八月，怀宁伯孙镗升为怀宁侯，马昂、王翱、李贤加太子少保；追封吴瑾为梁国公，谥忠壮，追赠寇深少保，谥庄愍。

经历了夺门之变等一系列历史事件后，李贤在明英宗心中占据了无与伦比的地位，不但是内阁中唯一一个太子少保，而且军国大事经常只由这一对君臣商议，以至于李贤被《明史》认为是明代第一位货真价实的首辅。

曹钦的计划真是十足蹩脚。首先，曹吉祥极有可能不知道曹钦谋反的详细计划，所以也就没有配合，束手就擒，不然在内外配合的情况下，二曹倒是极有可能攻入宫中。其次,笔者也不看好曹钦原定的夺取京营兵权的计划,因为京营出发在即,大军已经知道目的地,很难再以兵符和调令进行蒙骗。最后,笔者实在没有想明白,曹钦究竟愚蠢到何种地步,才会想到自己能为天子?如果只是拥立傀儡发动政变的话,还有万分之一的可能,但是自立的话,眨眼间就会被打着平叛勤王大旗的大臣消灭。

一四六二年九月,太后孙氏去世,谥为孝恭章皇后,合葬明宣宗景陵,祔太庙。

孝恭孙皇后创造了非常多的明代第一,比方说她是明代第一个有金宝金册的贵妃,也是明代第一个有徽号的后宫(夺门之变后上徽号圣烈慈寿皇太后)。

虽然后世史家多认为明代外戚比较弱势,但是实际上,明代皇后能人辈出,参与甚至主导了很多重大历史事件。除了明仁宗张皇后组建三杨内阁并成功压制王振以外,明宣宗孙皇后在捍卫儿子明英宗帝位一事上也有诸多建树。关于夺门之变的一个疑点就是,孙太后是否同意石亨发动夺门。按照《明史》的说法,石亨在夺门之变前曾面见太后,获得太后首肯。不过笔者个人认为石亨不具备这种政治意识,而且如果面见孙太后的话,也很容易引起明代宗以及外臣的警惕。

十一月,内阁学士吕原去世。一四六三年二月,詹事陈文晋升礼部右侍郎兼学士。明英宗起复后,就强行起复正在守制的原编修陈文为詹事。吕原去世后,李贤举荐詹事府少詹事兼翰林学士掌院事柯潜,但是王翱认为依次应当为陈文,于是李贤改口推荐陈文。

明代内阁排序,一般原则以入阁先后为准,同时入阁则以官位、年龄进行排序。但是也存在例外,其中最重要的一点就是以中进士的年份论资排辈,如果是同年的话则以成绩排序。此外,在明代前中期,如果出现后入阁的人的职务反而比先入阁的人高的话,也可以排在前面。

李贤生于一四〇九年,一四三三年中进士;陈文生于一四〇五年,一四三六年中进士；彭时生于一四一六年，一四四八年中状元；柯潜生于一四二三年，一四五一年中状元。所以彭时入阁虽早，但是资历浅、官位低，只能排在第三位。

一四六四年正月，明英宗去世，时年三十七岁；太子朱见深即位，是为明宪宗。明英宗死前口述遗诏，由太监牛玉记录，经首辅李贤等人润色而成。主要内容包括取消宫妃殉葬、钱皇后颐养天年且死后同葬、太子择日完婚等。二月，明英宗上庙号，谥曰法天立道仁明诚敬昭文宪武至德广孝睿皇帝，葬裕陵。

随后，侍读学士钱溥、东宫宦官王纶（王伦）、兵部侍郎韩雍等人被贬。陈文入阁后与李贤意见相左，屡屡争论，又与侍读学士钱溥深交。明英宗病重后，东宫宦官王纶暗中与钱溥、韩雍谋划，分掌司礼监、内阁首辅、兵部尚书，结果被陈文发觉。李贤草拟遗诏时，陈文告发此事。同时，王伦等人气焰嚣张，在明英宗入殓时衰服袭貂，被明宪宗厌恶，司礼监牛玉也予以配合，结果王纶被赶出宫，钱溥谪知顺德县，韩雍为浙江左参政。

废除宫妃殉葬制度可能是明英宗仅有的两点值得称道的地方之一。之所以明英宗废除此项制度，主要的原因有两点：其一是其生母孙皇后要求废除此项制度，具体原因已经不可考；其二是明英宗和钱皇后感情很好，不愿其殉葬。明朝祖宗仁宣四帝的皇后都先于夫君去世，张氏和孙氏都是以妃子诞下太子而加尊，代宗原皇后汪氏因反对代宗易储而获得特赦得免，新皇后杭氏早死，所以钱氏极有可能成为第一个被殉葬的皇后。这是明英宗所不愿接受的，因而废除殉葬，并且强调钱氏合葬。

至于明英宗为人厚道，厚待北巡功臣一事（亦即明英宗另一点被人称道的地方），笔者表示不信。经历了石曹之后，明英宗处事的态度其实已经与厚道无关，例如，北巡最重要的功臣哈铭和袁彬虽然先后担任锦衣卫指挥使，但都没有寿终而是被免，特别是袁彬是被酷吏门达排挤走，还被诬陷下狱，明英宗只说了"任汝往治，但以活袁彬还我"，虽然不算是薄情，但是也不算厚道。

相较于明英宗的乏善可陈，笔者对此时明朝相权的变化更感兴趣。明英宗天顺年间的相权,实际由首辅李贤和吏部尚书王翱分享。李贤之前,能够做到和六部尚书平起平坐的阁臣,只有杨荣、杨士奇两人,但是两人既有太子党的身份,又有杨士奇在一定程度上起到了兵部尚书作用的因素。所以若不算上转瞬即逝的徐有贞,李贤是第一个真正只以内阁身份而与尚书平起平坐的首辅,而且自此以后,内阁首辅都不再仅仅是皇帝秘书,而都是朝廷巨擘,大的历史事件再也少不了首辅的深度参与。

虽然史家大多持有明代宰相就是内阁首辅且这一地位在嘉靖年间得以确立的观点,但是笔者个人认为明朝宰相实际上是分庭抗礼的内阁首辅与吏部尚书。这种模式在明英宗天顺后期确立,即此时确立。之所以出现这种二元模式,原因有三点。首先,大一统中国的制度设计,迫使行政集团中必须要有一个职务承担宰相职责,而明朝的制度设计决定了最有可能成为宰相的就是内阁首辅。任何大一统王朝都必须有一个强有力的中央政府才能维持国家统一,由于疆域人口激增、社会经济进一步发展,使得官制不断完善,明代广义相权远甚前朝,单以皇帝一人的精力和能力,显然无法驾驭,必然需要大臣辅政甚至消化绝大多数日常政务。这也是内阁职能会逐渐从咨询到顾问,再到辅政的深层次原因。

其次,土木堡之变和南宫复辟两大重要历史事件,打破了明朝中央原本就十分脆弱的平衡,加速了内阁的壮大。相较于六部,内阁的特点在于人数少而且以皇帝的信任为要,所以减员对内阁而言打击更大但是也更容易恢复。经历了太祖太宗的打压,明代外戚和开国勋贵力量极为薄弱,所以在仁宣英时期形成了三杨内阁配合六部老臣(蹇义、夏原吉、胡濙)、靖难勋贵(张辅)的相权组合。结果,土木堡之变中,靖难功臣损失惨重,就此一蹶不振,而损失了两位尚书的六部凭借人数优势以及于谦的惊人表现,再次压倒损失了两位阁员的内阁,控制朝政,继任首辅陈循如同摆设。但是南宫复辟又带来对代宗朝大臣的清洗,旋即石曹之乱又使得夺门功臣覆灭,所以人数较少的内阁迅速恢复实力,六部中只有硕果仅存的尚书王翱可以与之并驾齐驱。

最后,李贤与王翱的默契配合,使得这一模式得到强化。李贤在政改方面的举措很少,但是《明史》明确记载在李贤的主张下,明代将地方巡抚的任免,由三品以上京官保举,改为吏部推荐二人由皇帝挑选,以免结党营私,此即并推；虽然传统上将此举解释为李贤防止结党营私，但是实际上也加速了吏部的强势。此外，在夺门之变后，李贤和王翱相互说情留任，也体现出了两人的默契。

第六章 弘治中兴

在经历了英代两朝低谷期之后,明朝先是在明宪宗时期多次用兵取得胜利,极大地稳定了明朝境内以及对周边政权的控制力和影响力,后是明孝宗时期君明臣贤,推动明朝进入中兴阶段。

第六章 弘治中兴

成化用兵

明宪宗即位初年，除了对蒙古以外，还在国内外其他地区频繁用兵，而且大多取得战果，其中比较重要的有平定两广瑶族叛乱的大藤峡之战，平定宁夏叛乱的固原之战，解决鄂陕交界流民问题的郧阳平叛。以上三场军事行动，一一列在本节。除此以外，还有一些零星起义，此处不一一列举。

一四六五年正月，因两广叛乱，明朝以都督同知赵辅为征蛮将军，浙江左参政韩雍擢为右佥都御史，赞理军务，率军征讨。广西浔州地区多山峰矗立，又有浔江经过，冲刷出峡谷，其中以大藤峡地形最为险要。当地人主要是以蓝、胡、侯、盘四姓为主的瑶族人和擅长使用弓弩毒药的僮族人（即壮族）。明代宗时期，瑶族渠首（领袖）侯大狗等人发动叛乱，聚集万余人。明朝当地无力镇压，只能悬赏，徒劳无功。久而久之，已经蔓延到广东高州、廉州、雷州地区。于是，兵书尚书王竑奏请大军平叛，并以浙江左参政韩雍为帅，获准。韩雍经过商讨，决定以三万大军直接捣毁叛军巢穴大藤峡，从而一举平叛，于是率军兼程前进。

十一月，明军抵达浔州，韩雍分两路大军分攻南北。十二月，明军大举进攻，叛军诈降试图行刺不成，又无力抵抗，侯大狗等七百八十余人被俘，三千二百余人被杀。此外，韩雍得知大藤峡得名是因为峡中有粗大如斗的连接山崖两侧的藤条，于是将其斩断，改名为断藤峡。

随后，韩雍奏请设置郡县且以土官负责瑶族民政，并留兵设置巡检所、千户所进行巡检戍卫，同时招募僮族入伍管理，进行羁縻，获准。于是，断藤峡设武靖州，以瑶族首领岑铎为知州。同时，明朝班师论功，韩雍擢升为左副都御史，赵辅封为武靖伯、子孙世袭。

一四六九年，明朝取消两广巡抚，命韩雍总督两地。

明初以来，特别是仁宣以来，明朝经常命官员以六部都察院职衔在外任职，事毕还朝，其中最重要的是巡抚、提督、总督。巡抚一般负责几个州府，如果兼管军务则加提督，有总兵的话则为赞理或参赞，比方说先前的两广巡抚分别为巡抚广东地方兼赞理军务、巡抚广西地方，因为明代另设有征蛮将军、两广总兵官。如果辖区比巡抚更大或者职责更为重要，则为总督，除了总督地方军务以外，还有总督漕运、河漕、粮储。巡抚和总督在职衔上的区别在于，巡抚一般是右副都御史或者右佥都御史，总督一般为右都御史，对应的加衔为侍郎或者尚书。

两广总督，大致全称为总督两广军务兼理粮饷带管盐法兼巡抚广东地方，是明代设立的第一个总督。两广原本各有巡抚，但是为了平定瑶乱，景泰三年（一四五二年）在两广设立总督军务，成化元年（一四六五年）起兼任广东巡抚，成化五年（一四六九年）起取消巡抚，只设总督负责两广民政军事。按照《明史》的整理，明朝共设过十二个总督、三个总理和三十一个巡抚（含抚治）、一个赞理。

湘西、黔东、桂中地区的少数民族叛乱，是古代中国中央政权所面临的一个经久不衰的问题。归根结底，还是因为交通不便、生产力相对落后，中央政府无法投入足够的精力经营，使得当地豪强土司割据，进而发动叛乱，但是又因为难以根除，所以剿而平，平而反，反而剿，周而复始。

但是，大藤峡之战也产生了两个极为重要的影响。具体而言，是获胜的明军通过向中央进献两个战俘，结果产生了两个极为重要的影响。第一个战俘是出身当地土司家族的少女纪氏，被献入宫廷，后来因为识字守礼而负责内库，进而被明宪宗临幸，生下皇三子即明孝宗朱祐樘。第二个战俘是被俘获而净身入宫的幼童汪直，先是侍奉万贵妃，继而在外征战，立下战功，后又设立西厂，将明朝特务政治推向顶峰。

一四六七年四月，固原土达满四反叛，占据石城（固原西吉）。元末，平凉万户把丹归降朱元璋，担任平凉卫千户，所部散居此地，号称土达。满四是把丹孙子，本名满俊，因在家中排外老四，俗称"满四"。满四性情蛮横，四处劫掠。同年春，致仕提督张泰诬告土达张抱腰劫掠其牲畜，结果陕西巡抚陈玠不问缘由，下令拘捕；又有躲避徭役的通渭县民在满四处躲避，因此满四向官差行贿，得以暂缓。结果几天之后，官府又至，继而再次行贿、受贿。满四有感于官府欲壑难填，继而起兵，占据石城。

五月，明朝命陕西巡抚陈玠、总兵宁远伯任寿、广义伯吴琮等人分率本部征讨。七月，陈玠先率宁夏兵抵达，不等绥延兵，直接从固原急趋出关，结果叛军以逸待劳，明军大败。陈玠等人因战败下狱。

随后，明朝中央又命都御史项忠总督军务，起复大理少卿马文升为陕西巡抚，率京营及陕西三边五万人征讨。十月，项忠、马文升先后抵达固原，兵分六路进攻叛军，结果互有胜败，伏羌伯毛忠中箭而死，明军军心动荡。马文升提出胜败乃兵家常事，以稳定人心，于是项忠继续谋划征讨，围攻叛军，同时以劳师远征为由，拒绝中央调动京营征讨叛军。十一月，叛军因围困日久，有人出降；项忠趁机善待放回，加剧叛军离心。随后，项忠说服被俘叛将杨虎狸，将其放回，诱使满四出战。结果，满四出战被俘。

一四六八年正月，叛乱被平，项忠赦免余部，又在石城北、古西安州增设千户所，设兵防守，随后班师。

需要注意的是，在总结满四起义原因的时候，很重要的一点是明朝地方官吏包庇同僚，欺压少民，甚至有材料直言，满四是官逼民反。

西北地区的叛乱也是一个让古代中国中央政权非常头疼的问题。固原乃至西海固地区自然条件极其恶劣，即便是丰年也只能让当地胡汉百姓维持温饱而已，所以当地民风彪悍，不畏生死，因而一旦在特定情况下矛盾被激化，就会演变成武装冲突。再加上当地地形多坪塬堡，易守难攻，所以单凭地方官府或者一镇兵力，难于平叛。易激化矛盾的情况除了天灾干旱以外，流官包庇同僚、压榨胡汉百姓也是非常重要的一点，甚至更甚，因为此地天高皇帝远，加之语言不通，流官难免以对待汉民的态度对待少民，急于求成立功从而尽快高升回朝，结果往往得不偿失，官逼民反。虽然明朝中央也意识到了这些问题，但是在酿成叛乱之前往往听之任之，以期获得尽可能多的税赋，以便应对蒙古或是内地，结果却是叛乱不止，屡剿不止。

一四六五年四月，荆襄流民领袖刘千斤、石龙发动叛乱。明英宗初年以来，由于饥荒，荆襄处于三省交界，地广人稀，所以大量流民迁入此处，人数众多。于是，刘千斤联合另一流民领袖石龙（号称石和尚），聚众称王，国号定为汉，刘千斤为将军元帅，石和尚为谋主，劫掠襄阳、邓州地区。

五月，明朝决定派军征讨，以抚宁伯朱永为总兵官，兵部尚书白圭提督军务，会合湖广总兵李震、河南巡抚王恕，三路进剿。

一四六六年三月，白圭奏请兵分南漳、安远、房县、谷城四路并进，获准。之后，明军接连击败义军。义军因形势危急，四散奔逃。五月，刘千斤等人被俘，押解京城凌迟，只有刘长子、石和尚侥幸逃走。六月，石和尚再次聚众焚劫四川大昌（重庆巫山，三省交界）。十月，白圭趁义军粮尽而诱降，结果刘长子拘捕石和尚后投降。十一月，石和尚、刘长子被凌迟；明朝封赏平定荆襄功劳，抚宁伯朱永晋升为侯，李震为兴宁伯，白圭进位太子少保。

一四七〇年十月，荆襄流民领袖、刘石余党李胡子再次聚众反叛。平定荆襄后，明朝并未留兵防守。同年又遭遇大旱，九十万流民入山，李胡子趁机自称太平王，发动叛乱。十一月，明朝命右都御史项忠总督河南、湖广、荆、襄军务，与湖广总兵李震一起征讨李胡子。

一四七一年正月，右都御史项忠抵达襄阳，因当地军队又弱又少，因而奏请调动永顺等地土兵，获准。随后，项忠分兵驻险，招抚流民，分化叛军，并且严肃军纪，防止大军扰民。十一月，项忠趁李胡子势孤，派大军征讨，将其消灭，随后强制遣散流民还乡，不走即杀，同时规定每户出一男丁戍卫湖广，最终还乡四十万人，被杀两千人，编成万余人；项忠因功任左都御史。

一四七二年四月，给事中梁璟弹劾项忠偏听总兵李震，纵杀邀功，获得兵部尚书白圭附议支持，但是明宪宗以平叛之后应当商议善后而非追责为由，不听。五月，左都御史项忠奏请致仕，被明宪宗慰留，并召回都察院。

一四七六年二月，左副都御史原杰经略郧阳，抚定流民。十一月，在原杰的奏请下，明朝在此地设置郧阳府，进行专门管理。

郧阳因为人口稀疏、地形善于隐蔽，再次囤聚大量流民。都御史李宾认为应当听任流民附籍，进行编户，以便充实人口，避免战乱，于是推荐原杰。原杰上任后安抚百姓，并奏请设置郧阳府；随后，经过统计，编户流民十一万三千余户，其中遣归故土一万六千余户，留在郧阳九万六千余户。于是，明朝允许其开垦无主之地为永业田，缴纳赋税，并从湖广、河南、陕西等地析出土地，在郧县设置郧阳府，进行管理。同时，在原杰的奏请下，以吴道宏巡抚郧阳、襄阳、荆州、南阳、西安、汉中六府，以免地跨三省，造成管理不便。

一四七七年六月，原杰在南阳馆驿去世，追赠太子太保。原杰因功升任右都御史，又被任命为南京兵部尚书，推辞被拒，因而上任途中去世。

抚治郧阳等处地方兼提督军务，简称郧阳抚治，是明朝唯一一个抚治，一直延续到康熙十九年才被裁撤，辖区大致相当于今天湖北十堰市向周围省区外延。

之所以在此地产生了严重的流民问题，归根结底有两个原因，农民集中破产以及郧阳地处四省交界。此时的明朝承平百年，官僚集团和宗室外戚日益庞大，凭借明朝政治制度所赋予的特权，大量占有土地，加剧了土地兼并，加之天顺成化年间自然灾害频繁（远甚于天启崇祯年间），导致大量农民短期内集中破产，形成了大量流民。郧阳地区处于陕西、四川、河南、湖广四省交界，但凡某省出兵剿平，流民都可以撤入其他省份，再加上郧阳地区本身就属于多林山区，易于隐蔽，所以才会屡屡聚集，难以根除。

明宪宗初年虽然用兵频繁，但是单次用兵往往只有一年，所以规模不大，相较于取得的战果，成本几乎可以忽略。所以单凭军功一项，就足以称道。至于之所以爆发如此众多的叛乱，原因也大多雷同，大致就是交通不便利于割据，经营无道，官逼民反，水旱蝗灾接连不断。

宪宗反正

一四六四年二月，明宪宗开始以内批授官，不经吏部，不经选拔、廷推和部议等程序而直接任命官员；这些官员被称为传奉官（传奉圣旨）。同年，明宪宗没收宦官曹吉祥顺义田地，设为皇庄。

一四六七年三月，因内库用度不足，明宪宗下令恢复浙江、福建、云南、四川等地废弃银矿开采，在天顺旧制上削减数量为十万二千两，并派宦官监督；大臣反对无果。

十万二千两，就足以让明宪宗心急火燎地重开刚刚被平乱镇压的银矿，而且还派宦官监视。

这也反映出，被历代诟病的明代财政制度到此时已经给中央政府造成了极大困扰。首先，没有中央财政特别是中央预算和分配，导致明朝原本就不多的财政收入被留在地方，中央政府的财政状况更为窘迫。其次，由于祖宗法度对商税税率的压低和减免，大大减少了税基和财政基础，明朝只能依赖田税、人头税、徭役、盐税等少数几种收入，加剧了特定群体的反抗（流民起义、盐丁起义）。最后，明朝设有单独记账的内库，将特定收入划入（如矿产等），用以满足皇帝的个人支出，例如赏赐将士、恩赐后宫等。

一四六六年三月，首辅李贤因父丧丁忧，五月夺情起复。期间，新科状元罗伦上门劝说李贤守孝，又上书反对夺情，奏请中有君臣应当以礼教相待的语句，从而得罪明宪宗，被贬为福建市舶司副提举。

八月，明宪宗追赠于谦为特进光禄大夫、柱国、太傅，谥号肃愍，修建祠堂，题为"旌功"，其子于冕恢复为府军前卫副千户。

十二月，首辅李贤去世，赠左柱国、太师，谥号文达。随后，太常少卿兼翰林院侍读学士刘定之，入值内阁。

一四六七年三月，商辂被明宪宗起复，以兵部左侍郎兼学士复入内阁。

七月，吏部尚书王翱因病致仕。九月，户部尚书马昂致仕（一三九九年生，一四五八年起任兵部尚书，一四六四年八月改任户部尚书）。

十二月，左庶子黎淳再次谈及明代宗废立之事，明宪宗表态此事已往，自己并不介意，而且这件事情并非臣下当言，并予以切责，编修章懋等人被廷杖贬官。

为于谦平反并将对明代宗的讨论列为禁区，是非常明智的举措。

一四六八年四月，首辅陈文去世，赠少傅，谥庄靖。一四六九年五月，礼部左侍郎兼学士万安入阁；八月，刘定之去世。

总的来说，李贤的历史评价参半。李贤被人诟病的地方有两点：一是李贤被明代宗赏识而屡获超擢，但是在著述中指责代宗荒淫；二是主政期间，压抑叶盛（叶盛本为两广巡抚，结果被李贤趁有人弹劾而在一四六三年调回，结果新任巡抚于一四六六年取得大藤峡之战胜利），排挤岳正（宪宗即位后，本意以起复岳正并负责修纂《英宗实录》，结果被李贤改为南京祭酒，岳正有所不满，结果李贤从中作梗，岳正最终未能到任），不救罗伦（一四六六年状元；反对李贤夺情起复，贬为福建市舶司副提举；名义上是被明宪宗厌恶贬官，实际上是李贤主使，因为王翱曾劝说李贤上疏求情，被其所拒）。所以《明史》在对其进行评价时，也是围绕消弭夺门之变不良影响以及提拔任用了一大批贤才展开，结论近似瑕不掩瑜。

明宪宗在位最初的四年，是明朝用兵非常频繁的四年，同时内政上也有非常重要的举措。一方面，顺利完成了内阁和六部的新老更替。成化三年（一四六七年）前后，李贤、王翱、马昂、陈文四位重臣去世或致仕、出仕，两代英宗的老臣基本都退出了历史舞台。围绕吏户两部尚书空缺，明朝自一四六七年至一四六九年，对七卿进行了调整和新任，只有刑部尚书陆瑜未受影响。另一方面，开始着手解决明代宗的合法性问题。虽然在明英宗父子看来，明代宗大逆不道，但是深究明代宗就意味着要重提英宗北狩，这种讨论本身就是对自身合法性的质疑，更何况此事根源还是在于明英宗任由王振弄权，而且夺门之变更是臣子挟君求功的闹剧，所以明宪宗选择了最简单的方法，即承认明代宗君臣的功绩地位，同时禁止大臣再次议论，此事到此为止。

一四六六年正月，明宪宗设置十二团营。于谦被杀后，十团营被废；宪宗继位后，京营人数已经达到三十余万，于是命兵部等进行整顿，从中挑选出十四万余人，编为十二营团练，各设一人负责，并且以都指挥辅佐、内臣监军、勋臣提督。剩余将士各归本营，供公私役使。

一四六七年二月，明宪宗下令清理京营。明宪宗认为京营空额泛滥，浪费财政，又影响战力，应当缩编为十五万人。经过清理，大臣确认十二营中将士十四万四千人，又从三大营中选出次等官兵十八万六千人。

四月，明宪宗设置十二营坐营官，以平江伯陈锐坐奋武营，都督同知赵胜坐耀武营，都督佥事王瑛坐练武营，右都督刘聚坐显武营，都督同知鲍政坐敢勇营，都督同知白玉坐果勇营，左都督和勇坐效勇营，都督同知马良坐鼓勇营，都督佥事武忠坐立威营，都督佥事湛清坐伸威营，都督同知张钦坐扬威营，都督佥事李咏坐振威营，每营各派一名宦官协理。

维持一支数量庞大的中央军是古代中国总结出的维护中央政府权威和国家统一的重要政治经验之一，但是也容易带来军队战力下降、财政负担巨大这两个问题。表现在土木堡之变后的明朝京营身上，就是在短短几年中因土木堡之变、于谦整顿、夺门之变而进行了多次规模巨大的重编整编，造成编制混乱，空额空饷严重，因而迫切需要整顿。

在整顿京营的同时，明宪宗强化了宦官和勋贵的地位。在明代极为严苛的户籍管理制度和竞争激烈的科举制度下，明代武官出现了非常显著的世袭特征，并通过联姻等手段，与勋贵力量紧密结合；文官系统因为户籍和仕途的原因，始终无法确立对军队的绝对控制。明宪宗通过坐营官，变相承认了武官、勋贵对军队的控制和影响，也因此换来了宦官对军队进行渗透的可能（从而使得明代宦官除了司礼监和东厂以外，又出现了御马监这一权力来源）。

明宪宗即位之初，对外用兵频频取胜，对内镇压各种叛乱起义，为政较为

第六章 弘治中兴

清明得当,鼓励恢复生产,又妥善处理了明代宗对于谦的历史定位问题,俨然一副中兴迹象,因此被史家评价为"宛若明君"。但是,笔者个人认为对明宪宗的分析和评价,如果拘泥于传统史家所持的"初年明君迹象、后期弊政多多"的观点,则很容易走上歧路或者偏颇。

在笔者看来,历经波折但是储君地位稳固的正值年轻的明宪宗,作为一个正常人,一定是对自己的施政进行了一番斟酌;无论是为于谦平反、频繁对外用兵,还是开办皇庄、内批授官(传奉官),乃至于整顿京营,都是围绕维护明朝政治稳定以及加强君主权威这两点展开,这比较好理解,因为此时明朝各地义军四起,而且京营人员冗杂,所以一方面需要积极用兵平叛御敌,另一方面要对京营进行整顿。但是在加强君主权威方面,因为传统观点的忽视,加之明宪宗的举措隐晦,而且所用手段多被士大夫征讨,所以不容易被发觉。

明英宗在主导了土木堡之变和夺门之变这两件重大历史事件后,可谓人心尽失,明朝君权跌入巨大低谷。所以对明宪宗而言,加强君主权威,甚至比维持明朝统治更加重要,具体而言,一方面要加强君权,另一方面要削弱相权,主要措施有以下三点。

第一,挑拨文官行政集团,特别是内阁内部的对立和内斗。此时明朝的相权,掌握在内阁学士和六部尚书手中;相较于人多势众且仕途明晰、自成法度的六部而言,羽翼未丰的内阁更容易受到君主的操弄。所以明宪宗能够刻意保持内阁阁员之间的对立。宪宗内阁阁员中,贤臣很多,佞臣也很多,而且彼此之间的关系全无之前数任内阁之和睦,矛盾几近公开化。先是以史评行事鄙猥的陈文牵制德高望重的李贤,后是起复英宗朝备受打压但是资历却比彭时老的商辂入阁,最后在彭时、商辂关系和睦的情况下,又引入了后来成为明代著名昏庸首辅的万安。至于万安担任首辅后,其与次辅刘珝的关系之恶劣,更是众所周知的事情。

第二,扶植武人(勋贵),牵制文官集团。因为朱元璋的缘故,明朝开国勋贵非常稀少;太宗继位之后,虽然产生了一大批靖难功臣,但是因为延续朱元璋慎爵的态度,很多爵位都是一世或者两世。到土木堡之变前夕,明朝有爵位的勋贵不过四十家而已,因为土木堡之变的缘故,损失了一大批中坚力量,实力折损严重,甚至失去了对三大营的控制。所以明宪宗通过整顿京营,又重新从制度上确立了勋贵对京营的控制，确保勋贵不会被文官行政集团彻底排挤出政治中心。

第三，扩大君权基础，扶植宦官势力。分化相权只能减少相权对君权的压制，只有扩大君权才能解决君相失衡问题。所以在笔者看来，明宪宗内批授官是为了培养一批忠于皇帝本身的大臣，开设皇庄则是解决内库用度不足以为君权提供财力保证的问题。同时，由于明代外戚实在是羸弱，屡加扶持也只能是培养出一批为非作歹的跋扈人家，所以明宪宗只能转而培养宦官，有意识地强化宦官与军权的结合，为宦官集团提供除批红、镇守、东厂以外的第四项权力来源——军权。

明代宦官发展到西厂设立之前，主要握有三项权力。一是仁宣以来获得批红权，这是明代宦官最重要的权力。二是东厂的缉事权，刺探情报。三是出镇地方，参与地方军政事务。所以明初以来，司礼监掌印、东厂提督、南京镇守太监是太监中最重要的三个职位。但是，由于能力所限，司礼监和镇守太监对文官行政集团的牵制能力有限；东厂因为办事均由锦衣卫提供，使得其发挥非常不稳定。因此，明宪宗开始大力扶持御马监，强调御马监在京营和军队中的重要作用，为宦官集团提供新的政治力量基础。

万氏专宠

明宪宗一朝延续了明初以来后宫强人辈出的局面，明英宗周贵妃把握时机试图母凭子贵从而争到正官身份，万贵妃则凭借明宪宗宠幸而霸占后宫甚至再现宠妃灭后。

一四六四年四月，明宪宗尊嫡母钱皇后为慈懿皇太后，生母周贵妃为皇太后。太监夏时迎合周贵妃，提出只尊周贵妃为太后；大学士李贤、彭时力争，才得以两宫并尊，钱皇后加徽号。但是李贤、彭时提出扩建裕陵为三圹（墓穴），结果因夏时反对而止。

明朝此前从未新帝庶出且嫡母生母都在世的情况。实际上，这种情况在古代中国也非常少见，在不涉及过继的情况下，两汉和唐朝都没有出现过此事，宋朝也只有宋仁宗一例，但是李氏生前并未与宋仁宗相认，而且宋仁宗知情前也一直以为自己是刘娥所出。所以明朝君臣对于此事的处理感到非常棘手，最终在大臣的坚持下，确立了二宫并尊的做法，并被清朝继承，即新帝如非嫡出则二宫并尊，但是只有先帝皇后加徽号。

七月，明宪宗按照明英宗遗诏，立吴氏为皇后。八月，吴氏被废。十月，明宪宗立王氏为皇后。

明宪宗一直宠幸宫女万氏。万氏本为孙太后宫女，土木堡之变后被孙太后指派服侍当时为太子的明宪宗，以确保其安全，因而两人感情深厚。太子年长后，希望立万氏为太子妃，被明英宗拒绝。明英宗曾为太子于一四六四年八月纳吴氏、王氏、柏氏三人入太子宫，备选太子妃。旋即，明英宗病重，遗命尽快选定太子妃并立后，并属意吴氏。太子即位后，钱太后也认为吴氏更好。于是，明宪宗立吴氏为皇后，继续宠幸宫女万氏。吴皇后不满万氏专宠，寻由重责万氏。结果，明宪宗大怒，将太监牛玉下狱；牛玉供出口供，大意是明英宗本属意王氏，但是吴氏家族行贿牛玉，代为劝说，使得明英宗改变主意。随后，明宪宗向二宫太后出示口供。钱太后反对明宪宗废吴皇后，周太后本来不置可否，但是因钱太后而支持明宪宗废后。最终，明宪宗当即下诏废后，改立王氏，太监牛玉去明孝陵守陵。王皇后对万氏专宠的态度非常淡然。

王皇后即后来合葬明宪宗茂陵并祔庙的孝贞纯皇后，一直活到明武宗年间（明宪宗孙子），但是总的来说，其一生实在没有亮点，平淡一生。

史料关于明宪宗废后一事的记载比较少而且比较一致，认为是明宪宗在吴皇后惩治万氏之后大怒废后，反映了明宪宗对万氏的一往情深。但是需要注意的是，相较于历代废后之激烈繁杂，明宪宗废后非常紧凑，而且内阁、六部并无太过激烈的反应，与为钱皇后争夺名分大相径庭，可见其中必然有隐情。

笔者赞同明宪宗对万氏的感情深厚是促使废后极为重要的原因。毕竟万氏自明宪宗褓褓之时就开始照顾他，再加上又有易储、复立等一系列跌宕起伏，两人的关系已经不仅仅是一般的君臣、帝后、伴侣关系，所以吴皇后的举措无异于自杀。从事后来看，明宪宗加封万氏以皇贵妃的殊荣，任由万氏专宠后宫，权阉王直也出身万氏官中，可见明宪宗对万氏极为宠幸。

同时，结合成化初年明宪宗的举措，笔者感觉明宪宗是一个极为看重皇帝权威的人，一方面明宪宗初年一改英宗代宗时期的保守战略，积极对外用兵，甚至主动出击，并取得了一系列胜利，另一方面明宪宗即位当年，除了废后，还有创设传奉官、设置皇庄等举措，加强君权特别是皇帝个人权威的倾向很明显，所以吴废后擅自重责万氏，很容易被明宪宗报复。

此外，吴皇后的家世也很不简单。吴皇后父兄分别是羽林前卫和羽林卫指挥使，舅舅是大名鼎鼎的新贵孙镗，可见其出身京营世家，并非一般的小家碧玉，与明朝选妃惯例不符。结合参与明英宗遗诏来看，太监牛玉应该是司礼监掌印或者秉笔，作为明英宗旧臣，此时很有可能陷入内廷新旧更替的泥淖，而且牛玉和孙镗也是姻亲。所以，吴皇后、牛玉、孙镗等人极有可能实为一党，这种并非自己促成的皇后、太监、勋贵的组合，任何意识清醒的君主都不会容忍，特别是在新君初立、对外用兵的敏感时机。但是笔者除以上所述，还有一点感兴趣的是，为什么明英宗会有如此安排？如果明宪宗与吴废后琴瑟相和，牛玉、孙镗等人不又恰恰是维持并增强君权的一大助力吗？

一四六七年十一月，周太后兄长周寿封庆云伯。一四六八年四月，其父周能追赠庆云侯。

六月，钱太后去世，谥号孝庄献穆弘惠显仁恭天钦圣睿皇后，合葬明英宗裕陵，祔太庙；钱太后生前，其父兄未获封赠。钱太后去世后，在周太后主使下，明宪宗提出为钱太后另择墓地，结果被内阁彭时、商辂反对，甚至被言官叩门哭谏。最终，明宪宗表示钱太后与英宗合葬祔庙，但是周太妃暗中指使营造墓穴时故意偏离方向，使得钱皇后和明英宗的隧道错开而且中途就将其堵死，并且禁止在奉先殿中摆放钱氏牌位。

一四七九年正月，钱皇后侄孙钱承宗封为安昌伯。一四八一年十二月，周寿晋封为侯。一四八四年，皇后王氏之父王源封瑞安伯。一四八五年，周太后次兄周彧封长宁伯。

明朝外戚因有意避免的缘故，大多出身不高，所以需要皇帝授以爵位，抬高门楣，一般的做法是国丈封伯进侯，国舅降袭。所以，明宪宗对钱太后不可谓不刻薄。之所以如此，原因大致有两点。首先，钱太后和明宪宗并无太多交集，其中还涉及土木、易储、夺门、废后等一系列让人很不愉快的事情。其次，明宪宗周贵妃非常强势，明英宗生前就有所察觉，担心钱皇后被逼而废除殉葬；明宪宗为人非常孝顺，使得周贵妃继续争夺名分。

一四六六年正月，万氏生下皇长子，进封贵妃。十一月，皇长子去世。

一四六九年四月，柏贤妃（一四六六年封贤妃）生下皇次子朱祐极。一四七一年十一月，朱祐极被立为太子。一四七二年正月，朱祐极去世，追封为悼恭太子。

一四七〇年七月，宫女纪氏生下皇三子朱祐樘。一四七五年，朱祐樘被立为太子；六月，纪氏去世。

明史记载纪氏出身广西土司，因大藤峡之战而被掳入宫，又因为识字守礼，被任命负责内库。明宪宗一日巡视内库，遇到并临幸纪氏，纪氏由此怀孕。期间，万贵妃先是按惯例派宫女赐以堕胎药，后又派门监张敏前往溺死皇子，结果张敏假称纪氏只是生病而已，保下皇子。随后，在宫女宦官以及吴废后的支持和庇佑下，皇三子长到六岁。又一日，张敏为明宪宗梳头，明宪宗感慨膝下无子，张敏趁机告知皇三子已经六岁。于是，父子相认，取名朱祐樘，并接入周太后宫中抚养，纪氏封妃。一个月后，纪氏死于自己宫中，张敏吞金自杀。万贵妃又为了毒杀朱祐樘而邀请其来自己宫中，周太后临行前叮嘱朱祐樘不要吃东西。在万贵妃宫中，朱祐樘为了不吃东西也说出了怕有毒的言语，万贵妃就此心灰意冷，明宪宗因而有了多位皇子。

一四七六年七月，邵氏生下皇四子朱祐杬；十月，明宪宗进封万贵妃为皇贵妃，获赐金册金宝并被明确为诸妃之首；邵氏封为宸妃。此后，自一四七八年至一四八七年去世前，明宪宗又有了十位皇子和六位皇女。

此次册封皇贵妃，仪典完备，所以明朝一般以万氏为第一位正式的皇贵妃，而非明宣宗孝恭皇后孙氏或者明代宗贵妃唐氏。

一四八七年正月，万贵妃去世，明宪宗悲痛欲绝，以皇后之礼下葬，辍朝七日，上谥为恭肃端慎荣靖皇贵妃。

七月，明宪宗封五子为王，邵宸妃为贵妃并赐金册金宝，其他九人为妃。其中，皇四子朱祐杬为兴王。

邵氏的经历极为传奇。一方面，邵氏为明宪宗生于三位皇子（四、五、八），还是明代皇后和皇贵妃以外唯二的获有金宝的妃嫔。另一方面，邵氏活到明世宗初年，见证了孙子明世宗登基并被尊为寿安皇太后。以古代中国标准来看，邵氏可谓生前身后荣耀备至。

八月，明宪宗去世，太子朱祐樘即位为帝，是为明孝宗；周太后尊为太皇太后，王皇后为皇太后。九月，明宪宗下葬茂陵，庙号宪宗，谥号继天凝道诚明仁敬崇文肃武宏德圣孝纯皇帝。

明宪宗前四子比较重要。皇长子（无名）是万氏仅有的子嗣；皇次子被立太子并追封悼恭太子，皇三子为明孝宗，皇四子的次子是大名鼎鼎的明世宗嘉靖，而他本人也被追封为睿宗。其他十位皇子则在历史上没有留下太大的名声。

万氏是明代后妃中知名度极高的一位，可能只略逊于朱元璋马皇后，与万历生母李太后旗鼓相当。之所以享有如此之高的知名度，很大原因在于其与明宪宗相差十七岁的爱情太过离奇但又着实深厚。朱元璋初年就曾册封孙氏为贵妃，但是直到明代宗时期才出现皇贵妃，即唐氏。旋即因夺门之变，唐氏被废。所以，明朝以万氏为第一位皇贵妃。更巧合的是，万贵妃去世后当年，明宪宗就因为太过忧思而死，可为同生共死。万氏的另一个著名事迹是残害明宪宗子嗣。按照《明史》等材料的记载，万氏为了专宠，强迫宫人堕胎，并且派人毒杀皇嗣，导致明宪宗迟迟无后，直至皇三子朱祐樘当面戳穿其下毒，才使其心灰意冷，使得明宪宗多子多福。

但是，笔者个人认为万贵妃残害皇嗣一说为谣传。首先，原始史料没有证据支持这段离奇的记载。《明宪宗实录》里面对万贵妃的评价已经非常负面，但是也只是停留在专宠、奢靡、滥封等事上；堕胎宫女、毒杀纪氏实际上较早出现在参与编纂明史的毛奇龄所著《胜朝彤史拾遗记》当中，所以才被列入《明史》，广为流传；除了万氏之外，《明史》对明朝后宫的污蔑也很多，所以引用其材料的时候，笔者非常谨慎。其次，万贵妃不可能瞒住明朝君臣后宫。在明代，立储一事从来就不是帝王私事，内阁、六部都极为关注此事，更何况明宪宗长期处于无嗣状态，前朝大臣必然紧盯。后宫之中，万贵妃也不是一人之下。做成了古往今来第一位二宫并尊的周太后肯定不会任由万贵妃残害皇嗣，除了骨肉亲情之外，还有万一明宪宗无后而终，周太后的合葬祔庙的最终理想就会破灭。万氏不过一个宫女，出身贫寒，很难有助力瞒天过海。最后，明宪宗得子不算晚，也不算少。明朝皇室普遍生子较晚，一般都是在二十岁左右才有长子，而且经常出现子嗣单薄的情况，比方说明宣宗二十九岁有了英宗但也只有二子、明代宗二十岁才有独子偏又早殇、明武宗二十九岁去世并绝嗣。所以，明宪宗二十岁才有长子，二十四岁才有明孝宗，并非孤例，也非特例。

开办西厂

一四七五年三月，首辅彭时去世，商辂为首辅。四月，吏部左侍郎兼学士刘珝、礼部左侍郎兼学士刘吉入阁。

十二月，明宪宗下诏恢复郕戾王朱祁钰帝号，定谥号为"恭仁康定景皇帝"，并下令按帝陵的规格修饰景泰陵。

不考虑南明的话，明代官方就此对朱祁钰做出最终定位，承认其皇帝身份，但是无庙号，谥号也要比其他皇帝十七字要少，仅为五字（仅仅高于不承认皇帝身份的建文帝）。

一四七七年正月，明宪宗设置西厂，御马监太监汪直为提督。五月，明宪宗罢西厂。六月，西厂恢复，兵部尚书项忠削籍为民。七月，首辅商辂、户部尚书薛远（一说不是尚书）、刑部尚书董方、右都御史李宾致仕；左都御史王越掌院事，陕西巡抚余子俊为兵部尚书，万安为首辅。十二月，王越加兵部尚书。

一四七六年，京城出现"妖狐夜出"事件，同时锦衣卫又发觉有妖人李子龙惑众入宫，图谋不轨。明宪宗因而迫切想掌握宫外情况，于是从锦衣卫中挑选百余人，负责收集大政小事、方言巷语，由宦官汪直负责。因先前明太宗已经设置东厂负责刺奸，因此命名为西厂。汪直开办西厂后，罗织数起大狱，导致臣民人心惶惶。先是二月将杨荣曾孙、因犯罪而逃入京师的福建都指挥杨业籍没，后又将左通政方贤、太医院判蒋宗武、浙江布政使刘福、礼部郎中乐章、刑部郎中武清等人下狱；南京镇守太监谭力朋贩运私盐、骚扰州县，被汪直报告给明宪宗论死，侥幸得免。左都御史李宾因西厂四处诬告图赏导致冤案牵连不断，奏请将妄报妖言的人斩首。首辅商辂及万安、刘珝、刘吉上书，指出西厂动辄逮捕三品以上京官，又缉拿宣府大同将帅、南京留守大臣以及宪宗近侍，要求取消西厂、罢免汪直。兵部尚书项忠也串联九卿上奏弹劾。司礼监怀恩暗中配合，明宪宗因而同意废除西厂。但是御史戴缙等人迎合明宪宗，主张恢复西厂，结果西厂复设。项忠因为串联弹劾汪直，被其记恨，而中伤免职；商辂等人因为反对恢复西厂无果，致仕获准。左都御史王越此前与李斌兼督十二团营，因此结交汪直，获得重用。

自一四六八年开始，明朝内阁经历了近十年的稳定阶段，先后有彭时、商辂两任首辅。一四六八年四月至一四七五年三月，彭时为首辅，阁员为商辂、刘定之（一四六九年去世）、万安；一四七五年至一四七七年，商辂为首辅，阁员为万安、刘珝、刘吉。在后世，彭时和商辂二人齐名，是明代评价颇高的贤臣，两人都是状元出身（商辂还是三元及第），又同在土木堡之变后补入内阁；

不同的是，彭时在代宗朝守丧而得以在英宗复辟后继续获得重用，商辂则因此而蹉跎十年，直至被明宪宗召回，直接补入内阁。总的来说，两人都是非常称职的内阁大臣，非常优秀地履行了宰辅职责。

成化十三年，商辂去职是明宪宗时期仅有的两次剧烈人事变动之一。之所以发生此事，传统史家认为是汪直受到明宪宗包庇，商辂无奈去职，反映了明宪宗的昏庸和汪直的媚上。但是笔者个人认为，商辂去职只是明宪宗强化君权的结果，明宪宗并不糊涂和昏庸。西厂废立一事共有四条线索，相互作用之下才导致商辂等一批重臣去职。第一条线索是兵部与御马监的冲突。明宪宗扶植御马监，必然引起兵部的强烈反弹，所以项忠与汪直的关系最为恶劣；但是就事后情况来看，应当接替为兵部尚书的王越依旧被余子俊替代，可见汪直未能拿下兵部。第二条线索是司礼监和御马监的冲突。御马监和汪直的权力和地位飞涨，虽然是明宪宗扩大宦官权力的结果，但是也对司礼监造成了压力，所以司礼监掌印怀恩才会出手，使得西厂被废；但是其目的在于打压汪直而非彻底废掉御马监，因而汪直才有机会再起。第三，明宪宗扩大君权必然会与内阁六部发生冲突。这是大批重臣去职的根本原因，商辂等人的激烈举措只是让这一结果提前发生。此外，明宪宗早年经历太过跌宕，加之又是明朝第一个养于深宫妇人之手、青少年以后就没有在宫外生活过的皇帝，极度缺乏安全感，所以在怪相屡发的情况下，必然会大力扶持特务机关，既然已有的东厂和锦衣卫不足以依仗，那么更受青睐的御马监汪直受命设立新的特务机关——西厂，顺理成章。

此外，汪直本人的情况也很有意思。汪直是瑶族，在大藤峡之战后被俘净身入宫，所以此时不超过二十岁，甚至只有十五六岁而已。这个年纪的人即便是天纵英才，没有明宪宗的坚决支持，也绝不可能先掌控御马监，后提督西厂。因此，笔者认为汪直不过是明宪宗的白手套而已。司礼监怀恩看得很清楚，所以指责汪直的时候也是局限在汪直本人年少喜功而非西厂激起民愤。

一四七八年五月，汪直奏请武举设科，仿照进士科设置乡会殿三级考试。

明代科举文武并行，但是相较之下武举不成制度。汪直作为御马监太监，必然要为武人发声，故而有了武举。

七月，兵部右侍郎马文升、宦官汪直先后出使辽东。此前，海西女真因明朝流官强索物资，辽东守臣勘查此事又引发新的芥蒂和冲突，辽东即将爆发战事。汪直奏请亲自镇抚辽东，以图立功，但是司礼监怀恩反对；经由兵部商议，改派马文升前往。马文升疾行抚顺，击败海西女真又加以安抚，化解芥蒂和敌意，但是因为拒绝汪直派亲信随行而与之交恶。同时，汪直以马文升本当安抚却擅自用兵为由，也前往东北，并在其建议下，前往辽阳。

一四七九年六月，马文升谪戍重庆。马文升抵达辽东后，纠正辽东巡抚陈钺的错误政策，结果被其忌恨，又因与汪直抗礼，而遭到汪直诋毁。恰好有给事中弹劾陈钺乱政才使得海西女真入侵，结果陈钺厚礼汪直，汪直反而诬陷马文升"妄启边衅，擅禁农器"才引发入侵（实际上马文升禁止的是铁器）。马文升因而下狱免职，谪戍重庆。

七月，汪直行边。十月，辽东巡抚陈钺奏请讨伐海西女真获准，明朝以抚宁侯朱永为总兵，陈钺提督军务，汪直监军。结果，明军擅杀女真来使，又出其不意，焚烧其庐帐，奏称大捷。结果，汪直加岁禄、监督十二团营，朱永进保国公，陈钺为户部尚书。但是海西女真诸部以复仇为名，深入辽东腹地杀掠，兵部尚书余子俊揭发此事无果。

马文升和汪直的矛盾由来已久。虽然传统上习惯将两人的冲突描述为贤臣与佞幸的冲突，但是在笔者看来，两人的冲突表面上是在对待边境入侵的情况下主和与主战的冲突，更深层次是在明宪宗的支持下，汪直联合兵部的反对者向兵部主政夺权。所以最终的处理结果是马文升下野，汪直开明代内臣专掌禁军之先河。

虽然明清之间的冲突多从万历时期开始大书特书，但是笔者个人认为实际上在土木堡之变前，女真就已经伴随蒙古兀良哈等部开始南下，并因此与明朝冲突加剧，引发成化犁庭。虽然明朝对蒙古的压力主要来自京师西北的宣大，但是东北方向的蓟辽也非常重要，所以明朝虽然自宣德时期开始放弃吉林、黑龙江地区，但是依旧保有辽东，并且多加经营。

一四八〇年正月，根据大同奏报鞑靼亦思马因将攻打延绥，太监汪直、保国公朱永、尚书王越受命率兵出塞突袭；二月，明军在威宁大破鞑靼。由此，王越受封威宁伯（明朝第二次文臣以战功封伯）。

根据《明史》记载，此战明军生擒幼男妇女一百七十一人，斩首四百三十七级，获马驼牛羊六千；即便考虑到明朝对斩俘考核非常苛刻，这些斩获对人口已经极大恢复的蒙古而言也不是太大的损失。但是，威宁海之战对双方的意义都极为重大。对明朝而言，明英宗曾被囚禁在威宁海地区，此战可以称为雪耻，故而明宪宗打破惯例，封王越为伯爵。由于蒙古史料缺失，只能进行推测。一是由于明军袭击突然，达延汗等人应对不及，满都海极有可能因为掩护达延汗逃走而殿后战死（此战后满都海不再见于蒙古史料）；满都海的死，必然极大地动摇了达延汗的威信（不过此说存疑，因为另有材料认为此时达延汗极为年幼，不足以与满都海生育七个子女）。二是由于明军本意攻打亦思马因，却错打了王庭，打断了达延汗夫妇驱赶瓦剌出河套的进程，在很大程度上延缓了漠南蒙古的再次统一。

同年七月，汪直又议征安南，被兵部尚书余子俊强烈反对而止。

一四八一年正月，余子俊丁忧，陈钺为兵部尚书。八月，因瓦剌入侵大同，威宁伯王越前往镇守，汪直监军。十月，宣府巡抚弹劾汪直纵容部下扰民。明宪宗虽然宽释汪直，但是也向各地巡抚征求对汪直的评价。

一四八二年三月，西厂再次被撤销。八月，威宁伯王越自宣大调任延绥，改由都督许宁接替大同总兵。一四八三年三月，余子俊起复回京。六月，汪直调任南京御马监。七月，余子俊受命户部尚书。八月，汪直被弹劾免职，王越削爵、安置安陆州，兵部尚书陈钺、工部尚书戴缙革职为民；项忠起复为兵部尚书，马文升召回为辽东巡抚。一四八四年二月，余子俊出任宣大总督。

先前，有盗匪进入皇宫偷窃，被东厂缉获，东厂太监尚铭奏报邀功，获得厚赏；汪直听闻此事大怒，认为其擅自邀功。尚铭因而害怕，转而图谋扳倒汪直。同时，汪直出宫后，宦官梁芳巴结万贵妃获得宠幸，被任命御马监太监，又推荐妖人李孜省施展方术，获得明宪宗宠幸；首辅万安也勾结万贵妃揽权,众人纷纷诋毁汪直。明宪宗因而疏远汪直,在科道弹劾和首辅万安的支持下,取消西厂。万安担心汪直在王越的教导下重获圣眷,因而将两人调开。旋即,汪直就因为与新任总兵许宁发生冲突而被调走。御史徐镛趁机弹劾汪直欺君罔上,结党营私,罗织罪名,使得"天下之人但知有西厂而不知有朝廷,但知畏汪直而不知畏陛下"。汪直因而治罪免职,王越等人也被追究,项忠等人得以起复。

诸多势力围攻西厂,废贬汪直的时机恰到好处。一是成化十八、十九年(一四八二年至一四八三年)前后是明宪宗时期为数不多的战争稍少的年份,是一个换将的好时机。二是东厂刚刚立下大功,获得明宪宗青睐,功能上可以替代西厂。三是汪直在外一年有余,恰是民愤极大但又暂无辩解的时刻,圣眷最少。

但是西厂再次被废的关键原因还是在于汪直本人被明宪宗疏远。首先,汪直之所以能够少年上位,执掌御马监,很大程度上是因为万贵妃的支持,但是此时宦官梁芳巴结万贵妃十分得力,变相去掉了汪直的一大助力。其次,汪直对外主张积极进攻,平生许多事端,同时又放任手下为非作歹,横行无忌,因此很容易遭到群臣围攻,给明宪宗带来了很多政务烦恼。最后,汪直本人长期在外,远离明宪宗,加之年少气盛,难免跟其他宦官失和,因而被司礼监、东厂、御马监三面围攻。但是,如果汪直能够及时纠正行为,重获圣心,那么反败为胜也未可知;所以,首辅万安及时出手,先剪除汪直的最大依仗同时也是久经考验的老臣王越,并且向明宪宗证明以他人镇守宣大也能保卫京师,从而一举将汪直打翻在地,不得翻身。

一四八四年正月,东厂提督兼司礼监秉笔尚铭被贬明孝陵种菜。尚铭联合李孜省弹劾绊倒汪直后,旋即被李孜省弹劾攻讦,大失圣心,结果免职被贬。

一四八五年正月,明宪宗因天象异常而求谏,大臣纷纷上书反对宦官干政和任命传奉官,特别是弹劾李孜省。明宪宗有所醒悟,贬李孜省为上林监丞,又裁撤冗余官吏五百人。但是十月,李孜省恢复为左通政。

此外,同年年初,司礼监掌印怀恩贬凤阳司香;梁芳党羽宦官钱能负责司礼监。梁芳谄媚明宪宗和万贵妃，花费奢靡甚多，结果造成内库空虚；明宪宗大为不满，表示将来会有人收拾他。梁芳惊恐，转而劝说万贵妃怂恿明宪宗废太子，改立皇四子兴王。怀恩坚决反对易储，结果被发配凤阳。不久，泰山地震，明宪宗害怕，终止废立。

明朝宦官落败之后不是去凤阳，就是去南京，所做无非是贬入净军、扫地、上香、种菜。怀恩执掌司礼监长达二十年之久，是最长的一位掌印，而且还是一位风评甚好的宦官。

明宪宗末年与唐宪宗如出一辙，极度沉溺丹药，重新佞幸。御马监梁芳凭借巴结万贵妃而获得重用，旋即推荐妖道李孜省，为明宪宗炼制长生丹药和春药；同时，在梁芳等人的撺掇下，明宪宗兴修道观，斥巨资用于挥霍，导致内库空虚，难以为继。明宪宗虽然有所察觉，但是也只是发发牢骚而已，并未深究，甚至在万贵妃的唆使下试图易储，实在是有违其即位之初的聪明。

一四八六年二月，宣大总督余子俊免职回家。五月，吏部尚书尹旻弹劾免职。六月，户部尚书殷谦致仕。九月，次辅刘珝因被万安构陷同情汪直而被明宪宗疏远、致仕，兵部尚书马文升、右都御史屠庸调任南京。十月，新任吏部尚书耿裕（原工部尚书）改任南京礼部尚书，刑部尚书张蓥丁忧。十二月，新任户部尚书刘昭（原工部尚书）免职。

在此前后，彭华（彭时族弟）于一四八五年十二月晋吏部左侍郎兼学士入阁，一四八七年三月因病致仕；尹直于一四八六年九月晋户部左侍郎兼学士入阁。

需要注意的是，在明英宗于一四四二年宣布不再迁回南京之后，明朝依旧在南京维持了一套完整的六部体系，因此在明英宗之后，明朝政斗的一大特点就是除了致仕免职以外，还有调任南京闲置一途。

明宪宗末年，首辅万安和次辅刘珝发生的南北党争，在历史上的知名度极低，但就规模而言却是巨大的，次辅、宣大总督两大要职致仕，七卿中只有礼部没有发生变化。之所以两人发生冲突，原因大致有三点。首先，在经历了李贤、陈文、彭时、商辂四任首辅之后，明朝内阁更替出现次辅递补的惯例，所以作为次辅的刘珝自然不怕首辅的万安，特别是在万安致仕在即（明朝七十致仕，万安生于一四一七年）的时候，甚至敢于挑战其权威。其次，万安的政务能力实在一般，还有进贡春药的恶名，但是在打击政敌上却毫不手软，早在成化七年（一四七一年）就以国子监用会馔钱事，将与之有矛盾的礼部右侍郎、国子祭酒等人下狱论死，自然会激起一大批反对派与之发生冲突。第三，万安以籍贯为由，大肆与南方的大臣结党，先天上就将刘珝（山东寿光）、尹旻（山东历城）、耿裕（河南三门峡）、殷谦（河北涿州）、刘昭（陕西邠州）、马文升（河南禹州）等北方重臣排除在外。不过需要注意的是，并非所有人都按照南北籍贯划分，例如，余子俊是四川人，张峦是上海松江人，而且张峦一般不被认为是南北两党中的一员。

一四八七年正月，万贵妃去世，明宪宗悲痛欲绝。二月，明宪宗为太子娶鸿胪寺卿张峦之女为太子妃。八月，明宪宗去世。九月，时年十八岁的太子朱佑樘即位，是为明孝宗；明宪宗上谥号继天凝道诚明仁敬崇文肃武宏德圣孝纯皇帝，下葬茂陵。

总的来说，明宪宗与唐宪宗有几分相似之处。首先，两人早年都励精图治，在任期间四处用兵战功赫赫，暂时缓止了国家颓势，稳定了统治秩序。其次，两人晚年都重用宦官佞幸，而且喜好长生春药，几近被人蒙蔽，俨然一副昏庸做派。因此，两人的历史评价也非常接近，帝业有始无终，终究是圣名蒙垢。除此以外，明宪宗当太子时经历废立，又与万贵妃有着几近一生的爱情故事，使之经常成为各种野史异闻中的人物。

在笔者看来，明宪宗的很多行为需要结合明孝宗、明武宗一并来看，所以笔者对明宪宗时期的分析，将放在本章最后，三帝一并分析。

弘治中兴

一四八七年九月，明孝宗即位。随后，妖人李孜省等人被杀被贬，梁芳等贬往孝陵司香；原司礼监掌印怀恩被召回。

十月，太子妃张氏被立为皇后。同时，首辅万安致仕，吏部尚书刘裕、刑部尚书杜铭、左都御史刘敷致仕或免职。致仕南京兵部尚书王恕召回为吏部尚书，南京兵部尚书马文升为左都御史，吏部左侍郎兼学士徐溥入阁。

十一月，阁员尹直被罢，刘健晋升礼部右侍郎兼学士入阁。

一四八八年二月，因兵部尚书余子俊去世，马文升改任兵部尚书，屠滽召回为左都御史。同时，王恕上疏禁止文官夺情起复。

四月，右庶子张升劾大学士刘吉，不报未果；旋即，张升被刘吉党羽弹劾，降为南京工部员外。

十月，礼部尚书周洪谟致仕，耿裕起复为礼部尚书。

万安担任首辅的十年期间，以一四八六年刘珝致仕为界，之前阁员为刘珝、刘吉，之后为刘吉、彭华、尹直。这十年不但是明朝政府毫无作为的十年，更是明朝历史上评价最低的十年，内阁和六部被讥讽为"纸糊三阁老，泥塑六尚书"，可谓尸位素餐之致。万安的学历虽然不如彭时、商辂，但是也是庶吉士出身（彭时同年，比商辂晚一科），而且状貌魁岸，仪观甚伟。但是，万安却不走正途，先是通过以兄礼对待比自己年少十二岁的李泰，巴结宦官永昌，得以入阁，之后又巴结万贵妃，自称子侄，正中万贵妃因家境贫寒而自卑的痛点，因而屡获青睐。此外，为了巩固地位，万安还通过道士李孜省等人，向明宪宗进贡春药，获得"洗屌相公"的绰号，并且积极以籍贯为由，联络南人为党，彭时的族弟、大学士彭华就是其密友之一，但是政事上毫无建树，甚至一问三不知，只能口呼万岁，被人嘲笑为万岁阁老。

明孝宗上任之初，清理了内廷佞幸妖人和前朝尸位素餐的大臣，起复了大批成化年间不得志的有才官员，因而被时人称赞。李孜省等人被贬杀纯属罪有应得，毕竟这些人只会弄丹谄媚，甚至不如汪直能够监军打仗。万安被罢也是咎由自取，除了斗倒了汪直、刘珝以及进献春药，在政务上一无是处。但是，总的来说，明孝宗清理的对象，主要是当年的反汪直联盟和以万安为首的南党，所以官声不错的尹直、刘裕也因分别与李孜省、万安交好而被罢官，号称不怕弹劾的"刘棉花"刘吉则免于去职。

明孝宗起复的内宦外臣中，王恕是一个很神奇的存在。怀恩、马文升等人都是因为明宪宗晚年政斗而败北下野，唯独王恕不在此列。王恕与商辂、万安年纪相仿，都是正统十三年（一四四八）进士；早年曾随白圭参与平定荆襄流民起义，之后又被派往云南巡抚平叛。此外，王恕经常就政事上疏，并与时任云南镇守太监的钱能交恶，因而被调往南京担任闲职兵部尚书。但是上任南京之后，王恕依旧频繁上疏劝谏，以至于成化二十二年（一四八六）南京兵部侍郎马显致仕时被明宪宗强制一并致仕。

一四八九年五月，黄河在开封附近决口，夺淮入海。一四九〇年四月，又在原武（河南新乡）决口，泛滥河南。明朝中央以白昂为户部侍郎修治河道。白昂经过考察，提出北堵南疏，即修筑阳武长堤，防止张秋再次出现黄河决口；疏浚宿州古汴河（汴河），引黄河入泗水，经由淮河入海；修筑疏通十余条月河，分散水势。由此，黄河经过泗水、淮河而入海。此外，白昂还指出张秋河沟通黄河和运河，万一黄河水量激增，还会再次决堤，应当自山东东平至兴济开凿十二条小河，引水入大清河及古黄河河道入海；但是奏请无果。

一四九二年七月，黄河在张秋决口。一四九四年二月，黄河再次在张秋决口。明孝宗命平江伯陈锐、太监李兴协同都御史刘大夏治河。刘大夏经过查勘，采取遏制北流、分水南下入淮的治河策略，疏浚贾鲁旧河等河道，引黄河沿颍水、涡河和归徐故道入淮入海，同时在黄河北岸自胙城（延津）至虞城（商丘）修筑三百六十里的太行堤，防止黄河北决。由此，黄河经淮河入黄海。

此后直至一八五五年再在利津决口入渤海，黄河水道都没有大的变化。

一四八九年，明朝允许盐商在无法兑换盐引的情况下直接向盐丁购买余盐，即余盐买补。所谓余盐，是指盐丁在定额之外生产的多余食盐。明朝原本规定余盐由各地盐场统一加价收购，以备边境不时之需；但是由于盐场用贬值极为严重的官钞收购余盐，所以盐丁宁愿违禁私下交易，也不愿卖给盐场，结果官场的食盐越来越少，甚至正盐也出现数量不足的情况，造成盐引壅滞，商人长时间无法及时提取食盐。为此，明孝宗允许无法及时兑换盐引的商人收购余盐，加速盐引流通，挽回开中法信誉。

一四九二年，户部尚书叶淇主持盐法改革，实行折色，即允许盐商可以直接向运司以银代粮，兑换盐引，官府将银两运往太仓，再分给各边，每引约合数钱，将商人兑换盐引所带来的财政收入，由中央统一调度分配。由此，明朝中央每年增获白银数十万两，但是边镇商屯逐渐废弃，开中法趋于崩坏。

叶淇盐法改革是明朝财政史上的重要事件，历代多持否定态度，特别是认为此举彻底毁坏了开中法。不过，笔者个人认为叶淇盐法实际上是开中法逐渐崩坏之下的无奈之举。开中法的崩坏主要有四个原因。一是让利太多，必然会引来权贵的觊觎和干预，打压商人参与程度，久而久之难以为继。二是明朝自朱元璋开始常年用兵作战，军需花费甚多，再加上食盐产量与盐引的分离，多发盐引可以多从中征税并用于开中，所以必然导致政府出现了滥发，使得商人经常数年甚至数十年无法兑换食盐。三是随着生产力的提高，私盐也逐渐泛滥，相较于官盐更显得物美价廉，自然导致官盐滞销。四是明太宗在开中的同时，还实行户口食盐制，即为了减少纸币滥发的问题，向百姓征收纸钞，分发食盐；这等于变相减少了盐商的销售市场。所以为了弥补财政收入，叶淇直接以银换盐并收回中央，也是无奈之举。同时，在笔者看来，折色法在某种程度上加速了徽商的出现以及晋徽两大商帮在扬州的对峙。折色法极大地削弱了晋商在盐政中的地理位置优势，而更看重商人集团的财力，所以凭借与东南士林紧密结合而获得巨大回报，以及历史悠久，本身实力就很雄厚的徽商必然与晋商激烈争夺对扬州两淮盐运司的控制权，并在此基础上在全国范围内展开激烈竞争。由于古代中国的社会环境和政治制度，官商必然联系紧密，所以叶淇盐法也经常被人诟病为照顾老家淮安盐商而有意削弱晋商，数十年后尝试恢复开中法的杨一清实际上也与晋商关系密切。

一四九一年，张皇后生下皇长子朱厚照。其父张峦封为寿宁伯。一四九二年三月，朱厚照被立为太子；明孝宗封赏朱元璋庙配享功臣，又晋升张峦晋为寿宁侯。八月，张峦去世，追赠昌国公，谥号庄肃；随后，首辅刘吉被迫致仕。明孝宗有意封张皇后弟弟伯爵，但是刘吉认为必须要加封周太皇太后和王太后家人才行。明宪宗因而不满，勒令其致仕。十二月，张峦长子张鹤龄袭封寿宁侯，次子张延龄为都督同知中军都督府。

一四九三年，瑞安伯王源晋封为侯。一四九五年四月，张延龄为建昌伯。一四九七年，王源之弟王清封为崇善伯。一五○三年四月，张延龄为建昌侯。

总的来说，明孝宗时期的外戚主要就是太皇太后周氏、太后王氏和皇后张氏，周王两家是一门一侯一伯，张家是一门两侯。由于周太后辈分高，张皇后受宠，所以两家人为非作歹，扰乱京城地方，甚至经常相互动粗，闹上朝廷。

明孝宗时期的后宫非常简单，只有孝康敬皇后张氏一位，两人极其恩爱，以至于明孝宗成为古代中国历史上极为罕见的六宫虚置的君主，而且张氏一门两侯，荣耀备至。但是也由此导致一个很严重的问题，明孝宗子嗣单薄，只有一棵独苗。除了皇长子朱厚照以外，明孝宗女儿太康公主（弘治七年正月生，弘治十一年九月死）和次子朱厚炜（弘治七年年底生，弘治九年三月死）都早殇。

一四九一年十月，礼部尚书邱濬入阁为次辅。一四九三年正月，明孝宗在邱濬的建议下，下诏当官未及三年便被罢黜的官员复职。闰五月，七十七岁的吏部尚书王恕致仕。六月，礼部尚书耿裕改任吏部。

王恕自上任以来，严整吏治，大批官员被免职下野，但是大学士邱濬主张用人宽大，二人故而不和。此时，二人均为太子太保。一日内宴，邱濬以内阁位次排在王恕之上，但是王恕认为自己是吏部尚书，不宜在礼部尚书之下，因此颇有怨言。恰好有人弹劾王恕变乱选法，邱濬也认为王恕卖直沽名。王恕上疏自劾，要求致仕。明孝宗不得不同意。随后又有言官弹劾邱濬，无果。

一四九五年二月，邱濬任上去世，追赠太傅，谥号文庄。随后，礼部左侍郎兼翰林院侍读学士李东阳、詹事府少詹事兼侍读学士谢迁入阁。

明朝正式的官员也只有两万上下，所以在王恕严厉整顿吏治的衬托下，几乎所有人都可以被划归为为政宽怀。笔者更感兴趣的是，此次吏部尚书与内阁次辅之间的座次冲突，居然是以王恕致仕告终。按照明朝制度，举行朝会等正式活动时，文武大臣各自按自己的品级排列，品级相同的才按照部门顺序排序，所以在同为太子太保的情况下，王恕的确应该在礼部尚书、文渊阁大学士邱濬之前。所以笔者非常奇怪为何内宴的时候，对朝堂最重要的几位大臣进行如此排序。从事后情况来看，显然大多数人或者官方意见认为邱濬的确应在王恕之前，所以笔者认为此时内阁先于六部已经成为朝野共识，即便是如王恕一般强势的吏部尚书遇到弱势得几乎毫无存在感的徐溥内阁也无法改变这一点。

一四九五年三月，中官传旨命内阁撰《三清乐章》，被大学士徐溥等人劝止。十月，明孝宗又下诏召西藏僧人领占竹（即大济法王）到京城，被礼部谏止。

一四九六年八月，大学士徐溥、刘健、李东阳、谢迁疏谏烧炼斋醮，被明孝宗嘉奖。十月，中官索取宝坻港银鱼和麻峪山银矿，被顺天巡抚屠勋上疏劝止。

一四九七年五月，因天象有变，明孝宗下诏求言并取消左道、斋醮、采办、传奉等事。八月，明孝宗想施恩皇后家族，打算进一步赐地并加税；十一月，又诏取太仓银三万两，被户部尚书周经劝止。

一四九八年九月，明孝宗之女太康公主夭折。十月，太监李广以旁门左道获得明孝宗宠信，权倾中外。这年，李广曾劝说明孝宗在万岁山修建毓秀亭，结果亭子修好后公主出痘去世。加之清宁宫（周太皇太后寝宫）出现火灾，有人提出是李广的言行主张犯了忌讳。周太皇太后大怒，致李广畏罪自杀。随后，明孝宗派人查抄李广家产，发现受贿无数，因而大怒籍没。

传统史家一般以杀李广视作明孝宗再次贤明、勤于政务的转折点。虽然后世称颂明孝宗为贤君，但是实际上明孝宗中期出现过宦官受宠的情况，而且明孝宗本人也沉溺斋醮，不能自拔。自弘治八年（一四九五年）开始，明孝宗先后从太仓（国库）调入内库超过三百万两银子，用于各项内官开支（弘治八年三月三十万两、九年十月五十万两、十三年五月三次一百三十万两、十四年二月四十五万两、十五年十月五次一百九十五万两）。

一五〇〇年，明朝针对法司律令条例繁多，颁行《问刑条例》，进行梳理删定。

《问刑条例》是明朝非常重要的法律规章。明朝法律体系基本上是由朱元璋确立，后世沿袭，主要以《大明律》《大诰》为基础。在洪武三十年《大明律》完成第三次修订后，朱元璋正式规定"不可轻改"。所以后世皇帝只能以"例"和"令"的形式颁布法规。《问刑条例》就是明代中后期最重要的一部条例，主要的目的在于解决历年以来条例纷繁、法司问刑轻重失宜的问题；嘉靖二十八年（一五四九年）和万历十三年（一五八五年）又修订了两次，并附在《大明律》后面。此外，围绕《问政条例》，《真犯杂犯死罪条例》《充军条例》《赎罪则例》等也进行了一些修改，基本的方向都是大大降低经济犯罪和死刑犯罪的判罚力度。

但是《问刑条例》也有很多被人诟病的地方，其中最重要的一点就是扩大了花钱赎罪的范围。古代中国的死罪，分为真犯死罪（按唐律规定为十恶，反逆缘坐，杀人，监守内奸盗，略人，收财枉法）和杂犯死罪（其他罪名的死罪）；按照《大明律》的规定，只有存留养亲、老少废疾或者妇女、无心过失等少数几种情况可以花钱赎罪。但是问刑条例第一条就规定"凡军民诸色人役，及舍余审有力者，与文武官吏、监生、生员、冠带官、知印、承差、阴阳生、医生、老人、舍人，不分笞、杖、徒、流、杂犯死罪，俱令运炭、运砖、纳料、纳米等项赎罪"，亦即除非真犯死罪，不然任何人都可以花钱赎罪。如果再考虑到《问刑条例》将贪赃的最高刑罚从"八十贯死刑"降到"发附近卫所充军"，简直相当于给了稍有家资的官员一张免死金牌。

一四九八年七月，首辅徐溥致仕。

一五〇〇年五月，吏部尚书屠镛、户部尚书周经以天象有变为由奏请致仕，获准。一五〇一年十月，兵部尚书马文升改为吏部尚书。一五〇二年正

第六章 弘治中兴

月,审察天下官吏,罢免不称职的官吏两千余人。二月,马文升又提出裁冗官、杜奔竞(各级频繁往来京师地方)、革滥进(主要是国子监泛滥)三事,获准。

一五〇二年正月,明孝宗又召两广总督刘大夏为兵部尚书。十月,明孝宗想在近畿团操人马,向刘大夏征求意见。刘大夏趁机奏请将保定单独设立两班军万人发回卫团操,结果被中官诋毁。

一五〇四年三月,周太皇太后去世,谥曰孝肃贞顺康懿光烈辅天承圣睿皇后,合葬明英宗裕陵。但是在内阁刘健、谢迁、李东阳嫡庶有别的劝说下,明孝宗下令,周氏别祀奉慈殿,不祔庙,而且去掉帝谥睿字,称为孝肃贞顺康懿光烈辅天承圣太皇太后。下葬时,明孝宗发现钱皇后陵墓隧道被堵,打算将其打通,结果被术士以不利风水为由劝止。

自此以后,嗣君生母得以与皇帝、皇后合葬。嘉靖年间,周贵妃又搭上邵贵妃(嘉靖祖母)的东风,顺利祔庙。

五月,明朝确定京察为六年一次。明初京察原定六年一次,但是迁都北京后逐渐变为两京五品以下官员十年一次;时人多认为时间太长。吏部给事中许天锡此时再次提出六年一察;获准,成为定制。京察定于巳亥年举行,四品以上京官上书自陈,由皇帝决定去留;五品以下京官由吏部会同都察院考察,根据结果决定去留。

京察考核标准比较明确,即四格八法。所谓四格,指的是守(操守)、政(政绩)、才(才能)、年(年龄);八法,指的是贪、酷、无为、不谨、年老、有疾、浮躁、才弱。四格是基本项目,据此决定升降留任;八法是可选项目,一旦落实,则会被革职、降级、退休。

京察起先不甚严格,很多时候流于形式。但是随着时间推移,特别是明代党争局面逐渐形成,京察往往成为影响朝政的焦点。京察期间,高级官员上疏自辩,低级官员由吏部会同都察院考察,但是在吏部上奏考察结束后,科道可以动用考察拾遗的权力,对应被纠察而未被纠察的官员进行补充认定,决定去留。

六月,鞑靼小王子达延汗入寇宣府,刘大夏奏请屯兵喜峰口、燕河营进行防御。有太监提出奇袭对方大营,再现威宁之战的胜利。明孝宗向刘大夏征求意见,刘大夏回应称自己从当年从征将士处得知当时实际所获不过妇女小孩十数人而已,却引发蒙古报复,得不偿失,并指出明孝宗不如明太宗神武,所部兵马也不如当年,丘福不听太宗叮嘱还导致了十万大军全军覆没。明孝宗大悟。

威宁海之战后过了几年,达延汗彻底统一了漠南蒙古,并且进行了非常彻底的改革,将漠南蒙古分为左右两翼,由自己和自己的儿子统领,并开始频繁南下犯边。明朝的应对措施也非常简单,就是利用蒙古没有攻城能力而坚壁清野,不轻易出击。原因也很简单,此时的明军其实并无太大的把握在野战中战胜对方,而且由于边防线收缩,往往只能在城池附近迎击,一旦战败,极易引起连锁反应,万一丢失了重要城池关隘,京师就会门户大开。

一五〇五年五月,明孝宗病危,召大学士刘健等人接受顾命,表示太子年少贪玩,尚未婚配,命刘健等人好好辅佐。旋即,明孝宗去世,时年三十六岁。随后,时年十五岁的太子朱厚照即位,是为明武宗。

孝宗遗诏的争议和疑点比较少,内容也中规中矩。但是有趣的是,明孝宗指明了太子贪玩,需要辅臣费心。没想到一语成谶,太子即位之后,确实很贪玩,而且玩得天崩地裂。

一五〇六年四月,八十岁的吏部尚书马文升致仕。五月,七十岁的兵部尚书刘大夏致仕。

王恕、马文升、刘大夏合称弘治三君子。历史评价甚高。关于刘大夏,有一件事情需要辨析一下。明孝宗时期曾有宦官提议下西洋,结果征调档案时,兵部尚书刘大夏表示档案没有找到，而且如果有的话，也应当将这些档案烧掉，以免白白浪费国家财政。从中可见，有关刘大夏焚烧郑和下西洋档案不实，半个多世纪以前的档案遗失其实很正常。不过刘大夏在对外关系上过于保守，被后世批评甚至诬陷为故意制造困难，也不算是冤枉。

明孝宗在位期间，明朝政治清明，吏治革新，因此被史家称为弘治中兴。但是也有观点认为弘治中兴其实只是为明孝宗贴金而已，弘治年间明朝政局跟成化年间非常类似，文治武功和佞幸弄权并没有明显差别，不多的区别只是万安远不如刘健而已。笔者个人也倾向弘治中兴只是溢美之词，虽然明孝宗的晚年远优于明宪宗，但是弘治年间实在称不上是中兴或者大治，反倒是说成化中兴更有几分道理。而且更重要的是，明朝中央财政紧缺但是基层军民困苦的情况已经是公开的事实。明孝宗就曾经向刘大夏询问为何朝廷百般节俭，但是军民却困苦不堪，而太宗时期迁都、下西洋、修长城、征蒙古、征安南，无一不比时下花费更多；结果刘大夏给出的解释是宦官贪污，应当将各地镇守太监撤回。无论是君臣二人对现状的默认，还是刘大夏的真知灼见，都让笔者对所谓的弘治中兴提不起兴致。

刘瑾专权

一五〇六年正月，原东宫太监刘瑾受命管五千营。六月，雷击焚毁京城宫殿，大学士刘健、谢迁、李东阳接连上疏要求明武宗诛杀八虎，不报。刘瑾本姓谈，景泰年中自宫，因挂在刘太监名下而改姓刘，明孝宗年间侍奉太子。刘瑾原本负责内宫最弱势的钟鼓司，但是与马永成、高凤、罗祥、魏彬、丘聚、谷大用、张永，结为八虎，与明武宗整日嬉戏游乐，又常羡慕王振，因而逐渐用事专权。

八月，明武宗立夏氏为皇后。此前，明武宗曾下旨命户部送四十万两白银至内库，用于婚礼。但是言官提出异议，认为应当由内阁和礼部核算费用，减少不必要的开支和赏赐，预计只需数万两；户部也提出目前国库只有太仓存银四十三万两、户部私库八万两，如果遵旨送入内库，则没有余财用于边防等国家大事。明武宗又下旨送四分之三入内库，再次激起言官声讨和反对。最终，户部转送内库三十万两。经过事后核算，武宗婚礼花销黄金八千五百二十余两，白银五十三万三千八百四十余两。

明朝皇帝婚礼除了本身需要按照礼制花费大量采买，还涉及大礼成后对京营边军以及各级官吏的赏赐；由于礼制和赏赐涉及皇家脸面，所以明武宗绝对不会在此事上有所退让。明朝皇帝除非走投无路，不然不会考虑从太仓调到内库，因为很容易被科道言官群起而攻之，而且往往也拿不到钱。可以确认的是，明宪宗后期梁芳掌权时，皇帝私人的内库就曾枯竭过一次，但是明孝宗早期勤俭节约，应该有所剩余。不过，从明孝宗后期频繁从太仓调入内库大量银钱来看，可能内库已经再次告急（所以笔者对明孝宗的贤名持怀疑态度）。所以，稍晚刘瑾弄权后，一个非常重要的工作就是给明武宗的内库搞钱。

十月，户部尚书韩文再次联合内阁九卿，要求明武宗将八虎明正典刑。明武宗看到奏疏，惊泣不食，八虎也害怕，只得自请安置南京。但是刘健等人坚持要将八虎明正典刑，加之司礼监太监王岳、范亨、徐智暗中相助，明武宗不得已同意逮捕刘瑾等人。吏部尚书焦芳一向与刘瑾亲善，立即传达此事；八虎趁夜向明武宗哭诉，指责王岳勾结外臣，大臣危言耸听，名为除八虎，实为清君侧。明武宗大怒，趁夜命刘瑾入掌司礼监兼提督团营，丘聚提督东厂，谷大用提督西厂，张永等并司营务，分据要地；刘瑾连夜将王岳、范亨、徐智贬至南京，然后才告知大臣。随后又派人追杀，两死一残。

旋即，刘健、谢迁致仕，李东阳晋升为首辅，吏部尚书焦芳、左侍郎兼学士王鏊入阁，焦芳继续执掌吏部大印；兵部尚书许进改任吏部。十一月，户部尚书韩文被罢。十二月，左都御史张敷华、工部尚书杨守随被勒令致仕；吏部尚书许进被罚俸。

刘健等人得知内廷变动，知道事不可为，于是各自上疏求去。刘瑾矫诏勒令刘健、谢迁致仕，单独留下李东阳。因为此前大臣商议弹劾八虎时，只有李东阳稍稍沉默，不坚持一定要杀八虎。刘瑾本意只以焦芳入阁，但是廷推只有王鏊，于是两人入阁。此外，刘瑾尤其憎恨韩文，寻过将其落职闲住，又矫诏勒令左都御史张敷华、工部尚书杨守随致仕。许进在兵部时曾经与刘瑾共事，因而调任吏部，结果因同情南京科道、奏请复职而被罚俸。

同时，刘瑾廷杖奏请留用刘健、谢迁的南京给事中戴铣等二十一名言官，每人三十下，结果戴铣被投入监狱迫害而死，南京御史蒋钦因上疏三次而被廷杖三次，死于狱中。兵部主事王守仁上疏认为言官不应当因言受刑，结果激怒刘瑾，单独受杖五十下，侥幸不死后贬为贵州龙场驿丞；其父礼部左侍郎王华（一四八一年状元）拒绝刘瑾示好，结果明升暗降，改任南京吏部尚书，次年被勒令致仕。同时，刘瑾派人监察六科，控制言论。

王守仁就是大名鼎鼎的王阳明。经历过如此人生大起大落，贬往龙场后，王守仁的思想水平与哲学水平达到了一个新的高度，悟出了"圣人之道，吾性自足，向之求理于事物者误也"，提出心即是理的哲学命题，成为古代中国思想史上的集大成者。

此外，明武宗授权刘瑾决政。刘瑾无法处理，以致将奏章带回家交给亲信处理，然后送到内阁拟旨。内阁李东阳等人每次都大加称赞，结果被时人鄙视。

一五〇七年正月，刘瑾矫旨枷锁尚宝卿顾璿、副使姚祥、郎中张玮，幸好李东阳予以营救，予以释放贬职。闰正月，刘瑾又矫诏命令吏部和兵部升降文武官员、两京都察院有奏章，都必须先告知自己。二月，刘瑾又矫诏盘查天下军民府库，一律送往京城。三月，又将大学士刘健、谢迁、尚书韩文、杨守随等人列为奸党，颁示天下；针对官员对自己不满而称病在家、洁身自好，规定京官养病三年不上班的革职为民。四月，刘瑾矫诏令内阁撰敕，规定天下镇守太监可以参与刑名政事。

此外，宣府总督刘宇凭借与焦芳联姻，正月任左都御史，四月改任兵部尚书。

本次倒阁与明朝历次大的政治动荡类似，都是若干矛盾积累爆发的结果。首先，最根本的冲突在于老成持重的重臣试图要求手握生杀大权的正处在青春期的皇帝变得老成稳重。明武宗即位时年仅十四岁，青春期的少年一方面贪玩，一方面叛逆，必然不会听从老臣的规劝；前朝大臣在对武宗或明或暗劝谏一年有余之后，必然会考虑以驱除佞幸的手段来改变皇帝。所以双方早晚发生激烈冲突。考虑到先前的种种不快，小皇帝很有可能有心更换内阁和九卿。

其次，明朝内阁此时并未完全掌握相权，司礼监也并没有建立对内廷的绝对控制，所以才会被反对力量所趁。通过汪直倒台一事，笔者个人感觉至少从那时起内廷就已经和外廷，特别是内阁，建立了非常密切的联系；相比之下，司礼监的政治主张更显保守，甚至有些迁就前朝，远不如东厂或者御马监激进。同时，内阁虽然实现了对六部的压制，但是并没有实现对六部以及整个行政集团的控制，反对力量很多。所以很容易出现反对派利用君相冲突，从中渔利。

此外，笔者个人感觉，刘瑾等人的反应应该也没有如此不堪，至少在后期的应对上，显然有高人指点。首先，刘瑾等人趁夜就完成了内廷政变，一举拿下批红、京城兵马、两厂特务三项大权，瞬间控制了京城局势，奠定了胜局，特别是重开西厂和提督团营，显然表明刘瑾等人意识到了仅仅控制司礼监并不足以对抗前朝。其次，刘瑾等人对大臣有打有拉，而且非常恰当。坚决要求处置自己的内阁和科道被重点打击，几乎只有稍显迟疑的李东阳幸免，六部之中除了积极参与此事的户部以外，刘瑾还重点关照了和兵权息息相关的兵部，确保兵部掌握在自己人手中。这显然不像是明史中所形容的一个只会媚上的老太监的手腕。

廷杖是一项明朝独有的政治工具，简而言之就是皇帝下令或者宦官矫诏，命锦衣卫公开打大臣的屁股。虽然廷杖伴随明朝始终，但是大规模廷杖只有三次，其中两次在正德年间，本次是其中之一，也是明朝有史以来第一次大规模廷杖，约二十一人或二十人受杖，戴铣被投入监狱迫害而死，蒋钦因受杖后又上疏两次，前后受杖三次而死。

六月，明武宗授予御马太监谷大用父亲谷奉、御用太监张永父亲张友为锦衣卫指挥使，旋即晋升都督同知；此即宦官父兄授官的开始。

八虎之中，刘瑾、张永、谷大用三人显然更受到明武宗的信任和重用。魏彬稍次，先是负责三大营中的一营（张永负责两营），刘瑾败后接管司礼监。高凤的资历似乎最老，成化十一年（一四七六年）就已经是司礼监秉笔之一，并且负责东官事宜（亦即太子时期的明武宗），此次政变后当年十月就告老还乡，嘉靖即位后还予以厚待。马永成和丘聚的事迹非常少，只有两人执掌东厂的记录，而且丘聚不久之后就因得罪刘瑾而贬到孝陵。罗祥则完全没有事迹。

除了八虎，明武宗时期受到重用的宦官还有张忠、张锐（一五一二年开始负责东厂），而且从事后情况来看，张忠的权势显然大过张永，张锐则与钱宁并称。所以笔者个人认为，所谓八虎，实际上只是明朝大臣对明武宗亲近的一批行事谄媚的宦官的统称而已，而非一撮政治团体。

八月，明武宗在紫禁城西北兴建豹房。

豹房自正德二年（一五〇七）开始兴建，至正德七年基本完工，耗资二十余万两白银。一般认为豹房就在西苑西华门附近，而非东华门外的报房胡同（豹房胡同）。自正德三年起，明武宗就常驻豹房，并经常前往宣府的镇国府（明武宗自封镇国公朱寿），很少再在大内居住。传统史家多认为豹房是明武宗兴建的个人娱乐场所，其中饲养了大量野兽，豹子凭借扑咬凶狠而最得明武宗欢心，故而称之为豹房；还有大量妇女、幼童，以及各种娱乐项目和设施，供武宗玩乐。因此，豹房往往被当成是明武宗荒淫玩乐的场所和罪证。但是一直以来也有不同的声音，认为明武宗虽然行为出格，但是并非荒淫玩乐，而是试图通过非常规手段扩大君权，豹房实际上是武宗时期的明朝政治军事的决策机关，有着完备的行政机关和机构设置，由此开创了中南海五百多年的政治中心的历史。笔者也倾向于此说，后面会具体解释。

同年八月，南京户部尚书杨廷和入阁，十月改任户部尚书兼文渊阁大学士。杨廷和本为詹事，担任明武宗讲官。按旧制，经筵结束后，讲官需要进献规谏，结果讲官、翰林学士刘忠因规劝明武宗而被刘瑾厌恶。杨廷和也不依附刘瑾。因此刘瑾授意许进，将两人外放，分别改任南京吏部左侍郎和礼部左侍郎，同年五月各自改任南京户部尚书和礼部尚书。杨廷和被召入阁的同时，刘忠改任南京吏部尚书，负责整顿南京吏治。

此为南京六部尚书可以入阁的首例。南京六部此前只有右侍郎，为了安置杨廷和与刘忠才特增左侍郎。值得一提的是，杨廷和究竟是被刘忠牵连而被殃及，还是也参与规劝而被贬，《明史》的记载自相矛盾；《纪事本末》更是认为杨廷和与刘忠实际上是被明武宗厌恶谏言而被外放，杨廷和为了能提前回京，唆使刘忠与刘瑾保持距离而自己主动向刘瑾送礼，从而获得刘瑾的区别对待。从事后情况来看，笔者个人认为杨廷和至多也就是像李东阳一样对刘瑾虚与委蛇，不算德行有亏。

除了得罪刘瑾以外，按照《明史》的说法，负责詹事府的杨廷和与负责翰林院的刘忠按照惯例依序应当入阁，所以还被有心人故意排挤到南京，以便错开廷推。结合事后情况来看，此说有一定道理，因为刘瑾党羽焦芳和曹元各自卡在杨廷和与刘忠之前入阁。

十一月，刘瑾矫诏将所有巡抚革职，又裁撤地方按察司官员；派出科道盘查各边刍粮，根据仓储情况勒索官吏、商人。

一五〇八年正月，刘瑾下诏各布政司考察时需纳银二万两。

三月，原总制三边杨一清下狱，旋即释放。杨一清任上奏请恢复东胜获准，于是兴修边墙，克期完工，但是杨一清本人被刘瑾罢免，导致工程停止，又因花费甚大而下诏狱。首辅李东阳、大学士王鏊力救，得释。

笔者不太确定刘瑾陷害杨一清的原因，可能的原因大概有二：一是刘瑾除了打压政敌以外，还着力搜刮财富入京，解决朝廷至少是内库的财政问题，而杨一清的复套主张极大地加剧了明朝财政的紧张，让刘瑾非常头疼，所以两人才会发生冲突；二是杨一清作为三边总督，涉及兵权，与刘瑾等人坚决要求掌控军权的诉求发生冲突，因此被刘瑾修理。但是无论如何，对杨一清动手绝对是刘瑾一生中最大的败笔，没有之一。

六月，刘瑾再次追究前责，将前户部尚书韩文等人下狱论死，幸好被李东阳等人救回。八月，刘瑾又以"激变土官"逮捕前兵部尚书刘大夏、南京刑部尚书潘蕃，下狱谪戍，试图凭借籍没其家财获利。此外，吏部尚书许进被逼致仕，兵部尚书刘宇改任吏部。

十月，刘瑾矫诏设置内办事厂，即内厂，比锦衣卫和东西厂更为残酷。

一五〇九年二月，刘瑾再次矫诏，将原任大学士的刘健、谢迁革为百姓。

四月，大学士王鏊致仕。刘瑾掌权之初还听王鏊和焦芳的意见，但是权倾中外后，虽然对王鏊有反对意见而不介意，王鏊见自己的意见不被听取而戚然求去。刘瑾挽留无果，被迫同意。

六月，吏部尚书刘宇入阁办事，吏部左侍郎张彩为吏部尚书。张彩原本被言官弹劾罢官，但凭借与焦芳关系好，被推荐给刘瑾，得到起复。

十二月，刘瑾追夺大学士刘健、谢迁，尚书马文升、刘大夏、韩文、许进等675人为民充军，又调刚刚复任不久的吏部尚书梁储去南京。

同年，吴废后去世。刘瑾本意直接焚烧尸体，被王鏊、李东阳劝止，改为按照明英宗宠妃惠妃的仪制下葬，不合葬，无谥号。

笔者是不相信刘瑾或者别的什么人在处置前朝妃嫔葬礼时会如此草率的，特别是面对在明孝宗年间享受太后礼仪且出身京营的吴废后的时候。

一五一〇年二月，兵部尚书曹元入阁办事；同时，刘忠入京改任吏部尚书兼翰林学士，专典制诏。

明朝内阁自建立时起，一直坚守非翰林不得入阁的潜规则，破例的人极少，此前只有李贤、薛瑄打破这一惯例。明武宗虽然疏于政务，但是打破此惯例的也只有刘宇、曹元和杨一清三人，其中刘宇和曹元都是凭借巴结刘瑾才得以入阁。

四月，安化王朱寘鐇发动叛乱；五月，明朝命泾阳伯神英充总兵，太监张永总督军务，前右都御史杨一清为提督，负责平叛。

刘瑾此前停发了各边镇年例，又禁止商人输边，导致边镇物资匮乏。有人提出明朝立国之初实行屯田，自给自足，只是后来被世家侵占而导致军用不足。于是，刘瑾下令修举屯田，并派遣御史清理各边屯田，以增加田亩数量和追捕积欠为考核标准。结果御史为求立功，伪报增加田亩，同时索取更多地租，以宁夏最为苛刻，甚至向军官妻子加刑。于是，安化王朱寘鐇打出诛杀刘瑾的旗号，发动叛乱。旋即，宁夏游击将军仇钺率军将其平定，前后叛乱只有十八天。但是明朝中央不知此事，因而起复杨一清，派军平叛。

安化王叛乱的规模不大，影响有限，毕竟宁夏兵少民贫，很容易就被平定。但是对刘瑾的打击极为巨大，一方面刘瑾彻底得罪了一个不该得罪的集团，即边军集团，另一方面任何打出清君侧旗号的叛乱，即便无法成功，也会沉重打击"君侧"在君王心中的地位。

五月，大学士焦芳以老病致仕。六月，大学士刘宇认为刘瑾将败，自请致仕获准。八月，刘瑾被杀。九月，南京吏部尚书梁储、翰林学士刘忠入阁。此外，仇钺因平定朱寘鐇而封咸宁伯。

刘瑾与张永不合，曾打算将其外放南京，结果张永到御前哭诉，并当面殴打刘瑾；谷大用等人从旁劝解，明武宗也命人置酒和释，但是两人心中不平。平叛期间，杨一清说服张永，趁班师献俘的机会，向明武宗奏明宁夏的情况下，让明武宗怒杀刘瑾，指明明武宗如果不信，张永必须要死谏，不然事败。张永同意。明武宗为张永在东华门设宴，刘瑾因其兄刘景祥出殡（刘瑾以平定安化王为由封其为都督，结果旋即去世）而半夜先走。张永趁机上疏明武宗宁夏情况。明武宗表示暂时搁置此事、要求众人继续喝酒。张永只得提出刘瑾要取天下，明武宗将无处安身；明武宗方才醒悟，当夜命人逮捕刘瑾，降为奉御、闲住凤阳，廷议其罪。结果，查抄刘瑾家时，发现有金银上百万两以及大量珠宝财物，并包括衮服八件、盔甲三千套、弓弩五百等，连其团扇中也藏有两把刀。明武宗因而大怒，将其下狱。廷讯时，刘瑾自恃百官不敢审问自己，结果被驸马都尉蔡震廷审，判决凌迟。

此外，其党羽张彩死于狱中，焦芳、刘宇、曹元等人削爵为民。处置刘瑾期间，李东阳曾提醒张永等人小心刘瑾东山再起。但是张永不以为然，结果刘瑾奏请赐衣蔽体，被明武宗赐下旧衣百件，因而惊恐。在李东阳的建议下，命科道继续弹劾刘瑾，并强调刘瑾专权导致百官只能阿附，所以只追究刘瑾一人，不涉及旁人。最终，狱词只到张彩、锦衣卫指挥使杨玉等六人；张彩上疏称冤，揭发李东阳阿附刘瑾的事迹，旋即暴毙狱中，掘坟锉尸。随后，明武宗在李东阳的劝说下，下诏焚烧所有人与刘瑾往返书札，以表示不再追究。

同时，在李东阳的奏请下，明武宗封张永、魏彬、马永成、谷大用兄弟子侄为伯，以示恩典。此外，明武宗还命太监魏彬掌司礼监事，并无视弹劾李东阳依附刘瑾或者要求明武宗防备宦官专权的奏章。

李东阳（一四四七年生）和杨一清（一四五四年生）曾同时在天顺元年（一四五七年）状元黎淳门下学习，所以相交莫逆。虽然李东阳深度参与了扳倒刘瑾一事，但是因为其曾委身内阁与刘瑾纠缠不清，因此被时人乃至后人非议，甚至到了"有明贤宰辅，自三杨外，前有彭、商，后称刘、谢"，故意将其排除在外的地步。但是历史终将还其以公道，毕竟"大臣同国休戚，非可以决去为高，远蹈为洁"，如果不是他暗中施以援手，不知道多少大臣要落得凄惨下场。待到王鏊（一四五〇年生）致仕后，李东阳和杨廷和两人面对刘瑾以及焦芳、刘宇，真可谓呕心沥血。

按照史料记载，刘瑾受刑三日才死，第一天受刑完之后甚至回到牢房用餐。现代观点认为这可能是因为鸦片等麻醉类药品流入中国的结果。

笔者个人不太相信刘瑾被处置之前明武宗回应张永的话，也不相信刘瑾谋反弑君的各种罪证。原因很简单，一个十七八岁的接受过完整帝王教育的智力正常的年轻人，是不会一味地贪酒或者相信没有子侄的太监会谋反的。在笔者看来，刘瑾的覆灭，不过是因为明武宗逐渐年长，不再需要权阉代为与前朝争权夺势所致，张永的奏请不过是一个引子罢了。但是因为李东阳和杨一清的参与，这才使得刘瑾的结局成为明代诸多权阉中最惨的一个。

正德起义

稍晚于刘瑾专权，明朝在黄淮、川东、闽赣出现了大规模起义，即刘六刘七起义、蓝廷瑞鄢本恕起义、赣南起义。

一五〇九年九月，京城南部固安、永清等地出现盗匪，刘瑾派人前往缉捕。

一五一〇年十月，霸州刘六、刘七起兵。刘六、刘七、齐彦名等人依附河北强盗张茂，结果张茂被官军所破，刘六、刘七等人试图花钱赎罪又被勒索巨资，走投无路而起兵。

一五一一年正月，刘六、刘七攻克安肃县，救出同党齐彦名。三月，转入山东。六月，分兵劫掠河南、山东。八月，刘七等人再次攻打沧州，迫使京师戒严；旋即南下。十月，刘六等人攻打济宁，未能克城。十一月，兵分两路分别攻打宿迁和徐州，劫掠淮西。十二月，义军向西劫掠，在临城等地向北劫掠赵州等地，直抵晋州，随后再次分兵劫掠山东、河南。

同年八月，因官军屡战屡败、主官拥兵畏战，明朝改任伏羌伯毛锐充总兵官，太监谷大用总督军务，兵部侍郎陆完提督军务，征调重兵征讨。十二月，又因河南告急，在兵部尚书何鉴和太监谷大用的建议下，明朝征调宣府、大同、辽东、延绥诸部南下平叛，命辽东巡抚彭泽提督军务，咸宁伯仇钺为平贼将军。

一五一二年正月，刘六等人再次攻打霸州，被何鉴征调大军阻挡在涿州，随后义军南下。伏羌伯毛锐在真定战败，谷大用拥兵观望不敢进军。但是官军屡屡畏敌不前，却频繁邀功请赏，以义军裹挟的百姓首级请赏。自出师以来，已经花费各类赏赐折合二百余万两白银。

四月，刘六、刘七等人率部东入登州、莱州，劫掠胶东半岛。闰五月，义军进攻利津被击退，又围攻邳州，顺势南下，经过河南光山进入湖广，沿江掠聚，驻扎武昌，并截杀了上任途中的湖广巡抚。旋即，刘六被湖广官军击杀，刘七、齐彦名等人自黄州进入九江。

六月，陆完率领诸镇大军，疾驰至扬州。同时，刘七等人经过芜湖、瓜州，停泊在通州狼山、常熟福山等地。七月，刘七等人再次自通州（江苏南通）溯流而上，进犯九江，结果被官军拦截，被迫停泊狼山，所部纷纷溃逃。义军被迫进攻通州，结果被官军用火攻大败，刘七投水而死，齐彦名被官军所杀。

九月，明朝论功，封谷大用弟谷大宽为高平伯，陆完弟陆永为镇平伯，咸宁伯仇钺进封咸宁侯，并赐诰券，世袭。都御史陆完、彭泽加太子少保。

一般认为刘六刘七起义是因为明朝中期对华北地区剥削加剧的结果，特别是明朝在河北地区推行马政，强制百姓养马，造成大量平民破产，被迫依附豪强，转而豪强也被压迫而破产的结果。所以，刘六刘七起义爆发后，义军体现了极强的机动性和作战能力，并且充分利用明朝官军各自为战，受限于辖区而调动围堵迟缓的缺点，频繁南下北上西进，并且两次威逼京畿，使得官军疲于奔命。

此次起义戳破了明朝京营已经衰落到连义军都不如的事实，因此明朝中央破例征调辽东、宣府、大同、延绥四镇边军入关平叛，由此开创了征调边军平定内地义军的先河。

一五〇八年十月，四川保宁（阆中）人蓝廷瑞、鄢本恕在汉中起兵；明朝中央命右副都御史林俊巡抚四川兼赞理军务，督兵征讨。

一五〇九年十二月，蓝廷瑞自称顺天王，鄢本恕自称刮地王，廖惠自称扫地王，为躲避林俊搜剿，合兵十万，侵入湖广、郧阳等地。

一五一〇年正月，明朝中央又命刑部尚书洪钟总督川、陕、湖广、河南四省军务，负责平叛。四月，蓝廷瑞、廖惠等人攻破通江（四川巴中），结果被林俊征调四川官兵、永顺土兵围攻，义军被杀六千余人，廖惠被擒。蓝廷瑞只得与鄢本恕合兵，过陕西、汉中，逃入大巴山。

一五一一年六月，洪钟抵达四川，与林俊意见不合，结果坐失良机，使得蓝廷瑞攻克营山（四川南充）；随后，洪钟才与林俊分路进剿，接连击败义军，并张榜招抚。蓝廷瑞、鄢本恕一面与明军联络归降，一面与永顺土司彭世麟交好，结果彭世麟告知官军。洪钟假意设宴款待义军首领28人，趁机将其一网打尽；只有义军首领廖麻子未被捕获。随后，义军在巴东、黔北地区继续作战。八月，义军攻打东乡、永澄等地，又声称攻打重庆、泸州、成都等地。官军严防死守各地，并分兵自合江和江津征讨。九月，义军攻打江津，结果官军援军抵达，将其大败。义军只得退入思南地区。随后，四川巡抚林俊因被宦官厌恶，又与洪钟意见不合而致仕，明朝改派都御史高崇熙为四川巡抚，负责平叛。

一五一二年十一月，廖麻子等人分劫州县，号称所部二十万；洪钟被御史弹劾纵寇殃民而罢职，改由右都御史彭泽总制军务。

一五一三年二月，四川巡抚高崇熙也因无法剿灭盗贼而被下狱，改由右佥都御史马昊巡抚四川。四月，彭泽率苗兵进攻，在剑州击杀廖麻子。至一五一四年正月，彭泽才率兵平定四川。

蓝鄢起义是明朝知名度非常低的一次起义。虽然历时七年，但是义军只在汉中、巴东、鄂西北等地流窜，影响有限。不过此战也暴露出明朝地方军力有所下降，在应对义军时需要借助附近土司的力量平叛，间接推动了湘西、广西地区土司力量的扩大。

一五一一年四月，因江西义军四起，明朝中央命右都御史陈金总制军务，右副都御史俞谏提督军务，率军平叛。正德初年，赣南义军主要包括五支，即大帽山的赣贼，仙女寨、鸡公岭的华林贼，玛瑙寨、越王岭的靖安贼，王浩八为首的桃源贼，乐庚二、陈邦四为首的东乡贼。其中，以华林和桃源最为强势。陈金等奏调广西田州、东兰等处狼兵协助征讨，获准。

一五一二年五月，江西按察司副使周宪进攻华林义军，结果因友军失期、自己过于深入而被歼灭。六月，明军平定华林义军，又招降桃源义军王浩八；陈金因而奏称江西平定。

一五一三年正月，桃源义军王浩八等人再次作乱；明朝中央命副都御史俞谏提督军务，率狼兵进剿。五月，俞谏率狼兵在裴源大败桃源义军，义军被迫撤出。六月，浙江总督陶琰、应天巡抚王缜联合江西总制俞谏，在徽州、衢州地区围攻王浩八，将其消灭。

与平定蓝鄢起义类似，明军此次也征调了广西土司的兵力，这从侧面反映了明朝南方的卫所军户制度也出现崩坏，无法承担本地区的军事需要。因此，明朝在南方出现作战需要时，也经常征调狼土兵从征，以弥补战力不足。

但是赣南地区的情况比较特殊，所以不久之后再次爆发新的叛乱，并引发宁王之乱和武宗南巡两大重要历史事件。首先，赣南地区以客家人和畲族为主，长期脱离于中原政府管控之外，再加上自然条件恶劣，耕种能力有限，因此经济困难，难以承受官府剥削，双方对立情绪严重。其次，赣南地区多山地丘陵，植被茂密，交通不便，再加上客家和畲族都以围楼为住所，所以一旦形成割据叛乱，官军难以施展，粮尽或者遇挫后就只能撤军。故而此地一旦发生叛乱，往往屡剿不绝。

一五一六年八月，因赣南再次出现百姓聚众起义，兵部尚书王琼推荐王守仁为赣南巡抚，负责平叛。

一五一七年二月，王守仁到任后命福建、江西、湖广、广东四省兵备官选募民兵进行操练。七月，王守仁自请提督军务，被任命为提督南赣、汀、漳等处军务。十月，王守仁征讨汀州左溪义军蓝天凤等人，将其平定。十一月，王守仁会合部队，进攻桶冈，将其平定。

王守仁认为狼土兵花费甚多，而且劫掠甚众，因此主张当地操练民兵。操练有成后，王守仁或乘险设伏，或暗度陈仓，接连取胜，迫使义军出山投降，转而安置为民，结果出师两个月就平定八十四处叛乱。王守仁因此擢升右副都御使，并在安远设县，控御三省。

一五一八年正月，王阳明率军进入三浰（广东河源和平），设宴擒杀义军首领，将其平定，并在和平设县，控扼三省。

明朝用于南方军事行动而征调的土司兵力，可以简称为湘西的土兵和广西的狼兵。土兵是土家族士兵的简称，主要由湘西彭氏土司统领，具体而言就是永顺宣慰司、保靖宣慰司以及后来从中分出的两江口长官司所属部队。相较于其他土司时常桀骜不驯，彭氏土司一向对中央政府恭敬有加，因此出力甚多。狼兵，亦称俍兵，指的是广西地区的壮族士兵，传统上认为因作战勇猛而被称为狼兵，近年来也有观点认为其被明朝政府视为壮族瑶族中的良民所以被称为俍（音同良）。最出名的狼兵就是广西田州岑氏所部。不过相较于彭氏，岑氏对中央时附时叛，不能一概而论。而且需要注意的是，无论是狼兵还是土兵，都是明朝中央的不得已而为之的举措，因为这些部队的军纪往往更加散漫，所谓匪过如梳，兵过如篦，对百姓而言，危害更重。

达延统蒙

一四六六年，延绥镇提议修整长城，自山西偏头关（忻州偏关）、东胜关附近的黄河西岸开始修筑城堡、墩台，大约七百里，经过陕西榆林，直到宁夏黑山嘴（中卫沙坡头）。土木堡之变后，毛里孩等蒙古诸部先后进入河套，逐渐侵占此地，并以此为基地，侵扰延绥等地。因此，加强此地边防，营造长城逐渐被人提起。明宪宗因此命兵部主持商议，决定先剿平河套地区的蒙古部落，然后再恢复东胜，即搜河套，复东胜。但是因不久之后毛里孩请和，故而不了了之。

一四七〇年，明朝因河套蒙古各部犯边频繁，命都御史王越总关中军务，商议搜河套、复东胜。一四七一年，抚宁侯朱永提出战守二策；兵部经过商议，以军需不足为由建议守御，获得明宪宗批准。同时，吏部右侍郎叶盛行视河套后，也反对时议复套，认为应当增兵守险。一四七三年九月，满鲁都入侵韦州（宁夏同心）。总督王越侦察到其老幼都藏在红盐池（宁夏盐池、陕西定边），于是与总兵许宁率领轻骑奔袭三百里将其大破，焚烧其营地，斩三百余首级。

一四七四年，明朝在固原设置总制府，以王越为三边总制，节制延绥、宁夏、甘肃三边总兵、巡抚。同时，明朝论功，但是王越只被封为太子少保，还被兵部、兵科弹劾滥杀冒功。王越自认为封赏太少，于是称病还朝。

红盐池战之后，蒙古渡河北去，延绥等地边患减少。宪宗时期商议复套许久，调集重兵搜索河套地区蒙古部落，结果边将拥兵自重，军费开支巨大。直到此战，明朝才通过重创套内蒙古各部，使其北上。

九边问题是明朝中后期非常重要的政治线索。一般认为，九边至少在正德十六年（一五二一年）户科都给事中邵锡的奏疏或者嘉靖十六年（一五三七年）兵部职方司的许论的著作中就已经出现，一般为辽东、宣府、大同、太原、延绥（一称榆林）、固原、宁夏、甘肃、蓟州等九个军事重镇的合称。明初将地方行政系统分为承宣布政使司，提刑按察使司，都指挥使司三大体系，导致权力过于分散，特别是建文削藩、靖康之变、太宗迁都北京之后，塞王守边制度被破坏殆尽，所以在内地逐渐出现巡抚并制度化的同时，边镇也出现了总兵代管民政、享有一定便宜行事之权的情况。九边的设置时间缺少明确的时间表，不同史家不同材料的标准出入极大。在笔者看来，九边的设置顺序大致可以分为两批，即由原边地都指挥使司体系演变而来的辽东、宣府、大同、宁夏、甘肃五镇，以及因蒙古南下而陆续设立的延绥（榆林）、蓟州、山西（三关）、固原四镇。前五镇在太宗年间就已经固定下来，基本上也是配合明太宗北伐蒙古的集结点；后四镇随着蒙古南下而逐渐设置和强化，至嘉靖时期彻底固定下来，成为特定称谓。配合管理九边而来的就是三个总督的设立。三边总制就是后来的三边总督，比宣大总督（一五四一年）、蓟辽总督（一五五〇年）要早很多，原因在于明朝中期称雄于蒙古高原的蒙古各部，大多从西北方向进攻明朝，同时由于放弃了西域、河西，使得边境收缩至兰州地区，所以西北三镇首当其冲；山西镇设置后划归宣大总督（所以在明朝后期，准确的说是宣大山西总督），固原镇则是作为三边以内的西北第二道防线而逐渐独立成一镇。

一四七五年，在乜克力部首领乩加思兰的支持下，脱脱不花异母弟满都鲁在河套地区被拥立为第三十一任蒙古大汗。但是在蒙古贵族亦思马因等人的挑唆下，他与侄子博罗忽济农（巴延蒙克亲王，原本要被拥立为可汗的人选，所以担任济农）失和，相互交战，结果双双败死。

一四七九年，满都鲁侧室满都海继承汗廷，拒绝察哈尔、科尔沁等部的示好和求婚，下嫁名义上自己的侄孙、博罗忽之子、年仅六岁的巴图孟克，并拥立其为第三十二任蒙古大汗。随后，满都鲁率军征讨瓦剌，将瓦剌诸部赶出河套地区。一四八六年，瓦剌部哈剌辉特（乜克力部）首领亦思马因被鞑靼所杀。

由此，漠西蒙古势力被驱逐出漠南。随后，达延汗重新设置鞑靼各部，分为左右两翼各三个万户，即左翼察哈尔部、兀良哈部和喀尔喀部，右翼鄂尔多斯部、土默特部万户和永谢布部（哈喇慎、阿苏特）；废除了自阿鲁台开始的蒙古太师制度，恢复传统的济农（副汗）制度，负责管理蒙古右翼三个万户，驻扎鄂尔多斯；自己亲自管理左翼三万户，驻扎察哈尔。

一四八八年五月，达延汗率部驻扎大同附近，要求入贡；获准。六月，遣使一千五百多人，明朝要求减为五百人。

一四九三年六月，蒙古劫掠甘州、凉州地区。一四九五年，蒙古再次进入河套地区放牧，以三受降城为基地放牧、劫掠。

一四九八年，达延汗以六千人入贡，明朝减为两千人入关、五百人入京。达延汗因为明朝赏赐过少，因而由此不再入贡，转而专心犯边。

达延汗夫妇完成漠南蒙古统一之后，必然要解决日益增长的人口所带来的经济压力，特别是草原无法生产的物资，因而会提出越来越大的入贡使团，以便趁机贸易；但是明朝显然难以接受这种规模，而且入贡带来的赏赐也是一种财政负担。与此同时，达延汗扩大牧区，占据河套，并逐渐放任所部劫掠，必然与明朝中央的边防要求发生强烈对抗。因而，双方还是会回到交战状态。

一五〇六年，总制三边杨一清上疏提出陕西边患严重在于先放弃受降城，又放弃东胜，导致防线漫长，所以建议增修整修城堡，连接大同至宁夏防线，从而恢复河套，以解决边患。旋即，杨一清因得罪刘瑾而被罢，明武宗一朝无人敢再谈论恢复河套。

一五〇九年，乌鲁斯博罗特（达延汗次子）被任命为济农，上任途中被永谢布领主亦不剌谋杀（亦不剌疑似曾担任蒙古太师）。一五一〇年，达延汗率军讨伐蒙古右翼，先在土尔根河（呼和浩特）扎营时被偷袭而撤走，旋即又联合科尔沁再征，在达兰特哩衮（疑似大青山）彻底击败亦不剌，亦不剌被迫率部分力量西迁青海。由此，达延汗统一漠南蒙古，（一说一五一二年）以巴尔斯博罗特（达延汗三子）为济农。

满都海抚养的巴图孟克就是大名鼎鼎的达延汗，而满都海本人也是一个传奇。但非常悲哀的是，中原史料对满都海毫无记载，以至于其经历言行只能靠为数不多的蒙古史料进行猜测。无论是满都海选择巴图孟克，还是达延汗能够废太师设济农，很重要的一点是自也先开始的三十年内耗，黄金家族被屠戮殆尽，达延汗几乎是唯一的正统后人，在蒙古人心中极具号召力；满都海本人出身瓦剌绰罗斯氏，祖父曾为也先丞相，所以其嫁给满都鲁、巴图孟克，实际上也可以看作是草原实力派与黄金家族血脉的结合。虽然满都鲁无嗣，但是满都海却与巴图孟克生下七子（或八子），可谓多子多福。

一五一六年（一说一五一七年），达延汗去世，遗命图鲁博罗特（达延汗长子）之子博迪阿拉克即汗位；但是因博迪阿拉克年幼（一五〇四年生），由三子巴尔斯博罗特为第三十三任蒙古大汗（一说巴尔斯博罗特强迫诸部选择自己）。

一五一七年秋，明蒙在应州地区交战，明军大胜。

一五一九年，巴尔斯博罗特交还汗位，旋即去世，时年三十二岁（一四八八年至一五一九年）；博迪阿拉克即位为第三十四任蒙古大汗。但是右翼蒙古被巴尔斯博罗特三子统领，长子衮必里克负责鄂尔多斯，次子包阿勒坦（俺答汗）负责土默特，四子昆都力哈负责永谢布。

因为蒙古史料行文简略且自相矛盾，明朝史料记载较少且有信息延迟的问题，所以达延汗的生卒年月一直存在分歧。目前主流的观点认为达延汗即位应该是在成化十七年年底（一四八一年年底或者一四八二年年初，己亥年；蒙古猪儿年）；因为靠近年底，公历与农历错位，导致部分蒙古史料认为是一四八二年（庚子年）；明朝史料因为消息闭塞、信息延迟的缘故，才会出现成化十九年、二十三年等说法。

但是达延汗的死期分歧巨大。一说认为达延汗八十岁时去世，亦即大概在一五四三年嘉靖二十二年；一说认为四十四岁去世，大概在一五一六年（正德十一年，丙子年）或者一五一七年（正德十二年，丁丑年）。笔者个人倾向于后者，因为嘉靖二十年前后，衮必里克和俺答汗兄弟已经崛起，当时的小王子应该另有其人，而且达延汗七岁即任大汗，四十四岁去世这一论断应当无误；相对而言，笔者个人认为正德十一年（一五一六年）去世的可能性更大一点儿，不过考虑到农历和公历存在日期差或者信息传递延误，也存在正德十一年年底亦即一五一七年年初去世的可能。

达延汗统一漠南蒙古，是明代蒙古最重要的历史事件。首先，达延汗夫妇结束了自北元灭亡以来黄金家族大权旁落的问题，重树了黄金家族的权威，为蒙古的再次统一（局部统一）建立了一个毫无争议的核心。实际上，在经历了数十年针对黄金家族的屠杀后，达延汗本人也成了唯一一个有资格继承汗位的家族成员。自达延汗之后，黄金家族也是从其开始算起。其次，达延汗夫妇驱逐了瓦剌对鞑靼的控制和入侵，又在此基础上统一了漠南蒙古，并建立了基于血缘关系的两翼六万户体系，使得蒙古又重建了一套强有力的政治军事机器。最后，迫于游牧民族的生存压力和统一后维持的政治需要，达延汗所控制的漠南蒙古必然向四面扩张，其中一个非常主要的方向就是进入河套地区，特别是套内地区，以谋求更大的牧场，承担更多的牲畜和人口。

应州大捷

一五一一年十一月，时年六十岁的刘忠致仕。十二月，礼部尚书费宏入阁。

一五一二年十月，明武宗下内旨调边兵入卫京师，大学士李东阳等人率都督府、六部、科道力谏，无果。随后，大同游击江彬等人被召入京师。十二月，首辅李东阳致仕，杨廷和为首辅。

有人（一说江彬）暗中向明武宗提出京军不习战阵，应当调宣府官军入卫京师，派京军按数顶替戍边，每年春秋轮换一次。明武宗派谷大用到内阁商议，李东阳等人坚决反对，上疏提出十项不便之处。但是明武宗直接降内旨颁行。随后，宣府、大同官军被调入京，进行轮换。江彬入京后，凭借贿赂钱宁，得以进入豹房，受到明武宗宠幸，受命在西内练兵。

一五一三年十月，钱宁掌锦衣卫事，赐姓朱，称为皇庶子。钱宁年少时被卖给云南镇守太监钱能，钱能死后侍奉刘瑾，因善于射箭、左右开弓而被明武宗认识并宠幸，在锦衣卫逐渐升迁，与东厂太监张锐并称"厂卫"。

一五一四年二月，明武宗在钱宁、张锐等人的建议下，开始微服出行。

刘瑾败亡后，明武宗身边的首要佞臣就是钱宁、江彬。总的来说，钱宁的劣行一是主持营造豹房，并与工部尚书李鐩等人发生冲突；二是主持锦衣卫，打压文臣如刑部尚书张子麟等人。江彬本是边将，比钱宁更加勇武，故而被明武宗宠幸，甚至与武宗同起卧。除了钱宁江彬以外，还有弘治十七年（一五〇四年）的武状元许泰；许泰祖父是靖难功臣永新伯许诚，因不世袭的缘故，其父许宁改袭羽林左卫指挥使；父亲去世后，自己袭任羽林前卫指挥使，六年后成为武状元，不久以副总兵协守宣府；大致和江彬一同入京。

同年二月，礼部尚书靳贵入阁。五月，大学士费宏致仕。一五一五年三月，首辅杨廷和丁忧，梁储为首辅。闰四月，吏部尚书杨一清入阁。

一五一六年正月，明武宗又赐江彬、许泰等人姓朱。八月，大学士杨一清致仕，礼部尚书蒋冕入阁。杨一清上疏请免职务，提到明武宗宠信小人，妄动大军，动摇国本，结果被钱宁所恶，致仕还家。

一五一七年四月，大学士靳贵致仕。五月，礼部尚书毛纪入阁。十一月，杨廷和服除，再次入阁，担任首辅。

按照惯例，内阁阁员或者六部重臣需要丁忧服丧时，往往只是给予三至九个月不等的丧期便会夺情起复。但是杨廷和坚决拒绝夺情，故而服满二十七个月，才回京再次担任首辅。此外，杨一清并非翰林出身，是破例入阁。

同年五月，左都御史彭泽被中旨革为民。彭泽一五一四年出京经略哈密，一五一五年四月才返回京师，属意兵部尚书，结果户部尚书王琼在闰四月改任兵部尚书，自己只能在五月担任左都御史。两人因此结怨，彭泽在都察院时常与言官诋毁钱宁。结果，王琼弹劾彭泽经略哈密时擅自与土著议和、欺瞒圣听，钱宁将此事告知明武宗，明武宗以中旨将彭泽免职。

王琼彭泽交恶乃至相互构陷，各有问题。彭泽受命收复哈密却擅自与吐鲁番纳币议和并以此奏称收复哈密固然有罪，但是王琼因为交好钱宁等人而被舆论所不容，所以数年后武宗驾崩，王琼也被免官戍边，彭泽得以担任兵部尚书。不过王琼也非浪得虚名，功绩时论都与杨一清比肩，故而大礼议后也得以复出。

同年八月，明武宗出居庸关，抵达宣府。此前，明武宗多次试图出关，但是被居庸关巡关御史张钦三次劝阻，明武宗只得趁其巡关时才得以出关，驻扎在宣府的镇国公府；同时留下谷大用，封堵张钦以及其他京官来追。与此同时，小王子出兵六万袭扰宣府，杀掠近四千人。

九月，明武宗又巡幸大同，驻扎阳和（张家口阳原），自称总督军务威武大将军总兵官，命户部输送帑银一百万两到宣府；户部尚书石玠拒绝，只输送了一半。月底，明武宗离开阳和，前往大同。旋即，鞑靼南下，劫掠阳和。

十月，应州之战爆发。初一，鞑靼先与大同总兵官王勋、副总兵官张𬭚、游击孙镇交战，明武宗命宣府游击时春、辽东左参将萧滓驰援王勋，游击周政、副总兵朱銮、大同右卫参将麻循、平房城参将高时尾随鞑靼，宣府总兵朱振、参将左钦前往阳和与诸部会合。初二，鞑靼转向应州。初三，张𬭚、孙镇、王勋等与鞑靼在应州城南大战。初四，大雾，鞑靼暂退。初五，王勋等出城与鞑靼交战，萧滓、时春、周政、麻循等率部支援；明武宗率太监张永、魏彬、张忠、都督江彬等人自阳和来支援，亲自上阵。初六，鞑靼主动进攻，明武宗指挥诸将抵抗，乘舆几陷，自辰时战至酉时，鞑靼退兵。初七，明武宗与诸将且战且退，至朔州附近，鞑靼撤退，明武宗转入大同。

一五一八年正月，明武宗自宣府回京。根据事后清点，此战明军阵亡五十二人，重伤五百六十三人，斩获鞑靼首级十六个，明武宗自称亲自杀一人。由此数年，小王子不敢深入犯边。

此即在民间经常被人提起的应州大捷。民间的主流看法是明武宗集结边镇四镇之力，一举击破鞑靼达延汗主力，使得蒙古被迫休息数年，从而大大缓解了北方边患；更有甚者，认为达延汗此战受重伤而死；之所以此战不显，是因为明武宗无后，嘉靖帝和文官集团急于消除明武宗影响而故意忽视。

笔者个人的看法比较简单，应州大捷的重要性可能被低估了，但是也没重要到需要大书特书甚至翻案的地步。首先，笔者认为与明武宗交战的小王子不是达延汗，而是达延汗三子、时任第三十三任大汗巴尔斯博罗特。理由有两点。一是笔者在前文已经论证过达延汗死期，由此不难判断此时鞑靼主帅应当是新任大汗。二是此战完全不像是常年犯边、劫掠经验丰富、地位稳固的达延汗所为，能率六万大军与明军缠斗数日，特别是在接连交战后还会继续力战、猛攻明军的蒙古统帅显然更像是新近即位且得位不正故而急于立威的巴尔斯博罗特。所以，笔者认为鞑靼接连数年不敢深入犯边的缘故，与此战关系不大，真实的原因是在此前后数年之中，蒙古陷入了事实上的分裂状态，巴尔斯博罗特在位期间受到蒙古左翼的强烈反对，年幼的博迪阿拉克即位后又面临蒙古右翼的事实独立，俺答汗在事实上控制蒙古两翼已经是三十年后的事情了。

其次，此战的真实战损确实是被低估了，但是跟文官集团的故意打压没有什么关系。明朝计算军功首级和战报是完全不同的两个口径，前者有来自兵部和都察院的各种核实，作假或者有误的话不但功劳被免，甚至可能被削爵罢官，后者则只要不是太过离奇，一般无人细究。同时，按照明朝以文制武的规矩，大军在外都配备了相当数量的文官，撰写各种文书，兼顾官场规矩都由其完成，但是明武宗此次出征多以豹房亲信和边镇军将为主，这些人与前者毫无交集，单凭几个随行的御史，根本没有能力按照官场规则撰写合格的奏捷文书并附上相应物证。再加上论功是在明武宗结束北巡返回宣府后进行，数月时间足以使首级腐烂到无法辨识的地步，所以被大打折扣也在情理之中。

此外，明武宗对此战的精心准备也非常值得分析。首先，明武宗肯定建立了非常周密的情报网，所以才能准确判断出鞑靼今年甚至近期会有南侵，而且声势浩大，目标为右翼蒙古更喜欢入侵的大同，而非距离察哈尔王庭更近的宣府，甚至可能判断出了鞑靼的目的不是单纯的劫掠，而是新王为了立威而率大军迫使明朝同意互市。其次，明武宗围绕情报优势进行了非常周密的战前布置，无论是兵力还是军需，都有非常充足的准备，所以才能负担起数万大军为期数月的战争。最后，明武宗亲自率近侍上阵，足见其马上功夫和临阵指挥能力相当不错，可见其在豹房中整日与武人厮混并非一味淫乱。

笔者最感兴趣的一点是，如果笔者以上个人判断都是正确的话，那么明武宗必然已经筹划数月甚至一年，但是在如此箭在弦上的情况下，明武宗居然还能沉得住气，听从张钦的劝说三次不得出关，足可见其心智之成熟。

二月，明宪宗王皇后去世，上谥号孝贞庄懿恭靖仁慈钦天辅圣纯皇后，合葬明宪宗茂陵，祔太庙。

因为吴废后被废，所以王氏才能带帝谥纯字。

六月，因宁夏示警，明武宗再次商议北征，自称"威武大将军太师镇国公朱寿"，以江彬为威武副将军，令内阁草敕。大学士杨廷和、梁储、蒋冕、毛纪上疏力谏，明武宗不听；杨廷和因而称病不出。明武宗前往左顺门，命梁储当面草制，并以剑威逼；梁储免冠伏地泣谏。最终，明武宗掷剑而去，自称大将军，不再强求草制，江彬也不称副将军。此外，明武宗还命礼部廷议设立储君、居守京城；梁储、兵部尚书王琼等人坚决反对，因而此事终止。

七月，明武宗北巡，出居庸关，同时论应州功，封赏五万余人。九月，明武宗又加封朱寿镇国公，封钱彬为平虏伯，许泰为安边伯；梁储等人拒绝草诏。十月，自偏头关，渡过黄河，抵达榆林。十二月，返回太原。

一五一九年二月，明武宗返抵宣府。不久回京。

笔者非常不满意杨廷和的一点在于杨廷和遇事经常自保，缺少一点"明知不可为而为之""虽千万人吾往矣"的担当，不如忍辱负重的李东阳和正言直谏的梁储。姑且不说他与刘忠外放南京后先回京入阁一事存在太多疑点。单就在反对明武宗诏封威武大将军一事上，笔者就觉得杨廷和称病不出远不如梁储顶剑拜谏。而且坚持为父服丧满期，笔者也觉得他有爱惜羽毛的嫌疑。

无论应州之战击败的是民间观点认为的达延汗，还是笔者所猜测的巴尔斯博罗特，抑或应州之战的实际影响正如《明史》所暗示的那样可有可无，重新统一的漠南蒙古又一次陷入长时间的内耗状态，因而明武宗以及明朝中央的注意力必然南移，进而引发武宗朝影响最大的政治事件。

武宗南巡

一五〇七年四月，宁王朱宸濠凭借行贿刘瑾，恢复南昌左卫为宁王护卫。一五一〇年八月，刘瑾被杀，兵部又将宁王护卫划回南昌左卫。一五一四年三月，宁王再次恢复护卫。五月，大学士费宏因反对宁王恢复护卫而致仕。

此前，陆完为江西按察使，受到朱宸濠重视，两人因而交好；陆完担任兵部尚书后，宁王致信希望恢复护卫，又向明武宗宠幸的伶人臧贤行贿，并通过这名伶人向其他朝中权贵行贿。大学士费宏坚决反对恢复宁王护卫，认为此举必然导致江西生灵涂炭（费宏堂弟费寀和宁王是连襟）。结果，陆完趁当年殿试时内阁和部院都在阅卷的机会，通过钱宁直接让明武宗下诏恢复宁王护卫。明武宗直接下诏给杨廷和办理此事，费宏竟不得知。随后，杨廷和和陆完担心费宏揭发此事而引来言官弹劾，因此以费宏营私录取胞弟费完为翰林为由，迫使其致仕。费宏致仕回乡途中，竟遭宁王派来的党徒在船上纵火焚烧。随后，宁王朱宸濠自称国主，妄传护卫为侍卫，改令旨为圣旨。同时招揽各地大盗，在江西劫掠。

一五一五年六月，宁王朱宸濠忌惮江西都指挥戴宣，擅自将其锤杀。

十月，江西按察司副使胡世宁上奏揭发宁王朱宸濠无道罪状，宁王害怕，归罪部下以脱罪；同时，河南左布政孙燧改为巡抚江西，拒绝宁王朱宸濠招揽，转而侦缉不法，处置宁王党羽。

一五一六年三月，宁王朱宸濠趁明武宗没有子嗣且并未立储，向钱宁行贿，将自己的长子送入京城。

八月，福建按察使胡世宁贬戍沈阳。胡世宁弹劾宁王不久，宁王也反诬胡世宁离间宗室亲情，谣言诽谤，并向右都御史李士实、左都御史石玠行贿，将已经调任福建按察使的胡世宁问罪入京，幸得浙江按察使李承勋庇护，胡世宁才得以免于途中被杀。刑讯持续了一年，其间钱宁、张锐、江彬等人收受宁王贿赂，试图以诬告亲王将其处死，幸好大理寺少卿胡瓒抗言，加之孙燧等人奏明事实，胡世宁才得以免死戍边，但是胡瓒被夺俸。

十月，王守仁被任命为巡抚南赣、汀漳，负责平定江西。

一五一七年九月，巡抚孙燧奏请增加九江兵备，因佞幸作梗而无果。十一月，宁王朱宸濠仇恨大学士费宏（江西上饶人），遣人焚其庐墓，并且攻城掳掠，将其堂兄弟杀死。孙燧请兵擒捕，结果被交由兵部商议，不了了之。

一五一八年十月，孙燧逮捕盗匪吴十三等人，结果被朱宸濠派人劫狱救出。

虽然明朝宗室没有太多的政治实权，但是在各项制度的规定之下，宗室们依然享有超高的政治待遇，特别是亲王，让掌权者非常头疼，强势如王振，在有藩王（疑似周王系）的参与下也不得不让于谦过关。所以，如果不是确实举兵叛乱，掌权者都会对藩王得过且过。

明朝宁王共有四位，即宁献王朱权（一三七八年至一四四八年，朱元璋十七子）、宁靖王朱奠培（一四一八年至一四九一年，朱权世子朱磐烒嫡长子）、宁康王朱觐钧（一四四九年至一四九七年，朱奠培庶子）以及废王朱宸濠（一四七九年至一五二〇年，朱觐钧庶长子）。朱权被燕王朱棣从大宁迁到南昌后，至少在表面上表现得非常洒脱，但是宁王一系对当朝的仇恨却与明朝藩王本身的跋扈结合在一起，变得更盛，关于其谋反、逾制、不臣的弹劾接连不断，只是被中央忽视或者打压，比方说两广总督韩雍三十岁左右巡抚江西时，结果因弹劾宁王（疑似宁靖王）而下狱，后又被宁王弹劾而入狱罢官。

一五一九年三四月，一百四十六名官员因反对武宗南巡而被廷杖。当年三月，明武宗发谕旨给礼部，表示总督军务威武大将军总兵官太师镇国公朱寿将巡两畿、山东，祀神祈福，计划登泰山后经过徐扬，到达南京，驾临苏浙，上溯江汉，祭祀武当，取道中原还京。此时，明朝谣传宁王朱宸濠叛乱在即，所以明武宗谕旨一出，舆情汹汹，劝谏奏疏纷纷而至。先是翰林修撰舒芬（正德十二年一五一七年状元）领衔五名庶吉士劝谏，提出君王不应轻易出巡游玩，而且宗室谋反在即，更不应当轻易离京；随后，兵部武选司郎中黄巩、员外郎陆震联名上书提出变乱在即，不应南巡，应当清除小人、设立太子；之后，奏疏纷纷而至。明武宗大怒，召来江彬。在江彬建议下，明武宗将较早上疏的黄巩等六人下诏狱，舒芬等一〇七人午门外罚跪五日，旋即又将工部郎中林大辂等三十三人下狱。此外，金吾卫指挥张英负土袒肉，当道哭谏，拔刀自刎，洒土掩血，殒命狱中（一说自刺胸膛，随后受杖八十而死）。月底，明武宗下旨，舒芬等一〇七人罚跪结束后，廷杖三十；四月，黄巩、林大辂等九人被廷杖五十，其他三十人廷杖四十。一百余受廷杖官员均被免官、降级、外调。陆震等十四人被当场杖死或者死于创伤。

此次廷杖是明朝第一次，也是仅有的两次上百人规模的廷杖之一（另一场是嘉靖三年大礼议引发的左顺门事件）。笔者更感兴趣的是为什么武宗南巡会引起如此大规模的劝谏，而且劝谏的都是中下层官员，职位最高的不过是兵部武选司郎中（正五品）。

根据史料，可以总结出官员劝谏的理由主要有两点：一是明朝从未有过皇帝南巡之类的先例，明朝文官集团对明武宗即位以来非分之举的容忍已经到达极限，况且南巡一事耗资巨大，得不偿失，所以才会出现群起奏谏的情况；二是宁王谋反在即已经是公开的事实，如果明武宗此时南巡，正中宁王下怀，极有可能动摇大明的统治秩序，所以强力阻止。笔者个人认为这两个观点都不成立，因为无论是无法容忍武宗的非分之举，还是防范宁王孤注一掷，都不会只有中下级官员的参与，内阁九卿一定会有串联和领衔；同时，与其说宁王意图谋反，倒不如说是太过骄横而已，因为恢复王府护卫是很多亲王在做的事情，况且如果宁王谋反在即已经是尽人皆知的事情，那明武宗也不会不知道或者不做防范，从事后明武宗拿下暗中与宁王联络的钱宁时曾说"我固疑之"，可见明武宗对宁王一事有所耳闻。

此外，还有一种较流行的民间观点认为，此次集体劝谏是江南大族为了阻止明武宗亲眼见识江南的富庶从而以此增加对江南的征税和摊派，收买指使中下层文官劝谏。笔者个人认为这种观点更是无稽之谈。一方面，这些官员都身处要职（武选司郎中）或者前途无量（翰林），即便是被金钱诱惑或者被人抓住把柄，也不会被幕后黑手当成炮灰；另一方面，对江南的加税与减税，更多的是通过内阁和六部决定执行，偏偏这两者在此次事件中几乎没有现身。

对于此事，笔者个人的看法比较激进，此次事件应该是内阁六部纵容中下层官员卖直取忠，结果被明武宗残酷镇压。整体而言，明朝君臣对科道言官以及风闻言事非常包容，即便是毫无根据的凭空诬陷，往往也只是暂时贬官而已，几年甚至数月之后就能官复原级，极少会革职为民或者施以廷杖，而且很容易获取一朝天下知的效果，对以后仕途有着巨大的助益，效果远甚于乡野养望或者金殿传胪。从短时间内出现一百余名官员集中劝谏来看，一定事先有串联，但是从内阁和九卿作壁上观来看，此事应当只是一撮中下层官员组织参与而已。不过，内阁九卿不会事先对此事毫不知情，只是基于对明武宗行为的不满以及杨廷和等人独善其身的处世态度，所以纵容甚至支持这群官员群谏；明武宗本身并不太在意官员劝谏，更何况只是一群中下层官员而已，再加上明朝在言论上的开明态度，所以也没有事先阻止。此外，部分并未事先参与的官员在得知此事后，也有可能趁机附议，以免被同僚排挤并趁机谋利，结果就爆发了如此巨大规模的群谏。此事必然触怒明武宗，引来暴力处置。

虽然在历史上，言官经常扮演苦情和正义角色，但是实际上在很多历史事件中却并非如此。后世所指的言官起先分为负责谏言的谏官（拾遗、补阙、正言、谏议大夫等）和负责纠察的御史（御史、侍御史、御史大夫等），经过朱元璋改革后由都察院和给事中一并负责，合称科道（言官）。言官一般由成绩不是特别突出的新科进士担任，但是位卑权重，可以风闻言事而不被追究，如果表现出众，可在考满之后连升数级，仕途上丝毫不亚于庶吉士，所以随着时间的推移，言官的奏谏弹劾必然会越来越激进，派系团体作战早晚会出现，而且沽名钓誉之徒也会越来越多，从而玷污了言官的清名。

六月，宁王朱宸濠发动叛乱，孙燧被杀。宁王朱宸濠在谋士策划下，打算在明武宗驾崩后起兵，因而广派使者打探消息，结果暴露行踪和意图。孙燧借防备盗匪的名义，设置进贤、南康、瑞州等城池，又加强九江、上饶等地兵备，散发兵器，以防备朱宸濠作乱。朱宸濠因孙燧拘捕自己招揽的大盗而害怕，要求陆完调走孙燧；孙燧也七次揭发宁王谋反无果，因而担心朝廷包庇皇亲，故而自劾乞休，无果。随后，孙燧想办法托人递上奏疏给明武宗，明武宗因而大惊。此时，江彬与钱宁已经交恶，太监张忠也希望协助江彬扳倒钱宁，因此揭发宁王谋反。曾经帮助宁王恢复护卫的东厂太监张锐和大学士杨廷和也意识到宁王有心谋反，因而提出遣使斥责宁王并削去其护卫。杨廷和本意让宁王知难而退，结果京城盛传遣使是为了擒拿处置宁王。宁王得知使者将至，也认为是为了拘捕自己，因此起兵反叛，杀死不依附自己的孙燧等人。此外，钱宁等人此前因受宁王朱宸濠贿赂而被其摆布，结果被江彬、张忠等人大肆攻击；朱宸濠反叛后，钱宁害怕而拘捕宁王使者卢孔章，归罪伶人臧贤，随后又将二人杀死，试图掩盖，结果被明武宗下狱。

稍后，提督南赣军务王守仁逃出宁王围杀，向兵部报信并移檄周边州府平叛，吉安知府伍文定等人率部支持。王守仁放出大量间谍并张贴告示，表示自己早已做好准备，调集十余万大军备征，结果宁王不敢轻举妄动。

七月，宁王终于决定出击，率部沿江东进，声称进攻南京。结果抵达安庆时，被知府张文锦等人辱骂，于是转而攻城数日。

同时，王守仁率部进军南昌。十八日，王守仁抵达丰城。部将提出南昌作为宁王的核心地区必然难攻，不如围点打援，在江中与回援的宁王大战，在安庆守军的夹击下将其一举击败；但是王守仁认为安庆只能自保，无力支援，而且宁王筹备已久，必然精锐尽出，所以应当趁南昌空虚的机会，将其攻克，迫使其回援。于是，王守仁命伍文定等人分攻南昌九门，约定二十日一鼓附城，再鼓登城，三鼓不登者杀，四鼓不登斩其队将。结果，守军闻风倒戈，南昌被克。宁王得知南昌被克，不顾谋士直取南京的建议，决定夺回南昌。王守仁接到消息后，决定乘胜迎击，将其平定。

二十四日，官军在黄家渡迎击叛军，伍文定等人佯装败退、丢弃财物，打乱叛军阵型，官军伏兵趁机贯穿敌阵，将其大败。叛军撤至"黄石矶"，谐音"王失机"，被朱宸濠厌恶。随后，朱宸濠大赏士卒，鼓舞士气，征调南康、九江叛军至此。二十五日，叛军猛攻，官军情势一度危急，结果伍文定稳定军心，又有火炮击伤朱宸濠旗舰，叛军因而暂退。随后，宁王将船只连锁为方阵，伍文定等人决定放火焚船。二十六日，叛军早会时，官军派军放火，宁王战败被俘，叛乱被平。随后，王守仁销毁缴获的宁王与朝中权贵的往来书信。叛乱至被平，前后历时四十三天。

宁王叛乱速败的原因大致有两点：其一，宁王叛乱准备不足，无论是作战方略还是时机选择，乃至筹备的军需、兵力，都存在不足，至多发动一场规模较大的叛乱，但是不足以支持长期作战；其二，宁王的对手是王守仁，一位成名于江西的擅长奇谋但不太在意兵力配置的已经意识到宁王叛乱在即的明代著名军事家。此外，值得一提的是，王守仁十七岁时（一四八九年）就前往南昌迎娶江西布政司参议诸养和之女诸氏为妻，彼时距离朱宸濠承袭宁王位还有十年。

笔者对宁王之乱的判断很简单，只是宁王跋扈的结果而非有心谋反叛乱，与汉王朱高煦没有太大的区别。一是宁王始终没有获取一支稳定的精锐武装。虽然宁王一直努力恢复宁王护卫，但是从战场表现来看，实在不敢恭维，至于其他的盗匪，简直不堪入目。稍微有心叛乱的话，如果没有像汉王那样的精锐王府护卫的话，至少也得像燕王、安化王一样谋求相对精锐的边军。二是宁王叛乱的起因和理由也非常仓促。宁王原定计划是趁明武宗无子去世后发动叛乱，结果却因为中央遣使斥责就发生了严重错判而发动叛乱，显然不像是准备筹划已久的野心家所应有的心理素质。

实际上，虽然平日里宗室藩王看上去不可一世，其实也是在《皇明祖训》等一系列针对宗室的制度之内飞扬跋扈而已，只敢在自家封地里做一些看上去不可一世但是实际上徒有其表的行为，至多偶尔在礼制上有所逾越，但是不敢也没有能力落到实处。自燕王朱棣靖难成功之后，明朝在宗室谋反一事上可谓严防死守，藩王既没有兵权（被削护卫，自然也没有军械），又没有幕僚（王府长史司都是中央派遣任命），还被王府官和地方官严密监控（藩王有过先问长史），但凡逾越红线，立马削爵改封。

八月，明武宗自称"奉天征讨威武大将军镇国公"，下诏南征。此时，王守仁平叛捷报尚未抵达，诸将纷纷向武宗献策平叛，明武宗也想趁机南巡，因而下诏南征。旋即，王守仁奏报抵达，但是明武宗不听大臣劝止，继续南下，九月抵达南京。同时，王守仁押解宁王等人也抵达南京，准备献俘。江彬等人提出应当将宁王放还，再由明武宗率部平叛，故而阻止王守仁献俘。王守仁不得已，趁夜前往杭州面见张永，将朱宸濠交给张永邀功，由张永劝止明武宗上演再次平叛的戏码。随后，王守仁返回江西；太监张永面圣，夸赞王守仁的忠心，指明江彬等人包藏祸心，阻止江彬等人进谗。明武宗因而召见王守仁，结果又被太监张忠所阻，王守仁只得以纶巾野服入九华山。张永得知后又向明武宗说明此事，明武宗更加重视王守仁，命其巡抚江西，同时擢升吉安知府伍文定为江西按察司。

随后，张忠、许泰等人率领在京边军万余人在南昌剿捕余贼，扰乱地方，伍文定等人甚至被诬陷为宁王余党；王守仁不为所动，只是以礼待之，久而久之，终获取北军军心。张忠、许泰自挟所长，让边军和江西官军在射场比箭，结果江西官军多射不中，于是强迫王守仁射箭，结果王守仁三发三中，北军在旁，为之欢呼。张忠、许泰等人担心军心不稳而返回南京。

王守仁身体不好，可能还有肺病，但是是十足的君子。所谓君子六艺，礼、乐、射、御、书、数，王守仁无一不通。

十二月，明武宗与近侍着戎服，出城数十里，宁王等人被列在阵前收监囚禁，以示凯旋。一五二〇年正月，明武宗在南京接受朝贺。

六月，江彬索取南京城门锁钥，被南京兵部尚书乔宇劝阻。此外，明武宗还打算巡幸苏浙湖湘，乔宇又联合九卿台谏，三次上疏劝说武宗还朝。七月，扈从大学士梁储、蒋冕率百官跪伏行宫门外泣谏，迫使明武宗传旨不日即还。

闰八月，明武宗接受献俘，戏耍宁王朱宸濠，随后前往镇江，探望杨一清并为靳贵吊丧。其间，明武宗又令王守仁重上捷书。王守仁只得省略掉战况本身，将江彬等人罗列为功臣，才得以批准。九月初四，明武宗自扬州北还。

十一月，明武宗以勾结朱宸濠为罪名，命人将吏部尚书陆完押赴行在。十二月，大军抵京，朱宸濠在通州赐死焚尸；兵部尚书王琼改任吏部尚书。

武宗南巡就此结束，简而言之，只是一次南巡而已。治理叛乱第一功臣王守仁并未获得任何封赏。一般认为之所以如此，有三个原因：一是明武宗受到张忠等无法趁此机会立功请赏的宦官、军官的蒙蔽，二是王守仁因为被首辅杨廷和的对头、兵部尚书王琼举荐而被杨廷和嫉恨，三是王守仁主动求免。

笔者个人认为王守仁主动求免的可能性更大，因为在有张永的支持和敬佩的情况下，王守仁凭借平叛而获得一官半职并不困难，所以王守仁主动求免的可能性更大。笔者估计原因大致有三：一是大一统王朝出现藩王谋反是一件非常无光的事情，但也是一件不得不封的大功，考虑到宁王不法已经持续数年，一旦定性为谋反，必然会牵连甚众，受到封赏的首功必然会面临嫉妒和仇恨双重攻讦，所谓大功不赏，便是如此；二是王守仁虽然收拾人心如行云流水，但是作为士人的一分子，又是一派的大宗师，必须要考虑与宦官深交所带来的负面影响；三是王守仁可能已经察觉到了无子的明武宗去世在即，如果自己在武宗朝飞黄腾达，很容易被新君打入冷宫，再难翻身。

北还途中，九月十一日，明武宗在清江浦积水池（江苏淮安）捕鱼时落水，一病不起，而且病情严重。入京之后，十二月二十三日，明武宗在南郊祭祀天地，初献时口吐鲜血，倒地不起，郊祀被迫中止。

一五二一年三月，明武宗因病死于豹房，时年三十一岁。遗命司礼监，由皇太后和内阁谨慎处置政务，并表示自己之前的行为措施责任全在自己，与近侍无关。

围绕明武宗驾崩这个著名的历史疑团，大致有三种观点。第一种观点认为明武宗死于淫乐过度。这也是传统史家默认的观点。笔者觉得这种观点是基于明世宗泼污明武宗、清朝泼污明朝所产生的观点，明武宗可能淫乐，但是绝不会因淫乐过度而死。

第二种观点是明武宗死于谋杀。谋杀的主谋又有两种说法，分别是江彬和杨廷和。前者的动机是为了遮掩宁王行贿事发，以及图谋弑君自立；后者的动机也是为了掩饰宁王行贿事发，加之文官集团和明武宗积怨已久，杨廷和弑君改立。但是笔者个人认为明武宗不会深究宁王行贿一事，因为就宁王不法持续时间之久来看，满朝文武就没几个没收过钱的，况且王守仁已经销毁了往来书信，无从查起。至于弑君，更是无从谈起。江彬是明武宗党羽，武宗驾崩后迅速被杀，简直毫无势力可言；杨廷和是受到明武宗厚爱的帝师，为人处世又有洁身自好独善其身的倾向，更不会行如此非分之事，况且豹房森严，他也无从下手。

第三种观点是明武宗死于旧病复发。这也是近年来出现的观点。笔者比较赞同此说。早在弘治十五年十一月的时候，时年十二岁的明武宗就大病两个月才好；之后正德二年、四年的冬天，也有因病不朝的记载。可见明武宗一直以来就有在冬季生病的问题。再加上明武宗又有过北征南巡，勤于武事，身体被透支也很正常，况且明武宗未必擅长水性，落水之后很有可能引发肺炎，进而摧垮整个身体，再考虑到明朝皇帝的寿命普遍不长，仁宣英代宪孝也都是三四十岁去世，所以明武宗此时去世也不算太意外。此外，笔者还注意到武宗后期，很多人都认为武宗不久于世，宁王明确提出了要趁武宗去世作为叛乱的机会，太医徐鏊参与南巡劝谏时也提出武宗勤于武事疏于养生，可见武宗身体不好已经是半公开的事情。

随后，太后张氏召杨廷和等人入内，由杨廷和草拟遗诏并颁布，由武宗堂弟兴王朱厚熜兄终弟及，武宗所属部队接受犒赏但各回原营，释放豹房等地妇女，停止营造采买等。同时，设计召江彬入宫，予以缉拿籍没；抄家时发现有金七十柜、银二千二百柜（每柜一千五百两），珠宝不计其数。

明武宗遗诏虽然由杨廷和拟制，但是在以兴王朱厚熜即位一事上，明武宗不但知情而且同意，所以才会下旨要求兴王缩短服丧、从速即王位（兴献王上一年去世，朱厚熜尚未服丧结束），以防届时受限于礼制，无法即位为帝。

入京边军遣回原籍、江彬被杀也是必然的拨乱反正之举，因为他们的后台明武宗已经去世，而对太后、内阁、六部而言，大量桀骜不驯的边军和武将在京是巨大的隐患。不过需要注意的是，逮捕江彬是在宫中进行、由宦官负责实施的，而且《明史》等材料也明言，杨廷和是获得了太监温祥、张永、魏彬、陈严等人的支持和参与，才得以顺利逮捕江彬的。实际上，正德嘉靖之交对宦官的打击，明世宗本人主导的因素更大一些。

四月，兴王朱厚熜即位，是为明世宗。兴王朱厚熜抵京后，内阁和礼部本意让其自东华门入宫，先到文华殿；但是兴王指出此乃太子即位的仪制，并非遗诏上所言的嗣皇帝位，暗指自己以明孝宗长弟兴献王朱祐杬之子身份继位。双方互不妥协，兴献王妃蒋氏也不愿儿子过继，兴王朱厚熜扬言放弃即位而返乡，首辅杨廷和妥协，太后张氏命群臣劝进，兴王在郊外受笺，从大明门至奉天殿即位。兴献王妃称兴献后。

虽然后世谈及兴王朱厚熜即位，是因为杨廷和看中朱厚熜早慧，故而选其为帝，但是实际上此说纯属胡说八道。按照《皇明祖制》兄终弟及原则，在有建文帝承接太子朱标而为皇太孙的先例下，邵贵妃所出的兴献王朱祐杬作为明宪宗四子、明孝宗异母长弟，其子朱厚熜享有当仁不让的继承权。这就是朱厚熜敢以兴王（世子）的身份，与太后张氏、首辅杨廷和对抗的资本。

五月，明武宗上谥号承天达道英肃睿哲昭德显功弘文思孝毅皇帝，九月下葬康陵。期间，钱宁、江彬等人被杀。锦衣卫裁撤滥封军官三万余人。

明武宗是明朝历史评价最低的皇帝之一，可能只略高于担负亡国之名的天启帝。被诟病批评的地方主要有豹房、八虎、自称镇国公大将军总兵官朱寿以及强抢民女、寡妇、妓女、孕妇等，归根结底就是把明武宗看作是一个荒淫玩乐、听信宦官边军、不顾国家颜面的昏君。笔者个人感觉这个评价，恰好跟一心修道而不近女色、贬斥宦官边军、对外态度强硬无比的嘉靖帝完全相反。就个人而言，笔者认为明武宗强抢民女是真，召集寡妇、孕妇、妓女是真，但是谈不上淫乱误国，比死于房事的明光宗要强上许多。

同时，内阁和九卿出现激烈动荡，尚书中只有礼部毛澄留任。致仕的大学士费宏四月被召入阁；次辅梁储（时年七十岁）被给事中弹劾结交权奸而在五月致仕，兴王府长史袁宗皋入阁。吏部尚书王琼因哈密一事追究彭泽而被弹劾，四月罢官戍边；礼部尚书掌詹事府石珤五月改任吏部尚书，七月调任掌詹事府。南京兵部尚书乔宇八月入京任吏部尚书。户部尚书杨泽四月被罢，已致仕户部尚书孙交五月起复接替（孙交一四五三年生，一五一三年致仕）。兵部尚书王宪因被言官弹劾由武宗中旨任命而在四月被罢免，彭泽五月起复为兵部尚书。刑部尚书张子麟十月归省，次年四月致仕（一四五九年生）。工部尚书李鐩四月致仕（时年七十三岁），林俊五月起复为工部尚书。都察院左都御史王璟（一四四七年生）、陈金（一四四六年生）四月致仕，右都御史张纶（一四五四年生）八月致仕，南京刑部尚书金献民召为左都御史。

礼部尚书毛澄留任的原因也很简单，他是杨廷和亲信，入阁在即而已。离任的九卿官员可以细分为两部分。第一类是部分老臣主动去职。笔者估计原因有二：一是年事确实已高，七十岁的高龄还要承担繁重的部务，万一犯错，晚节不保，不如归去；二是明武宗纵容小人扰乱朝纲十余年，无子继位，太后张氏和首辅杨廷和选择明世宗以旁支入继大统，结果上演了一场仪制之争，摆明了又是一场血雨腥风，不如趁早离场。总的来说，一朝天子一朝臣，不过如此。

第二类就是清理明武宗近臣，提拔被明武宗打压的旧臣。王琼因与钱宁江彬等人交好而贬，王宪因为中旨任尚书而被罢；杨泽原因不明，不过估计也有这方面的原因。至于填补空位的大臣，要么是武宗朝不得志而致仕的老臣，被召回发挥第二春，要么是远离京师的南京六部，相较于突击提拔的京师新秀，这些人都已经积累了不错的名声。

同年七月，明世宗先升以父老请归的王守仁为南京兵部尚书，不许请辞，又准许其顺路回家探亲。十一月，以文臣身份，封其为新建伯，世袭。

王守仁，别号阳明，是明代思想家、文学家、哲学家和军事家，心学的集大成者。他所创立的学派被后世尊称为阳明心学、阳明学派，又因为其是余姚人而称为姚江学派。虽然后世往往将王阳明视作开一派风气的大宗师，但是实际上心学并非王阳明一人所创，有很明确的思想承袭发展过程，比方心学发端于南宋的陆九渊（亦即陆王心学），与王阳明同时代的湛若水（合称王湛）的老师就是心学大儒陈献章（白沙先生）。于王阳明也不例外，黄宗羲《明儒学案》直接指明，王阳明的学说发端自崇仁学派的娄谅（与陈献章、胡居仁一并出自吴与弼门下），弘治二年（一四八九年）王阳明携新婚夫人成亲返乡途中，也曾拜谒娄谅，当面请教。

在总结宪孝武三朝之前，笔者想分享一点小发现。娄谅相当于王守仁的师傅，同时娄谅还至少有两个女儿，一个许配给了宁王朱宸濠作为王妃，另一个则许配给了大学士费宏堂弟费寀为妻。笔者个人认为这种剪不断理还乱的关系，其实是明代承平日久后的必然结果。虽然科举在一定程度上为各层士子提供了跳龙门的机会，但是随着时间的推移，有家学学派优势的子弟必然在科举中取得越来越大的优势。同时为了仕途更加顺利，除了师生关系以外，联姻也必不可少。由于明代一般是二三十岁中进士，所以往往是先联姻，后中进士，因此家族背景就显得极为重要。弱冠之年的王守仁能够娶江西布政司参议诸养和之女诸氏为妻，显然不是因为他十一年后会高中殿试第九名（二甲第六），而是因为他的父亲是状元出身、时任南京吏部尚书的王华。

除了王华王守仁父子因家世显赫而亲上加亲、强强联合的情况以外，也有一人飞黄腾达之后，全家升天的情况。比较典型的例子就是李东阳。李东阳世代行伍，如果不是因为年少便有神童之名，显然没有机会被明代宗下旨送入顺天府学，更没有机会和刘大夏、杨一清同在状元黎淳门下读书。李东阳的母亲、继母、叔父都出身军人家庭或者供职军中，自己的原配身份不详，但是续弦的两位分别为岳正之女和第三代成国公朱仪之女（值得一提的是，朱仪的正妻是胡濙长女）。

所以，笔者个人认为此时明朝文官集团已经形成了一套非常系统的官场规则，涉及社交礼仪、座师三同、仕途升迁等诸多方面，渗透到整个国家机器中，甚至在一定程度上将《皇明祖训》等规章典籍纳入其中；更深层的原因在于，寒门又一次像两宋一般崛起，攫取了相权。

为了避免混淆，这里再次辨析一下寒门和豪强的区别。读史笔记中的寒门指的是豪强旁支以及庶族地主，并非一无所有的百姓；豪强则是拥有相当水准的经济实力、重视教育而且家教严格以便获取官职、在当地非常有影响力的大家族。豪强在唐末之后就逐渐退出了历史舞台，原因有三：一是自安史之乱开始至北宋初年持续近两百年的藩镇割据和兼并，节度使们对境内世族的态度从拉拢转而变为镇压，乃至消灭，在肉体上将魏晋以来的世家大族一扫而空；二是社会生产力水平的提高，使得人口数量和耕地面积大大增加，再加上政府管控能力提高，减少野人和盗匪数量的同时又承担了水利工程等大型工程，基于庄园坞堡等有明确经济军事核心的乡镇模式自然会被自然村取代；三是除了军官以外，官员的主要来源以科举和恩荫为主，科举的极低录取率保证了人数上处于绝对劣势的豪强难以提供足够数量的子弟中举并形成独立的政治力量，恩荫则使得寒门的政治遗产不会一世而终从而提升了寒门的持久力。久而久之，即便某地再次出现占地万亩的大族，也难以达到豪强的层次。

所以，明代相权的构成非常简单，只有两部分，即混合了勋贵、边军、京营的武人集团和以科举出仕的文官集团。经历了一百余年的发展，后者已经占据了绝对性的主导地位，一方面成功地压制并将武人集团排除在了核心权力之外，另一方面还非常强势地对君权进行干涉，甚至两次深度参与君主更迭。

这种强势文官集团的出现，显然是任何头脑清楚的君主都无法接受的。在经历了仁宣愉快但短暂的君臣和睦后，文官集团对明朝皇帝的掣肘就体现得越发明显，特别是出现深受明宣宗厚恩的于谦直接放弃英宗改立新君后，任何明朝皇帝都不可避免地会重新思考这种君臣关系，并根据自身情况进行反制。明英宗非常残酷地纵容新贵们镇压当初拥立明代宗的大臣，还积极加强京营和勋贵的结合，甚至太子妃都属意京营人选，结果相权还是被文官系统的李贤、王翱控制；明宪宗则直接大肆扶植宦官、武人、外戚等所有能加强君权或者削弱文官集团的力量，甚至在一定程度上挑起了文官集团的内斗，旋即就以明宪宗去世而结束；明孝宗在独宠张氏的情况下屡屡加恩周张二氏外戚，封赏数个侯伯，结果只养出两门纨绔，之后也曾一度扶植宦官，无奈实在是不成器，只得半途而止，回归文官集团的支持；明武宗利用刘瑾的跋扈以及自己与杨廷和的师生情谊压制了刘健、李东阳、杨廷和等十余年内阁，并积极检验宦官和边将能否脱离文官集团进行单独决策，结果这一试验因明武宗天不假年、明世宗以旁支入继大统而告终。

之所以出现这种臣强君弱的局面，大致有三方面的原因。首先，明朝的外部压力太少。虽然经历了蒙古等诸多周边政权犯边的情况，但是即便在俘获明英宗的情况下，也未能有效突破明朝边防体系，也就没有对明朝维系大一统局面造成冲击和动摇，那么明朝的君臣关系必然围绕权力而发生冲突。其次，明朝君权内容不合理。朱元璋过分集权于皇帝本人，虽然削弱了六部，但是集结的权力超出了个人的处理能力，结果促成了内阁的出现。明宣宗又正式拆分了批红和票拟，并将后者正式授予了内阁，而非隋唐三省六部围绕君主决策而划分权责。结果就是，明朝内阁的权力甚至比两宋宰相还要大。最后，明朝在防备外戚和宗室上可谓集历代之大成。宗室方面，先有燕王靖难，后有郕王监国，结果无兵无权的宗室彻底变成米虫，除了武宗无子才使得兴王入继以外，根本无法奢求宗室再有何作为，筹备数十年乃至数代人的宁王叛乱几近笑话。外戚方面，只许从家世清白的一般人家挑选妃嫔，特别是喜欢选择中下层军官之女，又在制度上严防后妃外戚参政的可能，虽然杜绝了外戚篡位，但是也阻止了新君借助外戚立威，而且更为重要的是，这种环境中培养的太后在秉国时完全没有处理政务的能力，几乎沦为橡皮图章。此外，明朝自宣宗开始，接连几位皇帝短寿也在一定程度上影响了君权。

新继位的明世宗在此基础上开始了自己的尝试，先彻底放逐了几代明朝皇帝锻炼出来的宦官队伍，使之退回到内侍的原始形态，又放弃了明英宗以来明里暗里推动的皇室与武人的结合，而是探索自己的道路。